최유경유아놀이교육연구소 책 만들기 시리즈 ③ – 문학적 수준으로의 읽기와 쓰기를 위한 첫 발

책 만들기를 통한 창의적 언어교육 Ⅲ

FOR POP-UP & OBJET BOOKS

최 유 경 著

WOWPLAY

좋은 책은 어떤 책인가요?

책 만들기를 통한 문해 활동을 진행하면서 만나는 교사와 부모들로부터 받는 주된 질문 유형은 '어떤 책이 좋은 책인가요?' '우리 아이 연령에 적합한 좋은 책을 소개해 주세요.' '이 책은 좋은 책인가요?' 에 대한 궁금증이다. 이러한 질문들을 접할 때마다 선뜻 답변을 주기가 망설여진다. 망설임의 기저에는 다음과 같은 의문점이 끊임없이 존재하기 때문이다.

좋은 책이란 의미는 무엇인가?
좋은 책의 보편적인 기준을 모두 갖춘 책은 얼마나 될까?
좋은 책의 선정기준을 어느 정도 만족시키면 좋은 책이란 평가를 내릴 수 있을까?
다양한 매체와 광고를 통해 소개되고 알려진 책들은 정말 좋은 책일까?
나에게 좋은 책이 다른 이에게 또는 모든 이들에게 좋은 책이 될 수 있는가?
비전문가들 즉, 일반인들 스스로 좋은 책을 찾아내고 선택할 수 있도록 도울 수 있는 방법은 무엇일까?

이에 대한 해석은 다른 한 권의 책을 통해 이야기해야 할 만큼 전문적이고 종합적인 지식과 경험을 필요로 한다. 그럼에도 불구하고 대다수 사람들은 이에 대한 답변을 간단히 얻을 수 있는 것으로 생각하고 손쉽게 관련 지식을 갖게 되기를 원한다. 그러나 간단하고 쉽게 얻은 지식과 기술은 그 생명력이 결코 길 수 없는 법이다. 얼마 지나지 않아 다시 똑같은 질문을 하고 앞서 들었던 설명은 이미 잊은 지 오래된 경우를 종종 접하게 된다. 이러한 상황을 반복적으로 접하다보니 쉽게 그리고 간단히 위와 같은 질문에 설명이나 답을 주지 않아야 한다는 다소 소심한 결정을 내리게 되곤 한다. 이러한 이유로 비록 소심하게 또는 친절하지 않게 느낄지라도 현장의 교사와 부모들 스스로 깊이 있게 시간과 노력을 지불하여 지식을 쌓고 개별적인 기준을 지닐 수 있도록 설득해야 함을 절실히 느낀다. 이를 위하여 스스로 다양한 책을 찾아보고 이해하며 평가할 수 있도록 한 걸음씩 나아가는데 도움을 받을 수 있는 다른 방식의 책을 소개하고자 한다.

책 만들기 시리즈를 기획하고 한 걸음씩 계획한 바를 실천하면서 변함없는 목표는 문학적 수준으로 읽고 쓰기를 즐기고 이를 바탕으로 논리적이며 독창적인 언어적 · 미적 표현을 창조할 수 있는 토대를 마련해 주는 것이다. 이를 위해 어린 시절부터 책을 놀잇감으로 인식하고 일상생활 속에서 능동적으로 활용할 수 있어야 한다는 인식을 바탕으로 적합한 교수법에 대한 끊임없는 고민의 결과물이 바로 책 만들기 활동이다. 책 만들기 활동은 책을 즐기고 이를 생활 속에서 놀이를 통한 교육으로 이끄는 더없이 매력적이며 흥미진진한 활동이다. 책은 다른 이의 상상력과 예술적 감성을 경험하고 이를 자신의 생각과 생활 속에 끌어들여 또 다른 세계를 설계하고 창조할 수 있는 즐거움을 제공한다. 어린이의 내적 세계에서 일어나는 즐거움과 호기심을 논리적이며 미적인 방식으로 표현하고 드러낼 수 있도록 격려하는 문학적 활동인 것이다.

책 만들기 시리즈는 개개인의 생각과 표현을 존중하고 이를 자연스럽고 적극적으로 드러낼 수 있도록 작가로의 첫 걸음을 내딛는 어린 친구들과 이들을 지도하는 교사들에게 도움을 주고자 기획되었다. 제 3집은 최유경유아놀이교육연구소에서 실시하고 있는「책 만들기를 통한 문해 활동 전문가과정(초급)」의 12주 교육과정 중 7주~9주 동안 진행되는 교육내용을 중심으로 구성하였다.「책 만들기를 통한 창의적 언어교육 Ⅰ · Ⅱ」을 통해 소개한 다양한 유형의 책 만들기 기법과 활동 방법에 대한 이해를 바탕으로 보다 높은 수준으로의 책 만들기와 문해 활동으로 나아갈 수 있도록 설계하였다. 제 3권은 앞선 기법들을 바탕으로 pop-up 방식을 활용하여 매력적인 책 만들기 활동을 진행할 수 있도록 설계하였다. 접기와 자르기, 접기와 붙이기, 겹치기와 연결하기 같은 기존의 방식들을 활용하여 평면 위에 펼쳐지는 입체의 세계를 경험함으로써 책 만들기 활동의 무한한 가능성을 이해하고 새로운 방법을 생각하고 시도해 보도록 격려하는데 그 목적이 있다. pop-up 방식의 책 만들기를 통해 공간을 활용하는 새로운 방식을 이해하고 이를 활용하여 표현하는 방법 또한 새로운 시도를 할 수 있도록 자극하게 될 것이다. 어린이 스스로 매력적인 기법에 대한 즐거움을 충분히 느끼고 이를 활용할 수 있도록 이끌어주기 위해서는 pop-up의 특성에 대한 충분한 이해와 연습이 어린이뿐만 아니라 우선적으로 교사에게 요구된다. 어린이 스스로 오리고 만드는데 어려움을 느끼는 부분들이 있음을 이해하고 각 활동 유형에 따른 교사의 철저한 사전 준비와 연습이 바탕이 되어야 함을 당부한다.

책 만들기에 첫 발을 내딛는 교사와 부모, 만 3세~6세 어린이뿐만 아니라 초등학교와 중 · 고등학교의 글쓰기 교육과 독서 교육에 폭넓게 활용될 수 있도록 활동 방법과 절차를 상세히 설명하였고 어린이들과 작가의 작품을 통해 활동에 대한 이해의 폭을 넓힐 수 있도록 다양한 유형의 책을 Gallery를 통해 소개하였다. 더불어 교육현장과 가정에서 교사와 부모의 수업 준비를 직접적으로 지원하고 아름다운 책 만들기를 이끌어줄 수 있도록 CD-ROM을 부록으로 제작하였다. CD-ROM에는 이 책에 소개된 '나만의 책' 을 만들기 위한 생각 모으기 활동지와 라벨을 이용한 활동자료를 담았다.

「책 만들기를 통한 창의적 언어교육 Ⅰ · Ⅱ」에 이어 연구위탁기관으로 꾸준히 참여해 주신 꿈꾸는 아이들 어린이집 · 수원여자대학부설어린이집 · 아이빌리어린이집 · 혜전대학부속유치원과 새로이 함께 해주신 소망어린이집 · 쑥쑥이어린이집 · 유정유치원의 기관장님들, 바쁜 교육 일정 속에서 매주 어린이들과의 책 만들기 활동을 위해 수고를 아끼지 않고 활동을 이끌어주신 여러 선생님들, 오랜 시간 공들여 완성한 소중한 작품을 아낌없이 보내 준 어린 예술가들, 본 연구소의「책 만들기를 통한 문해 활동 전문가과정」을 통하여 연구 활동과 작품 위탁에 협조해 주신 선생님들, 끊임없는 수정과 편집에도 불구하고 항상 즐거운 마음으로 수고해 주시는 디자이너 이홍님, 그리고 작품 제작과 촬영을 위해 올 여름 내내 함께 땀 흘려주신 최유정 선생님과 한미희 선생님께 진심으로 감사의 인사를 드립니다.

자신이 서 있는 자리의 의미를 진정으로 이해하고 올바른 실천을 위해 끊임없는 탐구와 성찰의 노력을 아끼지 않으시는 선생님들과 이 책이 함께 할 수 있기를 바라며, 끊임없이 나의 길을 향해 한 걸음 한 걸음 내딛을 수 있도록 무한한 지지를 보내주는 가족과 저자의 끝없는 요구와 고된 질타에도 이를 받아들이고 이해하며 실천하려 애쓰시는 참 선생님들께 이 책을 바칩니다.

2006년 10월

최유경유아놀이교육연구소 소장 최 유 경

CHAPTER 1 입체 카드를 활용한 문해 활동

CHAPTER 2 계곡 접기 POP-UP을 활용한 문해 활동

CHAPTER 3 주인공 POP-UP을 활용한 문해 활동

CHAPTER 4 상자 POP-UP을 활용한 문해 활동

CHAPTER 5 무대 POP-UP을 활용한 문해 활동

연구위탁기관

꽃동산유치원 · 꿈꾸는 아이들 어린이집 · 소망어린이집 · 수원여자대학부설어린이집
쑥쑥이어린이집 · 아이빌리어린이집 · 유정유치원 · 혜전대학부속유치원

지도교사

김수연 선생님 · 김연자 선생님 · 김현정 선생님 · 나현숙 선생님 · 박연순 선생님
박지은 선생님 · 신미경 선생님 · 이상미 선생님 · 이은희 선생님 · 조희정 선생님
최유정 선생님 · 홍희정 선생님 · 한미희 선생님

함께 한 어린이들

권혁민 · 길수아 · 김가은 · 김세훈 · 김재희 · 김영우 · 나예슬 · 나지원 · 서성준 · 심예린 · 박대현
양우석 · 여승엽 · 유승원 · 이유진 · 이현경 · 전　진 · 정승연 · 차명진 · 황용빈 · 황태랑(이상 만 3세)
김가은 · 김광욱 · 김혜민 · 나종원 · 나지원 · 손성민 · 이건혁 · 이다인 · 이승원 · 장영준(이상 만 4세)
강승아 · 강민지 · 김보래 · 김세민 · 김정찬 · 남준영 · 문승혜 · 박유진 · 송수민 · 신리나 · 엄희윤
유승종 · 윤인서 · 이병주 · 이준호 · 임규남 · 임하늘 · 전태현 · 정무열 · 정채린 · 정호준 · 조수미
조완호 · 조진범 · 추연종 · 최가희 (이상 만 5세)
신현준 · 신혜원 · 조선아(이상 만 6세)
문민석 · 신민기 · 신민석 · 신현호 · 신혜민 · 최찬희(이상 만 7세)

작품협찬

소망어린이집(용인) : 박미란 선생님 · 이상미 선생님 · 전춘실 선생님 · 박선희 선생님 · 박정님 선생님
이영미 선생님 · 조소영 선생님 · 함경주 선생님
우리또래어린이집 : 이아영 선생님 · 정은미 선생님 · 이선영 선생님 · 조은수 선생님 · 황순영 선생님
최필녀 선생님 · 오은주 선생님
신대진어린이집 : 김연하 선생님 · 인선화 선생님 · 김미영 선생님 · 이미경 선생님 · 강정숙 선생님
송의경 선생님 · 조희정 선생님 · 이혜진 선생님

CD-ROM 실행 방법

CD-ROM에는 책 만들기에 필요한 생각 모으기 활동지와 활동 라벨이 문서 파일 한글 2002로 제작(한글 프로그램 미설치자를 위한 한글 viewer 설치)되어 있습니다. CD-ROM을 CD drive에 삽입하면 프로그램이 자동 실행되고 활동자료의 제목이 화면에 나타납니다. 사용하고자 하는 생각 모으기 활동지 또는 활동 라벨 제목을 클릭하면 해당 문서가 열립니다.

CD-ROM에 실린 자료 목록은 부록에 소개되어 있으므로 이를 참고하시기 바랍니다.

CD-ROM 활용 방법

CD-ROM의 자료를 사용할 때에는 선택한 자료의 유형을 확인하고 흑백 또는 컬러 프린터에 적합한 용지(A4 복사용지 또는 Formtec Label)를 삽입하여 흑백 또는 컬러 출력합니다. 생각 모으기 자료는 흑백으로 제작되어 있고 라벨 자료는 흑백과 컬러로 각각 제작되어 있으므로 원하는 유형의 라벨을 선택하여 흑백 또는 컬러 인쇄합니다. 사용하는 자료가 Formtec Label인 경우 제품은 시중 문구점에서 구입할 수 있으며, 각각의 제품은 30매 또는 100매 단위로 포장되어 판매되고 있습니다. 생각 모으기 활동지는 A4 복사용지 크기에 맞추어 제작되어 있으므로 복사용지(80g/㎡) 또는 A4 크기의 다양한 용지를 이용하여 복사할 수 있습니다. 단, 사용하는 어린이의 발달단계 또는 활동 유형에 따라 A4 용지가 작은 경우 B4 또는 A3 용지에 확대 복사하여 사용할 수 있으며, 확대 복사하여 사용할 경우 확대 비율은 다음과 같습니다.

▷ A4 → B4 확대 시 122%　　▷ A4 → A3 확대 시 141%

모양 본 제작 방법 및 사용방법

본 책에 소개된 작품을 제작할 수 있는 모양 본이 CD-ROM을 통해 제공되어 있습니다.

모양 본을 제작하는 방법은 다음과 같습니다.

① CD-ROM에서 사용하고자 하는 모양 본을 클릭하여 출력합니다.
출력한 모양 본은 원하는 크기로 확대 또는 축소 복사합니다.

② 출력한 모양 본 종이의 모양 선을 따라 자릅니다.

③ 선을 따라 자른 모양 종이를 마분지(500g) 또는 PP 필름(400mic) 위에 올려놓고 유성펜을 이용하여 모양을 본 뜹니다.

④ 모양을 본 뜬 마분지 또는 PP 필름을 선을 따라 자릅니다.

⑤ 모양 본이 뾰족한 경우 어린이에게 제공하기 전에 사용 전 주의사항을 알려주어야 합니다.

CD-ROM 자료 사용 시 주의할 점

CD-ROM 자료 사용은 다음의 규정에 따릅니다.

1. CD-ROM에 실린 자료는 계약을 통해 허용한 경우를 제외하고 어떠한 부분도 출판물로 다시 만들거나 데이터로 저장될 수 없습니다. 또 서면 허가 없이는 어떤 방법으로나 형식으로도 다른 곳에 인용될 수 없으며 이에 대한 문의는 출판사로 연락하시기 바랍니다.
2. CD-ROM의 자료 사용은 교육 기관 및 가정의 교육 활동 내에서 허용됩니다.
3. CD-ROM의 자료는 판매하거나 대여하지 못합니다.

작품의 무단 복제 및 전제 금지

최유경유아놀이교육연구소 책 만들기 시리즈 ③
문학적 수준으로의 읽기와 쓰기를 위한 예술가로의 첫 발
책 만들기를 통한 창의적 언어교육Ⅲ
FOR POP-UP & OBJET BOOKS

초판 1쇄 인쇄 2006년 11월
초판 1쇄 발행 2006년 11월

저　　자 최 유 경
발 행 인 최 유 경
발 행 처 WOWPLAY
디자이너 이　홍
CD 제작 (주)CAMP
인　　쇄 성인문화사

주　　소 서울특별시 성동구 성수2가 1동 328-8번지 2F
전　　화 02-2205-4993
F A X 02-2205-4999
Home-page http://www.wowplay.org
E-mail wowplay@wowplay.org
등　　록 2005. 1. 26. 제 303-2005-00004호

ISBN 89-91911-05-6 (세트)
89-91911-06-4

ISBN(CD-ROM)
89-91911-05-6 (세트)
89-91911-07-2

정　　가 1세트(CD 1매 포함) 32,000원

CHAPTER 1

입체 카드를 활용한 문해 활동

Literacy Activity through Pop-up Cards

- 스프링 카드
- 삼각대 카드
- 무대 카드

스프링 카드

나비가 팔랑팔랑. 2003. 405㎜×195㎜ · 꽃밭에서. 2003. 405㎜×195㎜
I ♥ YOU. 2004. 270㎜×195㎜

활용도서

- 닐 레이튼(2006). 별 별 별난 우주 이야기. 문학동네어린이.

참고도서

- 마리 브로소니(2006). 자연과 만나요. 웅진주니어.
- 모니카 랑에(2004). 저기 뭔가 날아가! 시공주니어.
- 사라 파넬리(2004). 날고 싶어. 보림.
- 토미 드 파올라(2003). 엉뚱하고 재미있는 구름 이야기. 아이세움.
- 편집부(1994). 세밀화로 그린 보리 아기 그림책. 보리.
- 한태희(2004). 구름놀이. 아이세움.

생각 모으기

Q. 종이를 이용하여 스프링을 만들 수 있는 방법을 적어보세요.

A.

Q. 스프링을 이용하여 카드를 꾸밀 수 있는 방법을 적어보세요.

A.

Q. 스프링 카드에 적합한 주인공들을 적어보세요.

A.

Q. 스프링 카드를 만들 때 주의해야 할 점은 무엇일까요?

A.

자료 준비하기

- 수업용 스프링 카드를 제작한다.
- 카드 270㎜×195㎜ 1매, 그림 카드 100㎜×100㎜ 1매, 속지 카드 115㎜×175㎜ 1매, 막대 카드 200㎜×15㎜ 2매를 준비한다.
- 앞표지 창 모양 본(CD-ROM)을 제작한다.
- 판권면 라벨 3108 · 3114 · 3116(CD-ROM)을 Formtec Label 3108 · 3114 · 3116 라벨용지에 출력한다.

도구 준비하기

- 연필
- 색연필
- 사인펜
- 색종이
- 가위
- 핑킹가위
- 풀
- 컬러스탬프
- 모양 펀치
- 팬시 도장
- 본드
- 면봉
- 본드판
- 장식 재료

신현준(만 6세). 공룡시대. 270㎜×195㎜.

활동하기에 앞서

- 막대 카드를 이용하여 스프링을 접는데 어려움을 느끼는 어린이를 대상으로 활동하는 경우 사전에 종이 스프링을 제작하여 제공한다.
- 활동 주제에 따라 주인공 카드를 그리거나 오리기 어려워하는 경우 주제와 관련된 그림 카드를 제공하고 오려서 사용하도록 지도하거나 오려서 제공한다.
- 주인공 카드의 크기가 크면 균형을 이루기 어려우므로 2개의 스프링 카드를 사용한다.
- 카드의 안쪽 면에 스프링 카드를 붙이면 입체적이 되므로 본문, 앞표지, 뒷표지를 먼저 꾸민 후 마지막에 스프링 카드를 붙이도록 지도한다.
- 가위와 칼을 자유로이 사용할 수 있는 어린이를 대상으로 활동하는 경우 앞표지에 창을 만들어 스프링 카드를 만들도록 지도한다.
- 어린이 스스로 창 모양을 만들기 어려워하는 경우 다양한 형태의 창 모양이 오려진 카드를 제공한다.
- 스프링카드에 장식할 그림 카드는 움직임이 있는 동물이나 사물을 사용하는 것이 적절하다.

그림책 읽고 생각 모으기

- 활용도서와 참고도서 중 한 권을 선택하여 그림책을 소개하고 이야기를 들려준다.
- 그림책의 이야기를 다 들려준 후 책의 앞표지부터 한 장씩 넘겨가며 등장하는 주인공의 모습과 생활 환경에 대하여 이야기 나눈다.

Q. 이 그림책에는 어떤 주인공이 등장하니?
Q. 이 그림책의 주인공은 어떤 특징이 있을까?
Q. 주인공에게만 있는 것은 무엇이니?
Q. 이 주인공은 어디서 살까?
Q. 주인공을 보면 무엇이 생각나니?
Q. 주인공의 모습을 어떤 모습으로 바꾸어 볼 수 있을까?
Q. 만일 내가 주인공으로 변한다면 무엇을 하고 싶니?
Q. 주인공이 움직이거나 날아다니는 것처럼 나타낼 수 있는 방법은 무엇일까?

스프링 카드 소개하고 생각 모으기

- 수업용 스프링 카드를 소개하고 어떻게 만들고 무엇을 표현할 수 있는지 이야기 나눈다.

Q. 이 카드에 무엇이 붙여져 있니?
Q. 이렇게 늘어났다 줄었다 하는 장치를 무엇이라고 할까?
Q. 스프링은 무엇으로 만들었을까?
Q. 스프링은 어떻게 만들 수 있을까?
Q. 스프링을 이용하여 무엇을 만들 수 있을까?
Q. 스프링 위에 어떤 주인공을 만들어 붙일 수 있을까?
Q. 내가 만든 주인공을 위하여 배경을 어떻게 꾸며주면 좋을까?
Q. 스프링 위에 주인공 카드를 붙이고 어떤 이야기를 담을 수 있을까?
Q. 주인공 카드를 붙인 스프링은 언제 카드에 붙여야 할까?
Q. 앞표지에 창을 만들어 꾸미려면 어떻게 해야 할까?
Q. 창이 있는 카드는 어떻게 꾸며야 할까?

스프링 카드 만들기

① 카드 접기

- 카드를 반으로 접어서 2면 카드를 만든다.

② 주인공 카드 만들기

- 그림 카드에 원하는 동물이나 사물을 그리고 색칠하여 윤곽선을 따라 오린다.
- 스스로 그림을 그리기 어려워 하는 경우 움직이거나 흔들리는 특성을 지닌 주인공의 모양 본(동물, 구름, 꽃, 새, 곤충, 물방울, 태양, 달, 별 등)을 제공하여 사용하도록 지도한다.

③ 종이 스프링 만들기

- 막대 카드 2매를 'ㄱ' 자 형태로 풀칠하여 붙이고 지그재그로 번갈아 가며 반대되는 막대 카드 위로 꺾어 접는다.
- 남는 부분은 가위로 잘라내고 스프링이 풀어지지 않도록 양면을 풀칠하여 붙인다.

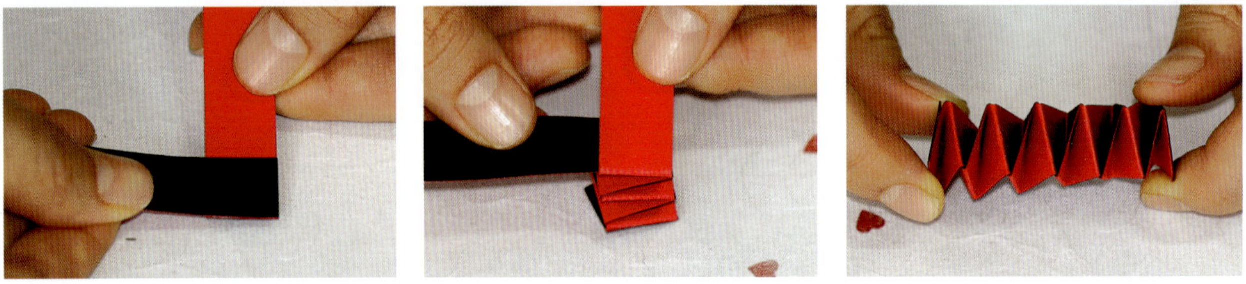

❶ 막대 카드 2매를 'ㄱ' 자로 풀칠하여 붙인다.
❷ 지그재그로 번갈아 가며 반대되는 막대 카드 위로 꺾어 접는다.
❸ 남는 부분을 잘라내고 스프링이 풀어지지 않도록 풀칠하여 붙인다.

④ 카드에 이야기 담기
- 주인공과 관련된 환경을 꾸며주거나 주인공의 성장과정과 특징 등에 대하여 표현한다.
- 글을 쓰기 어려워하는 경우 주인공과 관련된 배경 그림을 그리도록 지도하고 주인공에게 하고 싶은 이야기나 그림에 대한 설명을 받아 적어준다.
- 배경 그림을 그려서 카드를 꾸미는데 어려움을 느끼는 경우 주인공과 관련된 모양 종이를 붙이거나 도장을 찍어서 꾸미도록 할 수 있다.
- 카드의 색깔이 짙은 색인 경우 속지 카드를 붙이고 표현한다.

※ 앞표지에 창 만들기
- 칼이나 가위 사용이 익숙한 어린이와 활동하는 경우 앞표지에 창을 만들고 스프링 카드를 부착하면 입체 효과가 돋보인다.
- 1면의 중앙 부분에 앞표지 창 모양 본(CD-ROM)을 이용하거나 원하는 형태의 창 모양을 그린다.
- 칼이나 가위를 이용하여 오려 내거나 손으로 자유롭게 찢어서 다양한 형태의 창을 만든다.

❶ 칼로 오려내기

❷ 칼집을 준 후 가위로 오려내기

❸ 칼집을 준 후 손으로 찢어내기

⑤ 표지 꾸미기
- 표지 카드의 색깔이 짙은 색인 경우 속지 카드를 붙이고 표현한다.
- 표지 카드의 앞면에 제목, 지은이, 앞표지 그림, 출판사 명 등을 담는다.
- 표지 카드의 뒷면에 판권면을 꾸민다.
- 뒷표지는 판권면 라벨을 사용하여 꾸미도록 할 수 있다.
- 책 만들기 경험이 풍부한 어린이는 뒷표지 그림을 그리고 광고 문구나 중심 문구를 적도록 지도한다.

⑥ 주인공 카드와 종이 스프링 연결하여 붙이기
- 스프링 카드의 한쪽 면에 풀칠하고 오려 둔 주인공 카드를 붙인다.
- 주인공 카드를 붙인 스프링 카드의 반대 면에 풀칠하고 카드 바닥 면의 적당한 위치에 붙인다.
- 창이 있는 카드를 사용하는 경우 주인공 카드가 창의 중앙에 위치하도록 붙인다.

소개하기 · 감상하기
- 스프링 카드에 어떤 주인공의 모습을 담았는지 소개한다.
- 카드의 배경을 어떻게 꾸미고 무슨 이야기를 담았는지 소개한다.
- 주인공 카드가 독특하거나 사실적으로 표현한 작품을 알아본다.
- 주인공의 이야기를 재미있거나 독특하게 표현한 작품을 알아본다.
- 카드의 배경 그림을 아름답게 표현한 작품을 알아본다.
- 스프링 카드를 만들면서 어렵거나 힘들었던 점이 있었는지 이야기 나눈다.
- 스프링 카드를 이용하여 할 수 있는 새로운 활동에 대하여 이야기 나눈다.
- 교실의 한 공간을 마련하여 완성된 스프링 카드를 서로 감상할 수 있도록 전시한다.

Gallery

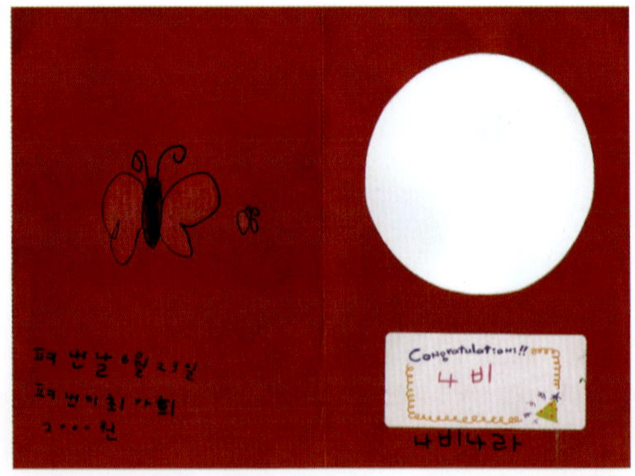

최가희(만 5세). 나비. 270㎜×195㎜.

김정찬(만 5세). 공룡의 신비. 270㎜×195㎜.

문승혜(만 5세). 꽃이여 분다. 270㎜×195㎜.

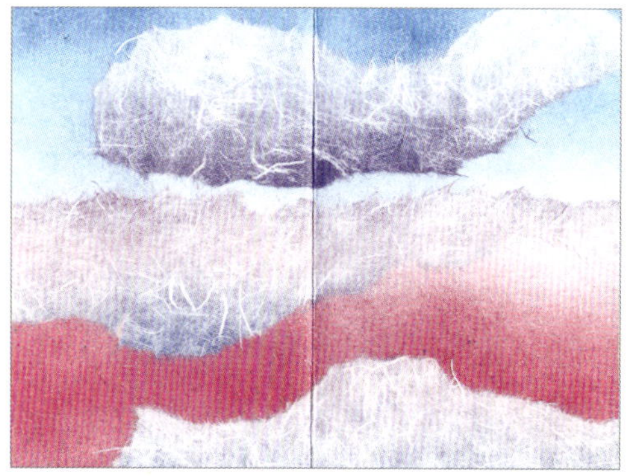

프테라노돈의 모험. 2003. 270㎜×195㎜.

Thank You. 2002. 270㎜×195㎜.

I ♥ You. 2004. 270㎜×195㎜.

Be Happy. 2004. 270㎜×195㎜.

삼각대 카드

Vincent van Gogh. 2002. 170㎜×170㎜.
Keith Haring. 2002. 135㎜×150㎜.

활용도서

- 편집부(2003). 명화로 키워주는 우리 아이 상상력 명화카드. 세상모든책.

참고도서

- 그레구와르 솔로타레프 · 알랭 르 쏘 엮음(2002). 꼬마 미술관. 물구나무.
- 메트로폴리탄 미술관 구성 · 기획(2004). 미술관 ABC. 베틀북.
- 메트로폴리탄 미술관 구성 · 기획(2005). 미술관 123. 베틀북.
- 앤서니 브라운(2002). 미술관에 간 윌리. 웅진닷컴.
- 주득선 · 차오름(2006). 명화 속에 숨겨진 사고력을 찾아라. 김영사주니어.

생각 모으기

Q. 삼각대를 만들 수 있는 다양한 방법을 적어보세요.

A.

Q. 삼각대를 이용하여 어떤 활동을 할 수 있을까요?

A.

Q. 어린이들은 어떤 화가의 작품에 흥미를 나타낼까요?

A.

Q. 어린이들이 좋아하는 화가의 작품을 이용하여 어떤 활동을 할 수 있을까요?

A.

자료 준비하기

- 수업용 삼각대 카드를 제작한다.
- 삼각대 카드 540㎜×195㎜ 1매, 그림 카드 175㎜×115㎜ 또는 175㎜×230㎜ 중 1매를 준비한다.
- 삼각대 카드 생각 모으기(CD-ROM)를 A4 복사용지에 출력한다.

도구 준비하기

- 색종이
- 물감
- 연필
- 색연필
- 사인펜
- 색종이
- 가위
- 풀
- 물통
- 붓
- 스티커
- 파레트
- 장식 재료
- 모양 펀치
- 본드
- 본드판
- 면봉

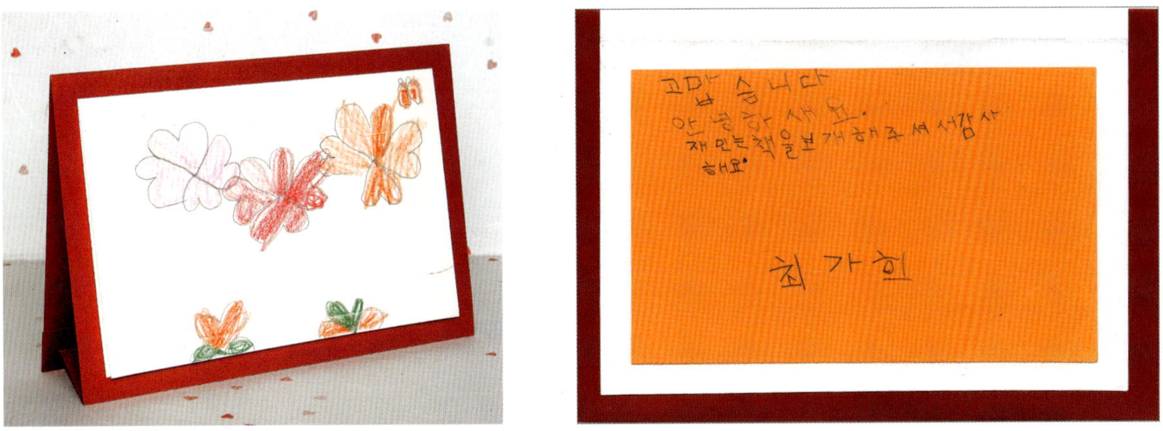

최가희(만 5세). 하트 꽃밭. 195㎜×135㎜.

김보래(만 4세). 하트 벽지.

전태현(만 5세). 네모 그림책.

김정찬(만 5세). 무지개. 135㎜×135㎜.

활동하기에 앞서

- 삼각대 카드는 준비한 화가의 작품 형태에 따라 다양한 크기의 종이를 준비하여 제공한다.
- 교사는 활동을 시작하기 전에 소개하고자 하는 화가의 생애와 작품에 대한 참고도서를 읽고 작품별 특징을 충분히 이해한 후 지도한다.
- 삼각대 카드는 삼각대 카드 위에 카드 붙이기, 카드 위에 삼각대 카드 붙이기, 큰 삼각대 카드 위에 작은 삼각대 카드 붙여서 꾸미기와 같이 다양한 방법으로 활동을 진행한다.
- 어린이 스스로 4면 병풍책의 한 면을 잘라내어 삼각대 카드를 만드는 데 어려움을 느끼는 경우 교사가 3면 카드를 접어서 제공한다.

그림책 또는 작품 감상하고 생각 모으기

- 소개하고자 하는 화가의 그림 카드 또는 포트폴리오를 준비하여 한 작품씩 소개하고 작품에 대한 생각과 느낌을 자유로이 이야기 나눈다.

Q. 이 그림은 무엇을 나타낸 것일까?
Q. 무엇을 이용하여 그린 것일까?
Q. 이 그림을 그린 화가는 누구일까?
Q. 화가는 이 그림의 제목을 무엇이라고 지었을까?
Q. 내가 제목을 짓는다면 무엇이라고 짓고 싶니?
Q. 이 그림을 보면 어떤 느낌이 드니?
Q. 화가의 작품을 어떻게 바꾸어 그릴 수 있을까?
Q. 이 그림의 색깔을 바꾸어 칠하면 어떤 느낌이 들까?
Q. 이 그림의 모양을 어떤 모양으로 바꾸어 그릴 수 있을까?

삼각대 카드 소개하고 생각 모으기

- 수업용 삼각대 카드를 소개하고 어떻게 만들고 무엇을 표현하는지 이야기 나눈다.

Q. 이 카드는 어떻게 만든 것일까?
Q. 이런 모양의 카드를 무엇이라고 부를 수 있을까?
Q. 삼각대 위에 무엇이 붙여져 있니?
Q. 삼각대 위에 붙인 카드에 무엇을 표현하는 것일까?
Q. 감상한 작품 중에 어떤 화가의 작품이 마음에 드니?
Q. 마음에 드는 화가의 작품을 카드에 어떻게 표현할 수 있을까?
　예) 똑같이 그리기, 모양 바꾸어 그리기, 색깔 바꾸어 그리기, 모양과 색깔 바꾸어 그리기, 작품을 보고 생각나는 것 또는 느낌 그리기 등.
Q. 카드 앞면에 그림을 그리고 안쪽에 무엇을 담을 수 있을까?
Q. 화가에게 카드를 보낸다면 어떤 이야기를 쓸 수 있을까?
Q. 내 마음대로 그린 그림에 대한 이야기를 들려주려면 어떤 이야기를 쓸 수 있을까?

- 삼각대 카드 생각 모으기 활동지를 사용하여 표현하고자 하는 작품을 구상하여 간단히 그리고 작품에 대한 제목이나 설명 또는 화가에게 하고 싶은 이야기를 적는다.

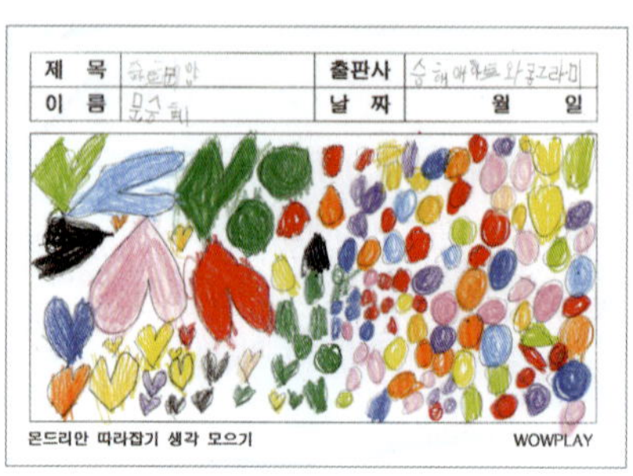

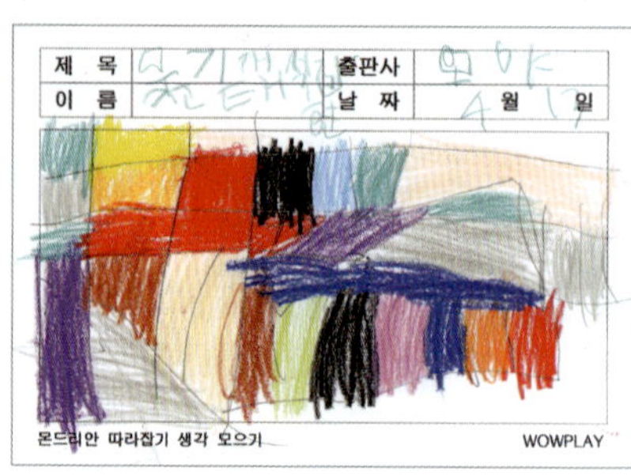

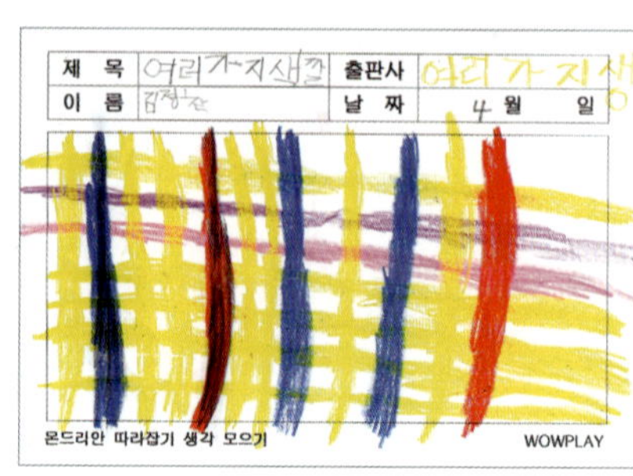

삼각대 카드 만들기

① 4면 접기

- 삼각대 카드를 지그재그로 접어서 4면 병풍책을 만든다.

② 3면 카드 만들기

- 4면 병풍책의 한 면을 잘라내어 3면 카드를 만든다.

③ 삼각대 만들기

- 3면 카드의 1면과 2면을 제외하고 3면을 다시 3등분이 되도록 나누어 지그재그로 접는다.
- 지그재그로 접은 삼각대 부분의 3면에 풀칠하고 마주보는 카드 뒷면의 아래 부분에 맞추어 붙인다.

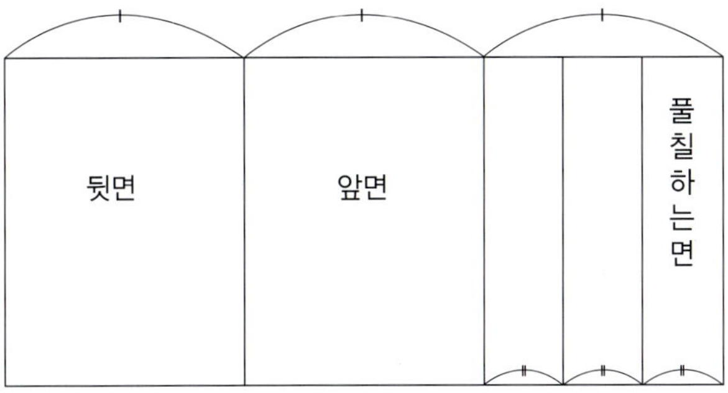

❶ 3면 카드의 3면을 3등분하여 지그재그로 접고 마지막 면에 풀칠한다.

❷ 풀칠한 면을 카드의 마주보는 뒷면에 맞추어 붙인다.

④ 그림 카드 접기

- 230㎜×175㎜ 크기의 그림 카드를 사용하는 경우 반으로 접어서 카드를 만든다.
- 115㎜×175㎜ 크기의 그림 카드를 사용하는 경우 접지 않고 직접 그림을 그린다.

⑤ 그림 그리기

- 반으로 접거나 접지 않는 그림 카드 앞면에 좋아하는 화가의 작품을 감상하고 생각 모으기 활동지를 참고하여 원하는 형태의 그림을 그린다.

⑥ 그림 카드에 이야기 담기

- 반으로 접은 그림 카드를 사용한 경우 카드를 펼쳐서 안쪽 면에 화가에게 하고 싶은 이야기를 쓰거나 자신이 그린 그림에 대한 제목이나 설명을 적는다.

⑦ 삼각대에 그림 카드 붙이기

- 그림 카드 뒷면에 풀칠하고 삼각대 앞면에 붙인다.

⑧ 테두리 꾸미기

- 그림 카드를 붙인 삼각대 카드 테두리에 다양한 장식 재료 또는 모양 종이를 이용하여 꾸민다.
- 삼각대 카드의 색이 짙은 경우 모양 종이를 이용하여 장식하고 옅은 색상의 카드인 경우 그림을 그리거나 팬시 도장을 이용하여 꾸민다.

소개하기 · 감상하기

- 어떤 화가의 작품을 감상하고 그림을 그렸는지 소개한다.
- 화가의 작품과 그림 카드의 모습이 똑같은 작품을 알아본다.
- 원래 그림을 독특하게 바꾸어 표현한 작품을 알아본다.
- 그림 카드의 이야기가 독특하거나 재미있는 작품을 알아본다.
- 삼각대 카드의 뒷면을 꾸밀 수 있는 방법에 대하여 알아본다.
- 삼각대 카드를 만들면서 어렵거나 힘들었던 점이 있었는지 이야기 나눈다.
- 삼각대 카드를 이용하여 할 수 있는 새로운 활동에 대하여 알아본다.
- 교실의 한 공간을 마련하여 완성된 삼각대 카드를 서로 감상할 수 있도록 전시한다.

Gallery

축하합니다! 2003. 145㎜×120㎜.

Happy Anniversary. 2003. 100㎜×100㎜.

Merry Christmas Ⅰ. 2005. 130㎜×180㎜.

Merry Christmas Ⅱ. 2005. 130㎜×180㎜.

무대 카드

밤하늘, 별을 보며. 2004. 195㎜×135㎜.

활용도서

- 레이먼드 브리그즈(1997). 눈사람 아저씨. 마루벌.

참고도서

- 가노 준코(1999). 있잖아요, 산타마을에서는요…. 길벗어린이.
- 데이비드 위스너(2002) 구름 공항. 중앙출판사.
- 마를렌 라이델(2002). 와! 신나는 세계 여행. 중앙출판사.
- 송언 글 · 한지희 그림(1999). 아빠, 꽃밭 만들러 가요. 사계절.
- 에릭 칼(1998). 아빠, 달님을 따 주세요. 한국몬테소리.
- 하야시 야키코(1988). 달님 안녕. 한림출판사.

생각 모으기

Q. 다양한 형태의 무대 모양을 그려보세요.

A.

Q. 무대에 주인공 카드를 세울 수 있는 방법을 적어보세요.

A.

Q. 무대 카드를 만들 때 어떤 점을 주의해야 할까요?

A.

Q. 무대가 있는 카드에 이야기를 담을 수 있는 방법을 적어보세요.

A.

자료 준비하기

- 수업용 무대 카드를 제작한다.
- 무대 카드 270㎜×195㎜ 1매, 그림 카드 3~4매, 막대 카드 50㎜×15㎜ 3~4매를 준비한다.
- 무대 카드 생각 모으기(CD-ROM)를 A4 복사용지에 출력한다.
- 무대 모양 본(부록)을 제작한다.

도구 준비하기

- 색종이
- 물감
- 연필
- 색연필
- 사인펜
- 색종이
- 가위
- 칼
- 풀
- 물통
- 붓
- 스티커
- 천
- 파레트
- 장식 재료
- 모양 펀치
- 본드
- 본드판
- 면봉

신현호(만 7세). 가자! 스위스로. 195㎜×135㎜.

신민기(만 7세). 군산의 여행. 195㎜×135㎜.

최찬희(만 7세). 케이블카를 타고. 195㎜×135㎜.

활동하기에 앞서

- 무대를 만들 때에는 칼을 사용해야 하므로 칼을 다루기 어려운 연령의 어린이와 활동하는 경우 교사가 무대 모양을 오려서 제공한다.
- 무대 모양은 다양한 형태로 오려서 준비하고 원하는 형태를 선택하여 활동할 수 있도록 지도한다.
- 활용도서 또는 참고도서 외에 여름방학이나 겨울방학 동안 다녀온 곳, 여행을 다녀온 곳, 여행을 가고 싶은 곳 등의 모습을 담거나 좋아하는 그림책을 선택하여 이야기의 배경과 주인공의 모습으로 무대를 꾸미고 카드 뒷면에 이야기를 담도록 할 수 있다.

그림책 감상하고 생각 모으기

- 활용도서와 참고도서 중 한 권을 선택하여 그림책을 소개하고 이야기를 들려준다.
- 그림책에서 가장 기억에 남는 장면에 대하여 이야기 나눈다.
- 그림책의 이야기 배경에 대하여 알아보고 좋아하는 내용이나 기억에 남는 장면을 어떻게 나타낼 수 있을지 알아본다.
- 그림책을 활용하지 않고 어린이의 경험을 바탕으로 활동하는 경우 여행한 곳에 대하여 알아보고 여행지에서 경험한 것, 기억에 남는 일, 소개하고 싶은 것 등에 대하여 이야기 나눈다.
- 원에서 경험한 특별한 활동을 주제로 표현하도록 할 수 있다.
  예) 동극 공연, 재롱잔치, 각종 발표회, 운동회 등.

무대 카드 소개하고 생각 모으기

- 수업용 무대 카드를 소개하고 어떻게 만들고 무엇을 표현하게 될지 이야기 나눈다.

Q. 이 카드는 어떻게 만든 것일까?
Q. 카드에 무대를 만들려면 어떤 도구를 사용해야 할까?
Q. 무대는 어떤 모양으로 만들 수 있을까?
Q. 카드의 무대 위와 배경 면은 어떻게 꾸밀 수 있을까?
Q. 그림책의 어떤 이야기 부분을 무대에 꾸밀 수 있을까?
Q. 무대 위에 그림 카드를 세울 수 있는 방법은 무엇일까?
Q. 무대 카드의 테두리는 어떻게 꾸밀 수 있을까?
Q. 내가 꾸민 무대에 대한 이야기는 카드의 어느 면에 적을 수 있을까?
Q. 무대 카드를 만들 때 주의해야 할 점은 무엇일까?

- 무대 카드 생각 모으기 활동지에 원하는 모양의 무대를 그리고 어떻게 꾸미고 어떤 이야기를 담고 싶은지 자유로이 꾸며보도록 격려한다.

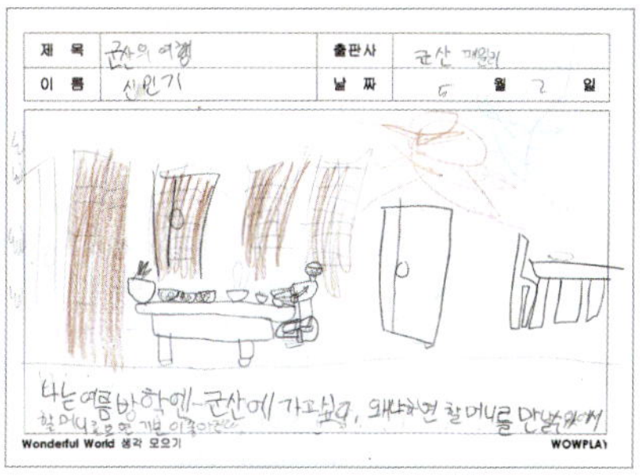

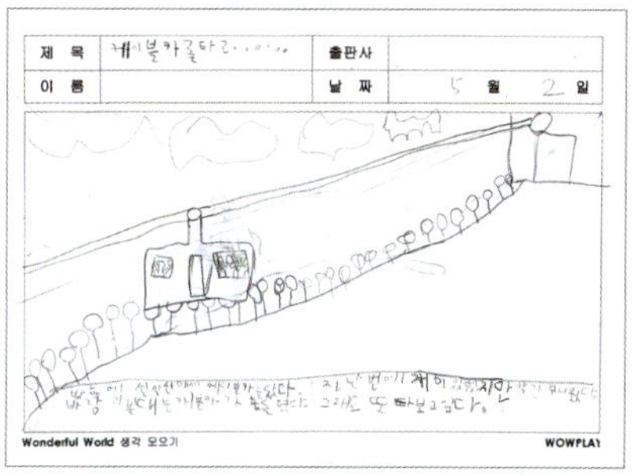

무대 카드 만들기

① 2면 접기

- 무대 카드를 반으로 접어서 2면 카드를 만든다.

② 무대 만들기

- 2면으로 접은 카드를 펼쳐서 앞면에 원하는 모양의 무대를 그린다. 이때 다양한 형태의 무대 모양 본을 제공하여 사용할 수 있도록 지도한다.
- 칼을 사용하여 무대 모양의 아래 면을 제외하고 나머지 선을 따라 자른다.
- 선을 따라 자른 무대의 아래 부분을 뒤로 꺾어서 접는다.
- 무대의 윗부분을 바닥 면과 같은 높이로 접어서 뒤로 꺾는다.
- 칼을 사용하기 어려운 연령의 어린이와 활동하는 경우 무대 모양을 오려서 제공한다.

❶ 카드 아래 면에 원하는 모양의 무대 그림을 그린다.

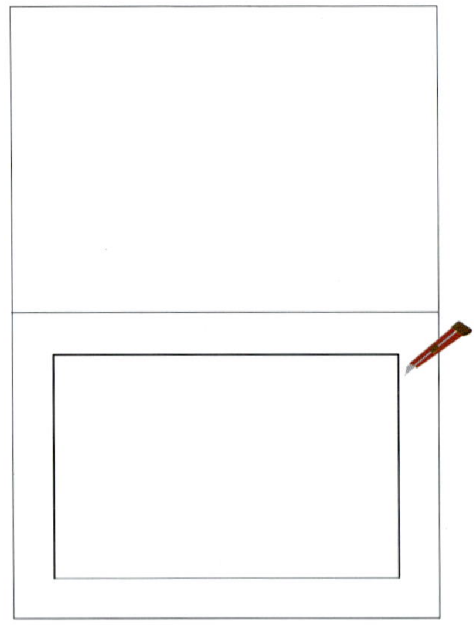

❷ 무대 모양의 아래 면을 제외하고 그려진 선을 따라 3면을 칼로 자른다.

❸ 선을 따라 자른 무대를 뒤로 접어서 꺾는다.

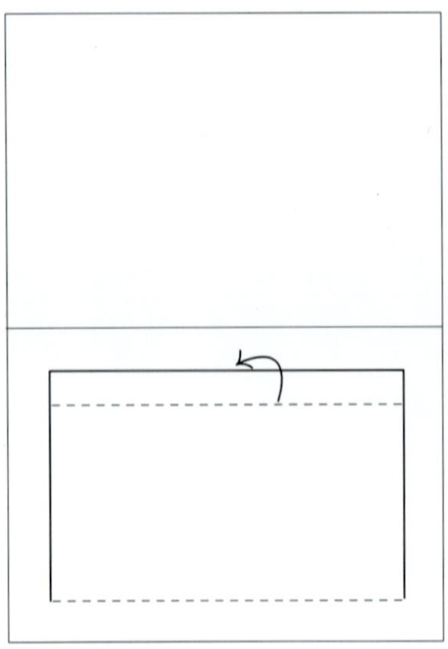

❹ 무대의 윗부분을 바닥 면과 같은 높이로 접어서 뒤로 꺾는다.

❺ 무대를 세웠을 때 모습

③ 무대 배경과 테두리 꾸미기

- 카드 테두리와 무대 배경 면을 원하는 모양으로 꾸민다.
- 카드 테두리나 무대 배경 면에 제목이나 이야기를 담을 수 있다.
- 카드 테두리와 무대 배경 면에 모양 펀치를 이용하여 만든 모양 종이를 붙여서 꾸미도록 지도한다.

④ 그림 카드 만들기

- 생각 모으기를 통해 계획한 모양으로 다양한 크기의 그림 카드에 주인공이나 배경 모습을 그리고 색칠하여 꾸민 후 윤곽선을 따라 자른다.
- 그림 카드는 그림책의 내용이나 주제에 따라 여러 명의 주인공을 만들 수 있고 주인공 외에 배경 카드도 만들어 붙일 수 있다.

⑤ 무대 위에 그림 카드 붙이기

- 막대 카드를 'ㄴ' 자 형태로 접었다 펼친 후 전체적으로 풀칠하여 한쪽 면은 그림 카드에 붙이고 다른 면은 바닥 면에 붙여서 무대 카드의 적당한 위치에 그림 카드를 고정시킨다.
- 막대 카드를 사용하지 않고 그림 카드를 고정시킬 경우 그림 카드의 윤곽선을 오릴 때 바닥 면에 10mm~20mm 정도 여분을 남겨두고 오린 후 이 부분을 접어서 풀칠하여 고정시킨다.

❶ 막대 카드를 사용하는 경우: 막대 카드를 'ㄴ'자로 접고 풀칠하여 그림 카드를 무대에 붙인다.

❷ 막대 카드를 사용하지 않는 경우: 카드의 아래 면을 접고 풀칠하여 그림 카드를 무대 위에 붙인다.

⑤ 무대 세우기

- 무대 윗면의 접어놓은 부분에 풀칠하고 카드의 바닥 면과 수평이 되도록 붙인다.
- 무대 윗면의 접어놓은 부분에 풀칠하지 않고 클립을 이용하여 고정시키면 무대를 세웠다 눕혔다 할 수 있으므로 보관과 이동이 용이하다.

❶ 무대 윗면의 접은 부분에 풀칠하고 풀칠한 부분을 카드의 바닥 면과 수평이 되도록 붙인다.

❷ 클립을 이용하여 무대를 세운다.

소개하기 · 감상하기

- 무대 카드에 어떤 이야기를 담았는지 소개한다.
- 그림 카드에 무엇을 표현하고 무대에 어떻게 연결했는지 알아본다.
- 무대와 카드 테두리를 어떻게 꾸몄는지 소개한다.
- 무대 위에 그림 카드가 튼튼하게 연결된 작품을 알아본다.
- 그림 카드를 독특하거나 재미있게 표현한 작품을 알아본다.
- 무대와 카드 테두리를 독특하거나 아름답게 표현한 카드를 알아본다.
- 무대와 카드 테두리를 꾸미는 새로운 방법에 대하여 이야기 나눈다.
- 무대 카드를 만들면서 어렵거나 힘들었던 점이 있었는지 이야기 나눈다.
- 무대 카드를 이용하여 할 수 있는 새로운 활동에 대하여 알아본다.
- 교실의 한 공간을 마련하여 완성된 무대 카드를 서로 감상할 수 있도록 전시한다.

Gallery

The Jurassic Park. 2003. 195㎜×135㎜.

Blooming My Heart. 2002. 190㎜×145㎜.

CHAPTER 2

계곡 접기를 활용한 문해 활동

Literacy Activity through V-folding Pop-up Books

- 내가 주인공이야
- 기분이 좋아지는 그림책
- 재주 많은 우리가족

내가 주인공이야

I Call My Hand Gentle. 2005. 270㎜×390㎜.

활용도서

- 앤서니 브라운(2006). 겁쟁이 빌리. 비룡소.

참고도서

- 데이비드 루카스(2005). 헬리벗 잭슨. 아이즐.
- 마거릿 와이즈 브라운 글 · 조은희 그림(2003). 벌레가 좋아. 보림.
- 모디캐이 저스타인(2006). 찰리는 무엇을 들었을까? 보물창고.
- 이동진(2001). 노랑나비 내 친구. 산하.
- 토미 드 파올라(2005). 주인공이 되고 싶어. 보물창고.
- 필립 세들레츠키(1999). 아기 세모의 세 번째 생일. 주니어파랑새.

생각 모으기

Q. 어린이의 모습과 비슷하거나 친숙한 그림책의 주인공들을 적어보세요.

A.

Q. 그림책의 주인공을 이용하여 어떤 이야기를 할 수 있을까요?

A.

Q. 한 번의 접기를 통해 만들 수 있는 pop-up에는 어떤 방법이 있을까요?

A.

Q. 계곡 접기를 이용한 pop-up에 주인공 카드를 붙일 수 있는 다양한 방법을 만들어 보세요.

A.

자료 준비하기

- 수업용 계곡 접기 pop-up 책을 제작한다.
- 표지 카드 270㎜×195㎜ 1매, pop-up 카드 250㎜×175㎜ 1매, 속지 카드 115㎜×175㎜ 1매, 그림 카드 100㎜×100㎜ 1매를 준비한다.
- 내가 주인공이야 생각 모으기(CD-ROM)를 A4 복사용지에 출력한다.
- 판권면 라벨 3108 · 3114 · 3116(CD-ROM)을 Formtec Label 3108 · 3114 · 3116 라벨용지에 출력한다.

도구 준비하기

- 연필
- 색연필
- 사인펜
- 크레파스
- 색종이
- 모양 펀치
- 가위
- 풀
- 본드
- 면봉
- 본드판
- 장식 재료

신현호(만 7세). 라이언 킹. 270㎜×195㎜.

활동하기에 앞서

- 활용도서와 참고도서 외에 개별적으로 좋아하는 주인공이 등장하는 그림책을 가져와서 소개하고 활동을 진행할 수 있다.
- 그림의 윤곽선을 따라 오리기 어려워하는 어린이와 활동하는 경우 적당한 크기(60㎜×60㎜~80㎜×80㎜)의 동그라미, 네모, 세모, 오각형, 육각형, 팔각형, 타원 모양의 그림 카드를 준비하여 원하는 모양 카드에 그림을 그려서 오리지 않고 붙이도록 지도한다.
- 계곡 접기 pop-up 책은 표지 카드와 pop-up 카드를 따로 만들어 붙이거나 한 장의 카드로 표지와 본문을 만들 수 있다.
- 한 장의 카드를 이용하여 계곡 접기 pop-up 책을 만드는 경우 카드의 크기는 270㎜×390㎜ 1매를 준비하여 제작한다.

그림책 소개하고 생각 모으기

- 활용도서와 참고도서 중 한 권을 선택하여 그림책을 소개하고 이야기를 들려준다.
- 그림책의 이야기를 다 들려준 후 책의 앞표지부터 한 장씩 넘겨가며 주인공과 내용에 대하여 이야기 나눈다.

Q. 이 책의 주인공은 누구니?

Q. 주인공은 어떤 특징을 가지고 있니?

Q. 주인공에게 어떤 일이 일어났니?
Q. 주인공은 문제를 어떻게 해결했니?
Q. 주인공이 어려움을 이겨내는데 도움이 될 수 있는 것은 무엇일까?
Q. 만일 이 책 속의 주인공이 자신이라면 문제를 어떻게 해결할 수 있겠니?
Q. 내가 이 그림책의 작가라면 주인공을 어떻게 만들고 싶니?
Q. 이 그림책의 작가는 주인공을 통해 무엇을 이야기하고 싶었던 것일까?

계곡 접기 Pop-up 책 소개하고 생각 모으기

- 수업용 계곡 접기 pop-up 책을 소개하고 어떻게 만들고 무엇을 표현할 수 있는지 이야기 나눈다.

Q. 이 책을 펼치면 무엇이 나타나니?
Q. 이렇게 책 속의 일부분이 튀어 오르는 책을 무엇이라고 할까?
Q. pop-up 부분을 어떻게 접어서 만든 것일까?
Q. pop-up 부분을 어떻게 꾸밀 수 있을까?
Q. 이 책에 주인공을 소개하려면 어떻게 꾸미면 좋을까?
Q. 주인공을 pop-up 부분에 붙이면 어떤 모양이 될까?
Q. 주인공 카드를 붙인 pop-up 책에 어떤 이야기를 담을 수 있을까?
Q. 이야기를 적는 면을 어떻게 꾸미면 아름답게 느껴질까?

- 내가 주인공이야 생각 모으기(CD-ROM) 활동지에 선택한 그림책의 주인공을 그리고 어떤 이야기를 담을지 계획하여 간단히 적는다.

계곡 접기 Pop-up 책 만들기

① pop-up 카드 접기
- pop-up 카드를 반으로 접어서 2면 카드를 만든다.

② pop-up 만들기
- 반으로 접은 pop-up 카드의 연결 면 윗부분을 비스듬히 사선으로 접는다.
- 비스듬히 접은 면을 펼쳐서 다시 반대 방향으로 접었다 펼친다.
- 비스듬히 접은 선을 따라 카드 안쪽으로 밀어 넣는다.

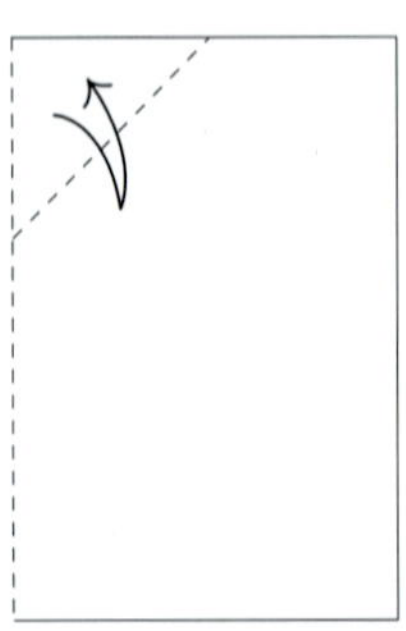

❶ 연결면의 윗부분을 비스듬히 사선으로 접었다 펼친다.

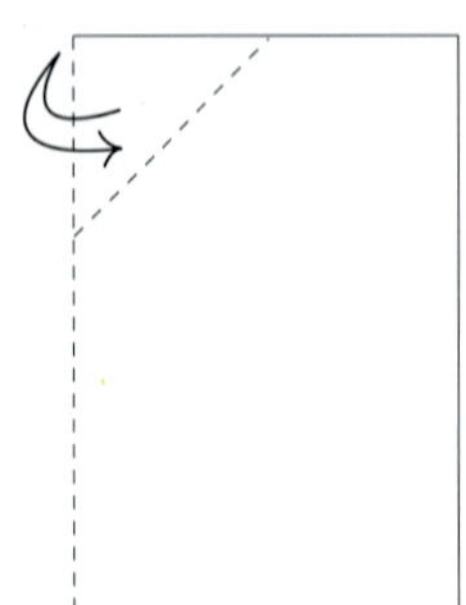

❷ 접은 면을 반대 방향으로 접었다 펼친다.

❸ 비스듬히 접은 선을 따라 카드 안으로 밀어 넣는다.

③ 주인공 카드 만들기
- 그림 카드에 그림책 속의 주인공을 그리고 색칠한 후 윤곽선을 따라 오린다.

④ 주인공 카드 붙이기
- 주인공 카드 뒷면에 풀칠하여 pop-up 부분에 원하는 모양으로 붙인다.

■ 주인공 카드를 붙이는 방향에 따라 카드를 세우거나 눕힐 수 있다. 주인공 카드의 특징과 형태를 고려하여 원하는 방향으로 붙이도록 지도한다.

⑤ 이야기 담기

■ 그림책의 이야기, 주인공에 대한 생각, 주인공을 통해 느낀 점, 이 그림책이나 주인공을 좋아하는 이유, 내가 주인공이라면 어떻게 행동했을지 등에 대하여 생각하고 생각 모으기 활동지를 참고하여 이야기의 중심 내용이나 배경 그림을 담는다.

⑥ 표지 카드 접기

■ 표지 카드를 반으로 접어서 2면 카드를 만든다.

⑥ 표지 꾸미기

■ 표지 카드의 색깔이 짙은 색인 경우 속지 카드를 붙이고 표현한다.
■ 표지 카드의 앞면에 제목, 지은이, 앞표지 그림, 출판사 명 등을 담는다.
■ 표지 카드의 뒷면에 판권면을 꾸민다.
■ 뒷표지는 판권면 라벨을 사용하여 꾸미도록 할 수 있다.
■ 책 만들기 경험이 풍부한 어린이는 뒷표지 그림을 그리고 광고 문구나 중심 문구를 적도록 지도한다.

⑦ 표지 카드에 pop-up 속지 카드 붙이기

■ 반으로 접은 pop-up 카드의 한 쪽 뒷면에 전체적으로 풀칠하고 표지 카드의 중심선에 맞추어 붙인다.
■ 같은 방법으로 pop-up 카드의 반대 면에 전체적으로 풀칠하여 표지 카드에 붙인다.

❶ 접혀진 pop-up 카드의 한쪽 면에 풀칠하고 표지 카드의 안쪽 중심선에 맞추어 붙인다.
❷ 같은 방법으로 pop-up 카드의 반대 면에 풀칠하여 표지 카드에 붙인다.

소개하기 · 감상하기

■ 어떤 그림책을 선택하고 주인공은 누구인지 소개한다.
■ 주인공의 성격이나 특징에 대하여 소개한다.
■ pop-up 부분에 주인공 카드를 어떻게 표현했는지 소개한다.
■ 그림책의 이야기를 어떻게 표현했는지 소개한다.
■ 주인공 카드를 재미있거나 독특하게 표현한 작품을 알아본다.
■ 본문을 전체적으로 아름답게 구성한 작품을 알아본다.
■ 앞표지와 뒷표지의 구성이 아름답거나 독특한 작품을 알아본다.
■ 계곡 접기 Pop-up 책을 만들면서 어렵거나 힘들었던 점이 있었는지 이야기 나눈다.
■ 계곡 접기 Pop-up 책을 이용하여 할 수 있는 새로운 활동에 대하여 알아본다.
■ 교실의 한 공간을 마련하여 완성된 내가 주인공이야 책을 서로 감상할 수 있도록 전시한다.

Gallery

문민선(만 7세). 별. 270㎜×195㎜.

최찬희(만 7세). 힘세씨. 270㎜×195㎜.

신민기(만 7세). 마술양. 270㎜×195㎜.

김보래, 김정찬, 문승혜, 신현준, 전태현, 최가희(만 4 · 5 · 6세). 숫자나라. 2700㎜×195㎜.

Gallery

저 별은 나의 별. 2003. 270㎜×195㎜.

Happy Happy Birthday. 2003. 270㎜×195㎜.

언제나 너만을 사랑해. 2003. 270㎜×195㎜.

기분이 좋아지는 그림책

구름 속으로. 2003. 270㎜×195㎜.
사랑이란…. 2003. 270㎜×195㎜.

활용도서

- 토드 파(2005). 기분이 좋아지는 그림책. 삐아제어린이.

참고도서

- 로렌 차일드(2006). 있잖아, 그건 내 책이야. 국민서관.
- 사이토 타카코(2006). 콧구멍을 후비면. 애플비.
- 신시아 라일런트(2004). 날마다 날마다 놀라운 일들이 생겨요. 문학과 지성사.
- 앤서니 브라운(2006). 내가 좋아하는 것. 책그릇.
- 토드 파(2006). 평화는요. 예림당.

생각 모으기

Q. 한 번의 접기를 통해 만들 수 있는 pop-up에는 어떤 방법이 있을까요?

A.

Q. 계곡 접기와 산 접기를 통해 만들어지는 pop-up은 어떤 형태일까요?

A.

Q. 계곡 접기 pop-up 책과 계곡 접기와 산 접기를 이용한 pop-up 책은 어떤 차이점이 있나요?

A.

Q. 계곡 접기와 산 접기를 이용한 pop-up 책은 어떻게 구성할 수 있을까요?

A.

자료 준비하기

- 수업용 계곡 접기 Pop-up 책을 제작한다.
- 카드 390㎜×270㎜ 1매, 속지 카드 115㎜×175㎜ 1매를 준비한다.
- 기분이 좋아지는 그림책 생각 모으기(CD-ROM)를 A4 복사용지에 출력한다.
- 판권면 라벨 3108 · 3114 · 3116(CD-ROM)을 Formtec Label 3108 · 3114 · 3116 라벨용지에 출력한다.

도구 준비하기

- 연필
- 색연필
- 사인펜
- 크레파스
- 색종이
- 모양 펀치
- 가위
- 풀
- 본드
- 면봉
- 본드판
- 장식 재료

전태현(만 5세). 공룡이 살았어요. 270㎜×195㎜.

문승혜(만 5세). 승혜의 기분 좋은 책. 270㎜×195㎜.

활동하기에 앞서

- 계곡 접기 pop-up 책은 표지 카드와 pop-up 카드를 따로 만들어 붙이거나 한 장의 카드로 표지와 본문을 만들 수 있다.
- 표지 카드와 pop-up 카드를 각각 만들어 붙이는 경우 표지 카드 270㎜×195㎜ 1매, pop-up 카드 250㎜×175㎜ 1매를 준비하여 제작한다.

- 계곡 접기 pop-up 책은 한 번의 계곡 접기 또는 계곡 접기와 산 접기를 연속하여 다른 형태의 pop-up을 만들 수 있다.
- 한 번의 계곡 접기를 통한 pop-up 책은 세웠을 때 pop-up 부분이 접혀져 있는 상태로 전시가 되므로 전체적인 면을 감상할 수 없으나, 계곡 접기와 산 접기를 연속하여 만들어지는 pop-up은 세웠을 때 전체 면을 감상할 수 있으므로 보다 적합한 방법이다.
- pop-up 부분에 글을 적고 나머지 면에 그림을 그리거나 반대로 pop-up 부분에 그림을 그리고 나머지 부분에 글을 쓰도록 지도한다.

계곡 접기에 의한 pop-up

계곡 접기와 산 접기에 의한 pop-up

그림책 소개하고 생각 모으기

- 활용도서와 참고도서 중 한 권을 선택하여 그림책을 소개하고 이야기를 들려준다.
- 그림책의 이야기를 다 들려준 후 책의 앞표지부터 한 장씩 넘겨가며 이야기에 대한 생각을 모은다.

Q. 이 책의 제목은 무엇이니?
Q. 책 속에 등장하는 주인공은 무엇을 할 때 기분이 좋아진다고 했니?
Q. 책 속의 주인공은 무엇을 먹을 때 기분이 좋아진다고 했니?
Q. 책 속의 주인공은 무엇을 보면 기분이 좋아진다고 했니?
Q. 책 속의 주인공은 어떤 말을 하거나 들으면 기분이 좋아진다고 했니?
Q. 책 속의 주인공은 왜 그때 기분이 좋아졌을까?
Q. 책 속의 주인공처럼 무엇을 할 때 기분이 좋아진 적이 있었니?
Q. 책 속의 주인공처럼 무엇을 보면 기분이 좋아지니?
Q. 책 속의 주인공처럼 누구와 함께 있을 때 기분이 좋아진 적이 있었니?
Q. 또 언제 기분이 좋아지니?
Q. 무엇을 하면 기분이 좋아질까?
Q. 누구와 함께 있으면 기분이 좋아질까?
Q. 기분이 좋아지면 무엇을 하고 싶니?
Q. 사람들은 언제 기분이 좋아질까?
Q. 사람들은 기분이 좋아지면 어떤 행동을 할까?

계곡 접기 Pop-up 책 소개하고 생각 모으기

- 수업용 계곡 접기 pop-up 책을 소개하고 어떻게 만들고 무엇을 표현할 수 있는지 이야기 나눈다.

Q. 이 책을 펼치면 무엇이 나타나니?
Q. 어떤 모양처럼 생겼니?
Q. 이렇게 책 속의 일부분이 튀어 오르는 책을 무엇이라고 할까?

Q. pop-up 부분을 어떻게 접어서 만든 것일까?
Q. 이 책의 표지와 본문은 어떻게 이루어져 있니?
Q. 어떻게 접으면 한 장의 종이로 표지와 본문을 동시에 만들 수 있을까?
Q. 우리가 읽은 그림책의 이야기를 이 책에 어떻게 담을 수 있을까?
Q. pop-up 부분에 어떤 이야기를 담을 수 있을까?
Q. pop-up 아래 부분은 어떻게 꾸밀 수 있을까?
Q. pop-up 윗부분에 모양을 만들 수 있는 방법은 무엇일까?
Q. pop-up 윗부분을 어떤 모양으로 만들 수 있을까?

- 기분이 좋아지는 그림책 생각 모으기(CD-ROM) 활동지에 언제 그리고 무엇을 할 때 기분이 좋아지는지 생각하고 어떻게 표현하고 싶은지 계획하여 간단히 적는다.

계곡 접기 Pop-up 책 만들기

① 카드 접기

- 카드를 가로와 세로로 각각 절반씩 접었다 펼쳐서 4면을 만든다.

② pop-up 만들기

- 카드를 가로와 세로로 접었다 펼친 후 길게 반으로 접는다.
- 접은 면을 중심으로 비스듬히 접었다 펼치고 반대 방향으로 다시 꺾어서 접었다 펼친다.
- 접은 선에서 1㎝ 정도 위에서 위와 같은 방법으로 접었다 펼친다.
- 표지 부분을 접어 올리고 하단의 접혀진 선을 따라 안으로 잡아당긴다.
- 안으로 들어 온 pop-up 위의 선을 따라 뒤로 밀어낸다.
- 카드를 덮고 pop-up 부분을 눌러준다.

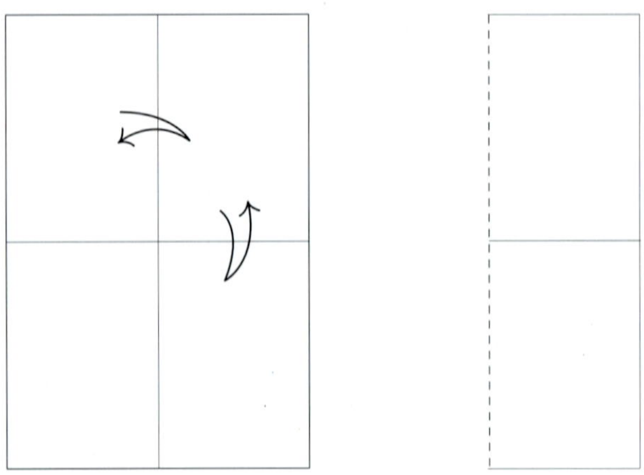

❶ 카드를 가로와 세로로 접었다 펼쳐서 4면을 만든다.
❷ 4면 카드를 길게 반으로 접는다.

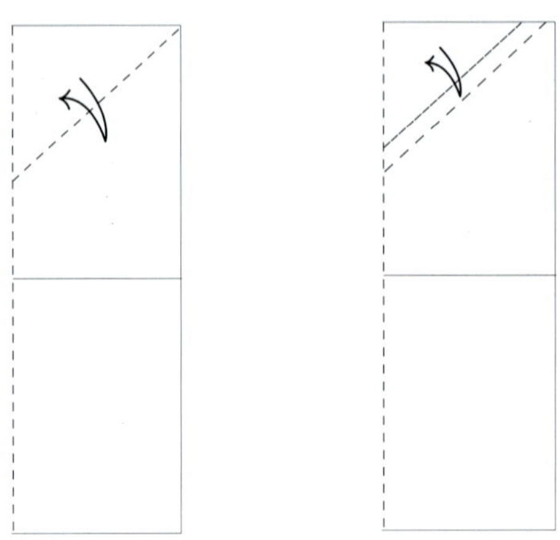

❸ 점선과 같이 비스듬히 접었다 펼친다.
❹ 점선에서 1㎝ 정도 위에서 접었다 펼친다.

❺ 표지 부분을 위로 접어 올리고 하단 선을 따라 잡아당긴 후, 상단 선을 따라 뒤로 밀어낸다.

③ pop-up 모양 꾸미기

- pop-up 윗부분을 가위 또는 핑킹가위를 이용하여 원하는 모양으로 자유롭게 오려낸다.

④ 그림 그리기

- pop-up 부분에 언제, 무엇을 하면, 누구와 함께 있으면 기분이 좋아지는지 생각하고 기분이 좋았던 경험을 그린다.

⑤ 이야기 담기

- pop-up 부분을 제외한 나머지 부분에 그림과 관련하여 기분이 좋았던 경험이나 좋아하는 것에 대한 이야기를 생각 모으기 활동지를 참고하여 적는다.

⑥ 표지 꾸미기

- 표지 카드의 색깔이 짙은 색인 경우 속지 카드를 붙이고 표현한다.
- 표지 카드의 앞면에 제목, 지은이, 앞표지 그림, 출판사 명 등을 담는다.
- 표지 카드의 뒷면에 판권면을 꾸민다.
- 뒷표지는 판권면 라벨을 사용하여 꾸미도록 할 수 있다.
- 책 만들기 경험이 풍부한 어린이는 뒷표지 그림을 그리고 광고 문구나 중심 문구를 적도록 지도한다.

소개하기 · 감상하기

- 언제 또는 무엇을 할 때 기분이 좋아진다고 표현했는지 소개한다.
- 기분이 좋아지는 경우가 독특하거나 재미있는 작품을 알아본다.
- 기분이 좋았던 경험이 특별한 작품을 알아본다.
- 기분이 좋았던 경험을 아름답게 표현한 작품을 알아본다.
- 이야기를 재미있거나 구체적으로 표현한 작품을 알아본다.
- pop-up 윗부분을 아름답거나 독특하게 꾸민 작품을 알아본다.
- 앞표지와 뒷표지의 구성이 아름답거나 독특한 작품을 알아본다.
- 계곡 접기와 산 접기를 이용한 pop-up 책을 만들면서 어렵거나 힘들었던 점이 있었는지 이야기 나눈다.
- 계곡 접기와 산 접기 pop-up 책을 이용하여 할 수 있는 새로운 활동에 대하여 알아본다.
- 교실의 한 공간을 마련하여 완성된 기분이 좋아지는 그림책을 서로 감상할 수 있도록 전시한다.

Gallery

신현준(만 6세). 나의 기분 좋은 모습. 270㎜×195㎜.

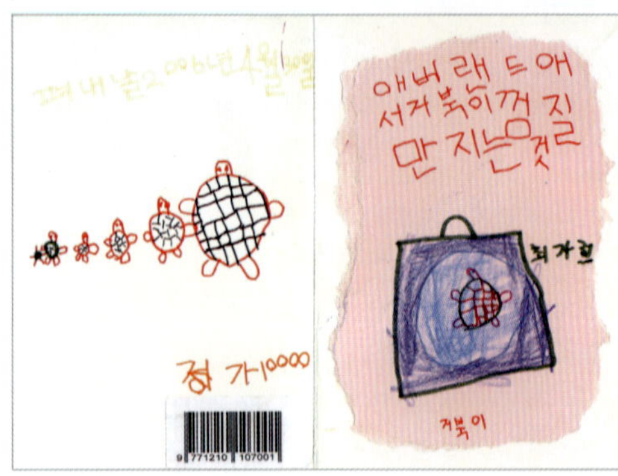

최가희(만 5세). 에버랜드에서 거북이 껍질 만지는 것. 270㎜×195㎜.

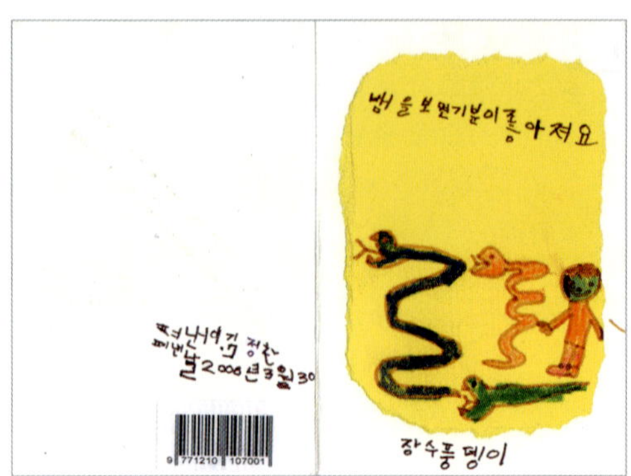

김정찬(만 5세). 뱀을 보면 기분이 좋아져요. 270㎜×195㎜.

재주 많은 우리가족

한국의 문. 2003. 270㎜×195㎜.
밤하늘에는. 2003. 270㎜×195㎜.

활용도서

- 레인 스미스(2005). 행복한 하하호호 가족. 베틀북.

참고도서

- 로렌 리디(2004). 가족 나무 만들기. 미래M&B.
- 베라 B. 윌리엄스(1999). 엄마의 의자. 시공주니어.
- 토드 파(2005). 모든 가족은 특별해요. 문학동네어린이.
- 토드 파(2005). 내 친구는 어디에. 문학동네어린이.
- 편집부(2004). 뭐야 뭐야 사람. 사계절.

생각 모으기

Q. 계곡 접기 pop-up 부분을 이용하여 모양을 만들 수 있는 방법을 적어보세요.

A.

Q. 계곡 접기 pop-up 부분에 그림 카드를 붙여서 꾸밀 수 있는 방법을 적어보세요.

A.

Q. 계곡 접기 pop-up 부분에 무대를 만들 수 있는 방법을 적어보세요.

A.

Q. 계곡 접기 pop-up 부분에 모양을 만들 때 어떤 점에 주의해야 할까요?

A.

자료 준비하기

- 수업용 계곡 접기 pop-up 모양책을 제작한다.
- 표지 카드 1080㎜×195㎜ 1매, pop-up 카드 250㎜×175㎜ 4매, 속지 카드 115㎜×175㎜ 1매를 준비한다.
- 재주 많은 우리 가족 생각 모으기(CD-ROM)를 A4 복사용지에 출력한다.
- 판권면 라벨 3108 · 3114 · 3116(CD-ROM)을 Formtec Label 3108 · 3114 · 3116 라벨용지에 출력한다.

도구 준비하기

- 연필
- 색연필
- 사인펜
- 크레파스
- 색종이
- 모양 펀치
- 가위
- 풀
- 본드
- 면봉
- 본드판
- 장식 재료

신리나(만 5세). 우리 가족 소개. 1350㎜×180㎜.

활동하기에 앞서

- 책 만들기 경험이 풍부한 어린이와 활동하는 경우 8면 병풍책으로 pop-up 모양책을 만들고 8면 표지 병풍책에 붙이거나 표지를 사용하지 않고 8면 pop-up 병풍책의 앞면과 뒷면을 이용하여 직접 앞표지와 뒷표지를 꾸미도록 지도한다.
- 8면 표지 병풍책에 8면 pop-up 병풍책을 붙여서 계곡 접기 pop-up 모양책을 만드는 경우 표지 카드와 pop-up 카드는 1080㎜×195㎜ 2매를 준비하여 활동한다.
- 책 만들기 경험이 풍부하지 않거나 긴 종이를 접고 오리는데 어려움을 느끼는 어린이와 활동하는 경우 8면 pop-up 모양책을 만들기 보다는 2면 카드를 이용하여 2면 계곡 접기 pop-up 모양책을 만든다.
- 2면 계곡 접기 pop-up 모양책은 표지 카드와 속지 카드를 따로 만들어 붙이거나 한 장의 카드로 표지와 속지를 만든다.
- 2면 계곡 접기 pop-up 모양책의 표지와 속지를 따로 만들어 붙이는 경우 표지 카드 270㎜×195㎜ 1매, pop-up 카드 250㎜×175㎜ 1매를 준비하고 한 장의 카드로 표지와 본문을 만든 경우 270㎜×390㎜ 1매를 이용하여 활동한다.
- 계곡 접기 pop-up 모양책을 이용하여 가족의 얼굴 모습을 꾸미는 것뿐만 아니라 활동 주제나 활용도서에 따라 기본 도형 모양, 좋아하는 물건, 그림책 속 주인공, 다양한 형태의 무대 등을 그리고 오리거나 만들어 붙이고 이야기를 꾸미도록 지도한다.
- 가족을 주제로 활동하는 경우 가족 수에 따라 카드의 면을 늘리거나 줄여서 활동한다.
- 가족이 3명인 경우 8면 병풍책의 7면과 8면을 잘라내어 6면 병풍책을 만들고 가족이 5명인 경우 8면 병풍책에 2면 카드를 붙여서 10면 병풍책을 만들어 활동한다.
- 8면 병풍책과 2면 카드를 연결하는 방법은 『책 만들기를 통한 창의적 언어교육Ⅱ(최유경 저)』의 22쪽~23쪽을 참고한다.
- 여러 면으로 구성된 책을 만드는 경우 하루 또는 한 번에 책을 완성하기 보다는 하루에 한 두면씩 여러 차례에 걸쳐 완성해 가도록 지도한다.

그림책 소개하고 생각 모으기

- 그림책을 소개하고 이야기를 들려준다.
- 그림책의 이야기를 다 들려준 후 책의 앞표지부터 한 장씩 넘겨가며 이야기에 대한 생각을 모은다.

Q. 이 책의 제목은 무엇이니?
Q. 왜 하하호호 가족이라고 지었을까?
Q. 하하호호 가족은 몇 명이니?
Q. 하하호호 가족들은 누구누구니?
Q. 하하호호 가족의 이야기를 읽고 어떤 생각이 들었니?
Q. 너희들은 누구와 함께 살고 있니?
Q. 자기 가족에 대하여 이름을 만든다면 어떤 가족이라고 짓고 싶니?
Q. 왜 가족 이름을 그렇게 짓고 싶니?

계곡 접기 Pop-up 모양책 소개하고 생각 모으기

- 수업용 계곡 접기 pop-up 모양책을 소개하고 어떻게 만들고 무엇을 표현할 수 있는지 이야기 나눈다.

Q. 이 책을 펼치면 무엇이 나타나니?
Q. 이 책은 몇 면으로 구성되어 있니?
Q. 각각의 면에 어떤 모양이 만들어져 있니?
Q. 얼굴 모양은 어떻게 만든 것일까?
Q. 얼굴 모양을 어떻게 꾸밀 수 있을까?
Q. 얼굴 pop-up 책에 어떤 이야기를 담을 수 있을까?

- 재주 많은 우리 가족 생각 모으기(CD-ROM) 활동지에 각각의 얼굴 모습을 어떻게 꾸미고 어떤 이야기를 담을지 계획하여 간단히 적는다.

계곡 접기 pop-up 모양책 만들기

① pop-up 카드 접기

- pop-up 카드 4매를 각각 반으로 접어서 2면 카드 4장을 만든다.

② 얼굴 모양 pop-up 만들기

- 다음의 순서에 따라 얼굴 모양 pop-up을 만든다.

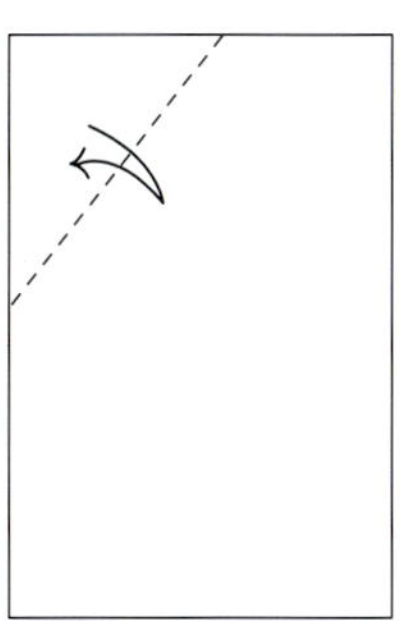

❶ 점선과 같이 비스듬히 앞뒤로 접었다 펼친다.

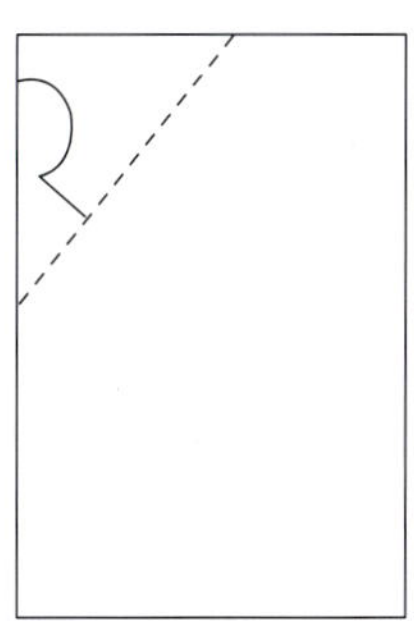

❷ 삼각형 부분의 중앙선을 중심으로 얼굴 모습을 절반씩 그린다.

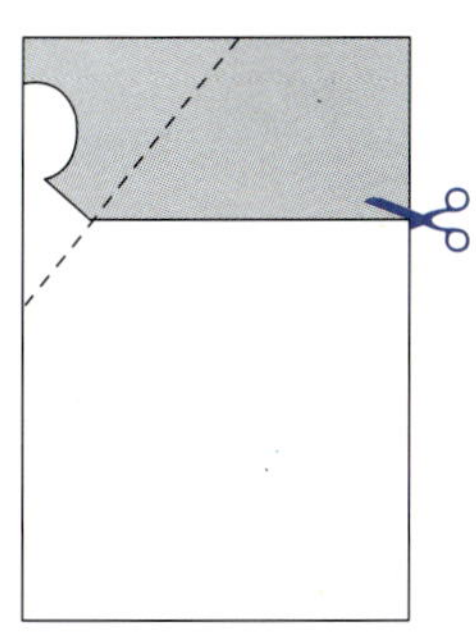

❸ 얼굴 모양을 따라 자르고 남는 부분은 일직선으로 자른다.

❹ 카드를 펼쳐서 접혀진 선을 따라 얼굴 모양 부분을 안으로 밀어 넣는다.

③ 얼굴 모양 pop-up 꾸미기

- 각각의 얼굴 모양 pop-up을 가족의 얼굴 생김새에 따라 다양한 재료를 이용하여 꾸민다.

- 털실, 인형눈, 스팽글 등을 사용하여 입체적으로 꾸밀 수 있다.
- 한번에 가족 얼굴 pop-up을 모두 꾸미도록 하기 보다는 하루에 한 명씩 꾸미고 이야기를 담도록 지도한다.

③ 가족 이야기 담기
- 얼굴 pop-up 아래 면에 각각의 이름, 역할, 하는 일, 특별한 점, 하고 싶은 말, 해 주고 싶은 것 등 하고 싶은 이야기를 생각 모으기 활동지를 참고하여 적는다.
- 어떤 이야기를 적어야 하는지 스스로 정하기 어려워하는 경우 교사가 주제를 정하여 알려주고 이에 따른 생각과 경험을 적도록 지도한다.

④ 표지 카드 접기
- 표지 카드를 지그재그로 접어서 4면 병풍책을 만든다.
- 4면 병풍책을 다시 지그재그로 접어서 8면 병풍책을 만든다.

⑤ 표지 꾸미기
- 표지 카드의 색깔이 짙은 색인 경우 속지 카드를 붙이고 표현한다.
- 표지 카드의 앞면에 제목, 지은이, 앞표지 그림, 출판사 명 등을 담는다.
- 표지 카드의 뒷면에 판권면을 꾸민다.
- 뒷표지는 판권면 라벨을 사용하여 꾸미도록 할 수 있다.
- 책 만들기 경험이 풍부한 어린이는 뒷표지 그림을 그리고 광고 문구나 중심 문구를 적도록 지도한다.

⑥ 표지 카드에 pop-up 카드 붙이기(31쪽 참고)
- 반으로 접은 pop-up 카드의 한 쪽 뒷면에 전체적으로 풀칠하고 표지 카드의 중심선에 맞추어 붙인다.
- 같은 방법으로 pop-up 카드의 반대 면에 전체적으로 풀칠하여 표지 카드에 붙인다.

소개하기 · 감상하기
- 가족 얼굴 pop-up을 어떻게 꾸몄는지 소개한다.
- 각각의 가족에 대하여 어떤 이야기를 담았는지 소개한다.
- 얼굴 pop-up을 재미있거나 독특하게 꾸민 작품을 알아본다.
- 가족에 대한 이야기가 재미있거나 특별한 작품을 알아본다.
- 앞표지와 뒷표지의 구성이 아름답거나 독특한 작품을 알아본다.
- 계곡 접기 pop-up 모양책을 만들면서 어렵거나 힘들었던 점이 있었는지 이야기 나눈다.
- 계곡 접기 pop-up 모양책을 이용하여 할 수 있는 새로운 활동에 대하여 알아본다.
- 교실의 한 공간을 마련하여 완성된 재주 많은 우리 가족책을 서로 감상할 수 있도록 전시한다.

Gallery

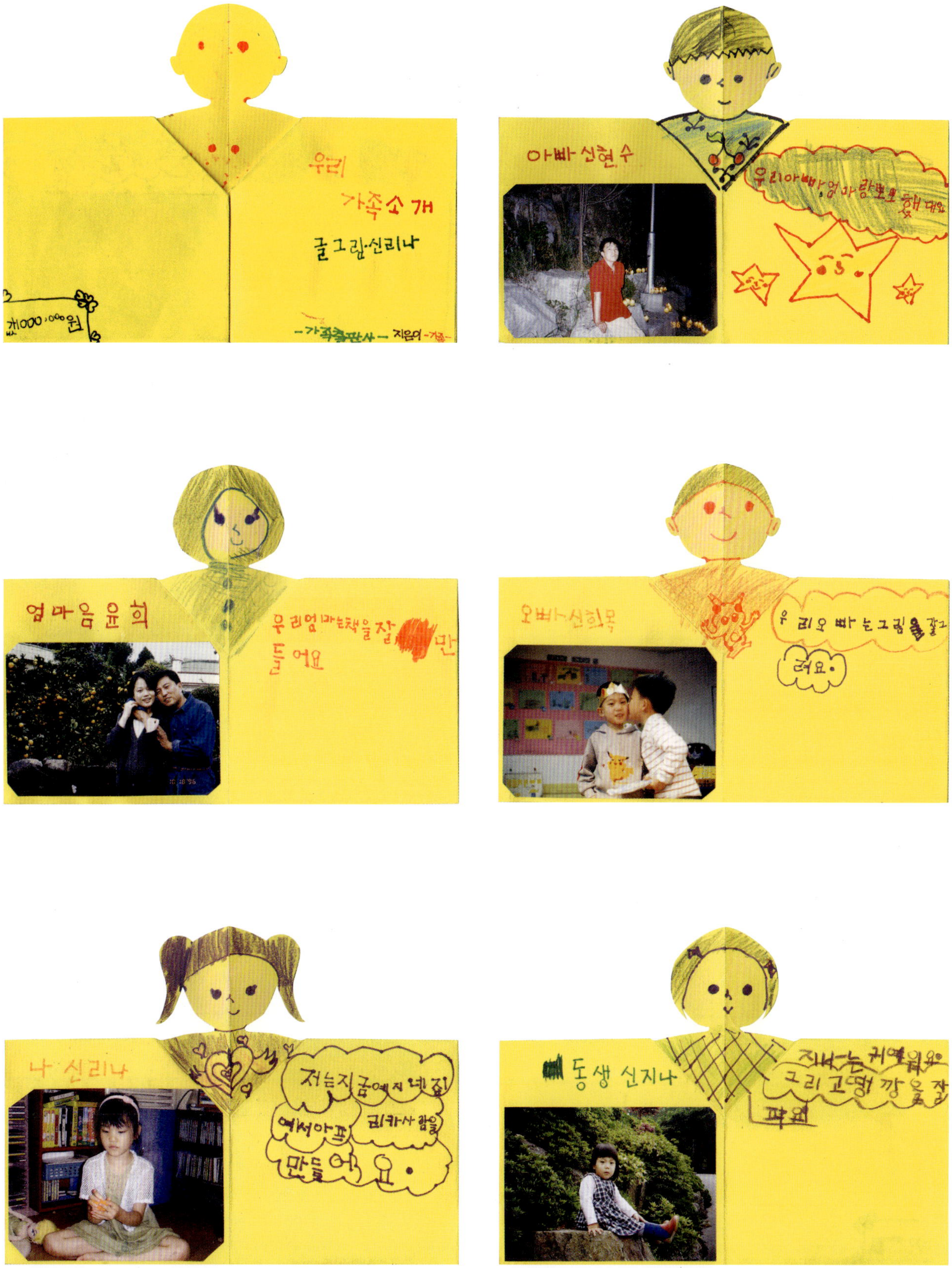

신리나(만 5세). 우리 가족 소개. 1350㎜×180㎜.

Gallery

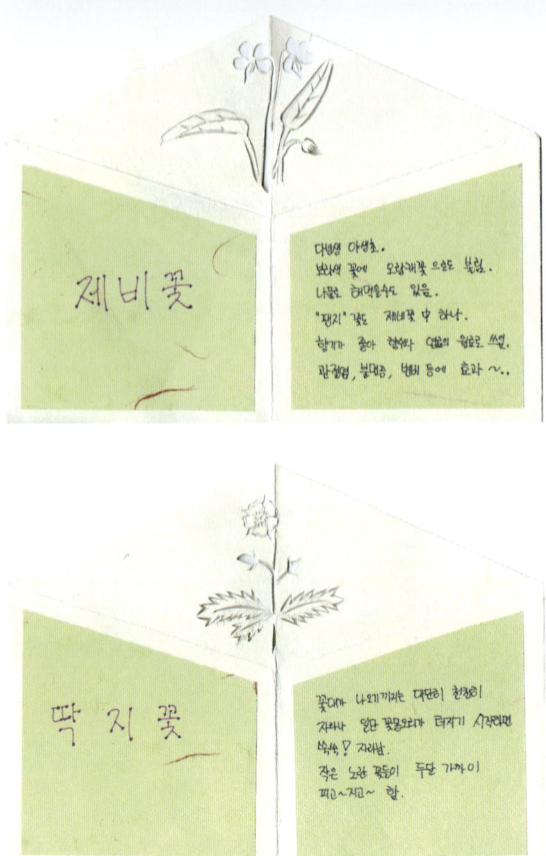

이혜진. 데굴데굴 금방울. 1080㎜×100㎜.

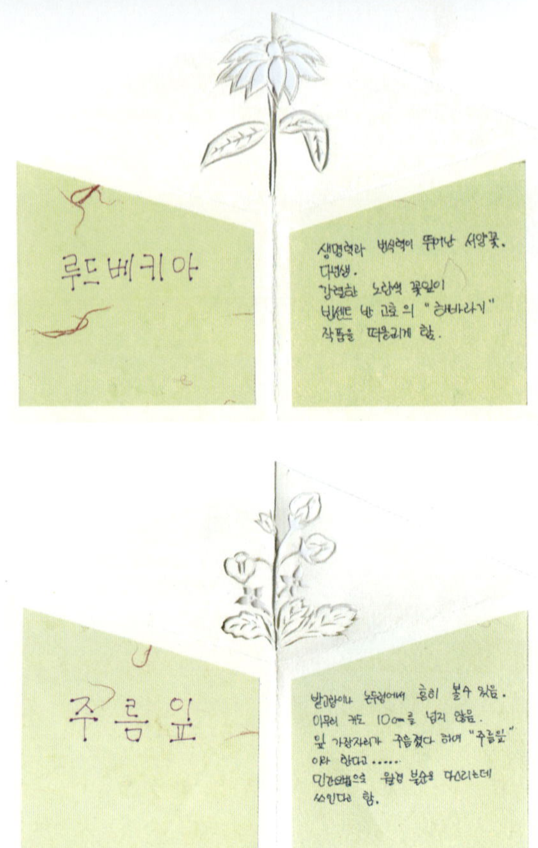

작자 미상. 야생초 백과. 1080㎜×195㎜.

CHAPTER 3

주인공 Pop-up을 활용한 문해 활동

Literacy Activity through Character Pop-up Books

- Valentine Day Card
- 나비야 날아봐!
- 내가 지은 집에서

Valentine Day Card

The Heart. 2003. 270㎜×195㎜.
A Glittering Heart. 2003. 270㎜×195㎜.

활용 도서

- 에릭 칼(2005) 어디 가니? 친구 만나러. 몬테소리CM.

참고 도서

- 고미 타로(2003). 모두가 가르쳐주었어요. 달리.
- 맥스 벨트하우스(1995). 사랑에 빠진 개구리. 마루벌.
- 베라 B. 윌리엄스(2005). 또 또 또 해주세요: 세 가지 사랑이야기. 열린어린이.
- 베빗 콜(2005). 사랑이란? 효리원.
- 이언 포크너(2001). 그래도 엄마는 너를 사랑한단다. 중앙출판사.
- 토드 파(20050. 괜찮아요. 삐아제어린이.

생각 모으기

Q. 어린이가 오리기 적당한 대칭 모양을 그려보세요.

A.

Q. 대칭 모양을 오려서 pop-up을 만들 때 주의해야 할 점은 무엇일까요?

A.

Q. 사랑표 모양을 이용하여 pop-up을 만들 때 어떤 점을 주의해야 할까요?

A.

Q. 언제 사랑을 담은 카드를 주고받을 수 있을까요?

A.

자료 준비하기

- 수업용 Valentine Day Pop-up 카드를 제작한다.
- 표지 카드 270㎜×195㎜ 1매, pop-up 카드 250㎜×175㎜ 1매, 속지 카드 115㎜×175㎜ 1매를 준비한다.
- 사랑표 모양 본(CD-ROM)을 제작한다.

도구 준비하기

- 연필
- 색연필
- 사인펜
- 색종이
- 모양 펀치
- 가위
- 핑킹가위
- 풀
- 본드
- 면봉
- 본드판
- 장식 재료

김정찬(만 5세). 발렌타인데이. 270㎜×195㎜.

김보래(만 5세). 종건아 알라뷰 사랑해. 270㎜×195㎜.

활동하기에 앞서

- 어린이의 발달 수준에 따라 사랑표 모양 본을 제공하지 않고 스스로 원하는 모양으로 그려서 오리도록 할 수 있다.
- 사랑표 모양 본을 제공하는 경우 여러 개를 제작하여 기다리지 않고 활동할 수 있도록 준비하고 끝이 뾰족하므로 사용 전 주의사항을 알려준다.
- Valentine Day 카드는 발렌타인데이에 활동하기 보다는 어린이날, 생일, 단오절 때 짝꿍이나 좋아하는 친구에게 만들어 주고받을 수 있도록 한다.

- 사랑표 카드는 어버이날, 부모님의 생일이나 결혼기념일 축하 카드나 병으로 결석한 친구를 위한 위문 카드 등으로 만들 수 있다.
- 카드는 앞표지와 뒷표지에 출판사명과 판권면 등을 표현하지 않는다.

Valentine Day Pop-up 카드 소개하고 생각 모으기

- 수업용 Valentine Day Pop-up 카드를 소개하고 어떻게 만들고 표현할 수 있는지 이야기 나눈다.

Q. 이 카드를 펼치면 무엇이 튀어 오르니?
Q. 이렇게 책 속의 일부분이 튀어 오르는 책을 무엇이라고 할까?
Q. 사랑표 pop-up은 어떻게 만든 것일까?
Q. 사랑표 pop-up 부분을 어떻게 꾸밀 수 있을까?
Q. 이 카드의 이름은 무엇이라고 부를 수 있을까?
Q. 언제 사랑하는 마음을 담은 카드를 보낼 수 있을까?
Q. 이 카드를 누구에게 만들어 보내고 싶니?
Q. 사랑표 pop-up 카드에 어떤 이야기를 담을 수 있을까?
Q. 이 카드의 앞표지는 어떻게 꾸밀 수 있을까?

Valentine Day Pop-up 카드 만들기

① pop-up 카드 접기

- pop-up 카드를 반으로 접어서 2면 카드를 만든다.

② 사랑표 pop-up 만들기

- 반으로 접은 pop-up 카드의 중앙선을 중심으로 사랑표 모양을 반만 그리고 연결될 부분을 남겨두고 선을 따라 자른다.
- 사랑표 모양 본을 사용하는 경우 카드의 연결된 면을 중심으로 사랑표 모양 본을 올려놓고 선을 따라 그린 후 연결될 부분을 남겨두고 선을 따라 자른다.
- 사랑표 모양이 너무 크면 카드 바깥으로 삐져나오게 되므로 사랑표 모양의 너비가 카드 너비의 절반을 넘지 않도록 지도한다.
- 선을 따라 자른 사랑표의 연결된 부분을 앞뒤로 한번씩 접었다 펼친 후 카드 안쪽으로 밀어 넣는다.

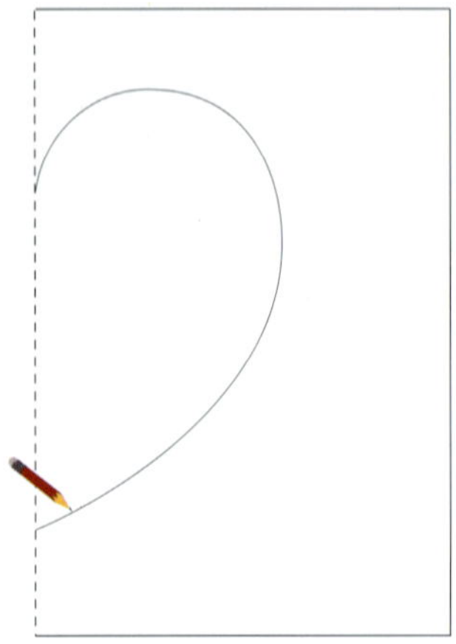

❶ 중심선에 모양 본을 올려놓고 선을 따라 사랑표 모양을 그린다.

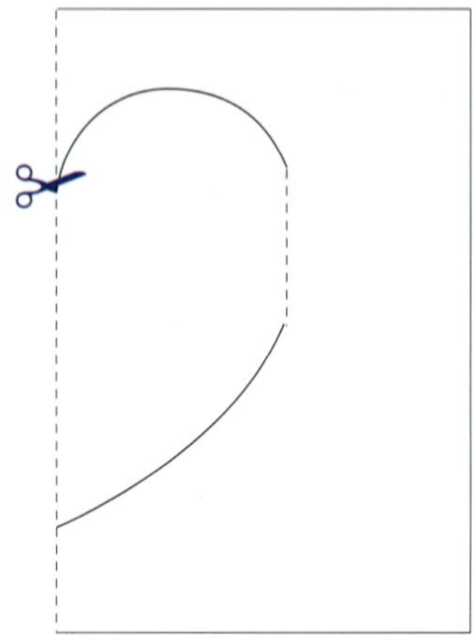

❷ 연결될 부분을 남겨놓고 선을 따라 사랑표 모양을 자른다.

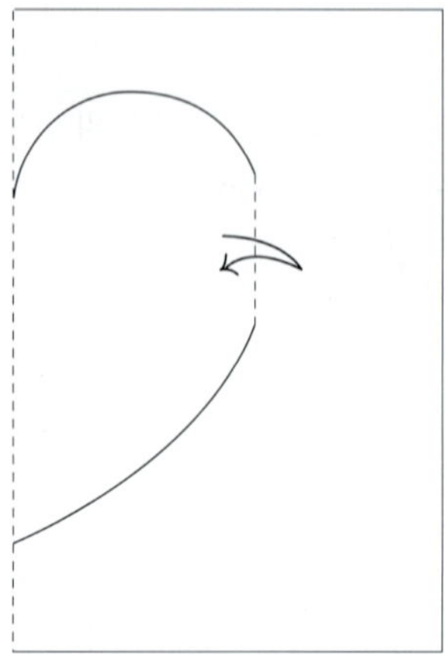

❸ 선을 따라 자른 사랑표 부분을 앞뒤로 접었다 펼친다.

❹ 카드를 펼쳐서 사랑표 모양을 접은 선을 따라 카드 안으로 밀어 넣는다.

③ 사랑표 꾸미기

- 사랑표 pop-up 부분을 원하는 모양으로 아름답게 꾸민다.

④ 이야기 담기

- 사랑표 pop-up 부분을 제외한 나머지 여백에 좋아하는 친구에게 하고 싶은 이야기를 글과 그림으로 표현한다.

⑤ 표지 카드 접기

- 표지 카드를 반으로 접어서 2면 카드를 만든다.

⑥ 표지 꾸미기

- 표지 카드의 색깔이 짙은 색인 경우 속지 카드를 붙이고 표현한다.
- 표지에 사랑표 모양을 오려 붙이고 꾸미도록 할 수 있다.
- 표지 카드의 앞면에 제목, 지은이, 앞표지 그림 등을 담는다.

⑦ 표지 카드에 pop-up 카드 붙이기(31쪽 참고)

- 반으로 접은 pop-up 카드의 한 쪽 뒷면에 전체적으로 풀칠하고 표지 카드의 중심선에 맞추어 붙인다.
- 같은 방법으로 pop-up 카드의 반대 면에 전체적으로 풀칠하여 표지 카드에 붙인다.

소개하기 · 감상하기

- 누구에게 보내는 카드인지 소개한다.
- 사랑표 모양을 어떻게 꾸몄는지 소개한다.
- 카드에 어떤 이야기를 담았는지 소개한다.
- 사랑표 모양이 아름답거나 독특하게 꾸민 카드를 알아본다.
- 카드에 담은 이야기가 재미있거나 아름다운 카드를 알아본다.
- 앞표지와 뒷표지 구성이 아름답거나 독특한 작품을 알아본다.
- 친구와 카드를 주고받은 후 어떤 느낌인지 이야기 나눈다.
- Valentine Day Pop-up 카드를 만들면서 어렵거나 힘들었던 점이 있었는지 이야기 나눈다.
- Valentine Day Pop-up 카드를 이용하여 할 수 있는 새로운 활동에 대하여 알아본다.
- 교실의 한 공간을 마련하여 완성된 Valentine Day Pop-up 카드를 서로 감상할 수 있도록 전시한다.

Gallery

Loving. 2003. 270㎜×135㎜.

With Love. 2003. 270㎜×195㎜.

A Glittering Heart. 2004. 270㎜×195㎜.

나비야, 날아봐!

A Dancing Butterfly. 2003. 300㎜×195㎜
The Dream of Cocoon. 2003. 270㎜×195㎜

활용도서

- 루이스 엘럿(2001). 날개를 기다리며. 베틀북.

참고도서

- 마르팀 베크(2003). 애벌레 포포가 나비가 되어요. 아이세움.
- 수 언스테드(2006). 아름다운 나비 이야기. 삐아제어린이.
- 에릭 칼(1998). 배고픈 애벌레. 한국몬테소리.
- 이엘라 마리 · 엔조 마리(1996). 사과와 나비. 보림.
- 팅 모리스(2006). 나비. 베틀북.

생각 모으기

Q. 대칭 모양 pop-up에 적합한 곤충 모양을 그려보세요.

A.

Q. 대칭 모양 pop-up을 이용하여 나비 모양을 만들어 보세요.

A.

Q. 날아가는 느낌의 나비를 나타내려면 pop-up 부분을 어떻게 오리고 접어야 할까요?

A.

Q. 곤충 pop-up 책을 만들 때 어떤 점에 주의해야 할까요?

A.

자료 준비하기

- 수업용 나비 pop-up 책을 제작한다.
- 표지 카드 270㎜×195㎜ 1매, pop-up 카드 250㎜×175㎜ 1매, 속지 카드 115㎜×175㎜ 1매를 준비한다.
- 판권면 라벨 3108 · 3114 · 3116(CD-ROM)을 Formtec Label 3108 · 3114 · 3116 라벨용지에 출력한다.
- 다양한 모양의 나비 날개 모양 본(부록)을 제작한다.

도구 준비하기

- 연필
- 색연필
- 사인펜
- 색종이
- 모양 펀치
- 가위
- 핑킹가위
- 풀
- 투명 테이프
- 스티커
- 본드
- 면봉
- 본드판
- 장식 재료

김보래(만 5세). 나비의 꿈. 270㎜×195㎜.

최가희(만 5세). 나비의 모험. 270㎜×195㎜.

활동하기에 앞서

- 어린이의 발달 수준에 따라 나비 날개 모양 본을 제공하지 않고 스스로 원하는 모양으로 날개를 그리고 오리도록 지도한다.
- 나비 날개 모양 본을 제공하는 경우 다양한 모양으로 여러 개를 제작하여 기다리지 않고 활동할 수 있도록 준비하고 끝이 뾰족하므로 사용 전 주의사항을 알려준다.
- 비대칭 오리기와 접기는 익숙한 방법이 아니므로 직접 책 만들기 활동을 시작하기 보다는 이면지를 사용하여 원하는 모양

의 날개 그림을 그리고 오려서 접는 과정을 통해 나타나는 형태를 경험하고 다른 어린이들의 활동 결과물을 서로 탐색하여 어떤 차이점이 있는지, 왜 다른 형태로 나타났는지, 어떻게 자르고 접었을 때 나비가 날아오르는 듯한 느낌이 잘 나타나는지 등을 알아본 뒤 책 만들기 활동을 진행한다.

- 나비에 관한 과학책을 읽고 나비의 성장과정과 생김새를 중심으로 과학적 사실을 설명하는 사전 형식으로 구성하거나 나비를 주인공으로 주원문해(SWBS) 도표를 작성하여 새로운 이야기를 만들도록 지도한다.

그림책 읽고 생각 모으기

- 그림책을 소개하고 이야기를 들려준다.
- 그림책의 이야기를 다 들려준 후 책의 앞표지부터 한 장씩 넘겨가며 이야기에 대한 생각을 모은다.

Q. 이 그림책의 주인공은 누구니?
Q. 나비의 생김새에서 특징적인 부분은 무엇이니?
Q. 여러 가지 나비의 어떤 모습을 보고 이름을 지을 수 있을까?
Q. 만약 내가 나비가 된다면 어떤 무늬의 날개를 갖고 싶니?
Q. 내가 만든 나비의 이름을 무엇이라고 짓고 싶니?
Q. 왜 나비의 이름을 그렇게 짓고 싶니?
Q. 만약 내가 나비가 된다면 무엇을 하고 싶니?

나비 Pop-up 책 소개하고 생각 모으기

- 수업용 나비 pop-up 책을 소개하고 어떻게 만들고 표현할 수 있는지 이야기 나눈다.

Q. 이 책을 펼치면 무엇이 튀어 오르니?
Q. 나비의 모습이 어떻게 보이니?
Q. 나비 모양은 어떻게 만든 것일까?
Q. 어떻게 오려서 접으면 나비가 날아오르는 것처럼 보일까?
Q. 나비 모양을 어떻게 오리면 뒷면의 표지가 보일까?
Q. 나비 pop-up 부분을 어떻게 꾸밀 수 있을까?
Q. 나비 날개 외의 부분은 어떻게 나타낼 수 있을까?
Q. 나비 날개를 아름답게 꾸미고 어떤 이야기를 담을 수 있을까?
Q. 내가 만든 책으로 나비가 찾아오게 하려면 나비 주변에 무엇을 만들어주면 좋을까?
Q. 나비는 어떤 꽃을 좋아할까?

나비 Pop-up 카드 만들기

① pop-up 카드 접기

- pop-up 카드를 반으로 접어서 2면 카드를 만든다.

② 나비 pop-up 만들기

- pop-up 카드의 중앙선을 중심으로 나비 모양을 반만 그리고 연결 부분을 남겨두고 선을 따라 자른다.
- 나비가 날아오르는 것처럼 느껴지게 하려면 나비 날개의 윗면을 날개의 아랫면보다 더 길게 오리고 접으면 비스듬하게 접혀져 입체감이 한층 살아난다.
- 나비 모양 본을 사용하는 경우 카드의 연결된 면을 중심으로 나비 모양 본을 올려놓고 선을 따라 그린 후 연결될 부분을 남겨두고 선을 따라 자른다.
- 나비 날개 모양이 너무 크면 책 바깥으로 삐져나오게 되므로 나비 날개 모양의 너비가 책 너비의 절반을 넘지 않도록 지도한다.
- 선을 따라 자른 나비 날개의 연결된 부분을 앞뒤로 한번씩 접었다 펼친 후 카드 안쪽으로 밀어 넣는다.
- 날개가 시작되는 위 · 아래 중앙선으로부터 날개의 끝 선까지 비스듬히 오려서 잘라내면 나비 pop-up카드 뒤로 표지가 보이게 되어 한층 아름답게 느껴진다.

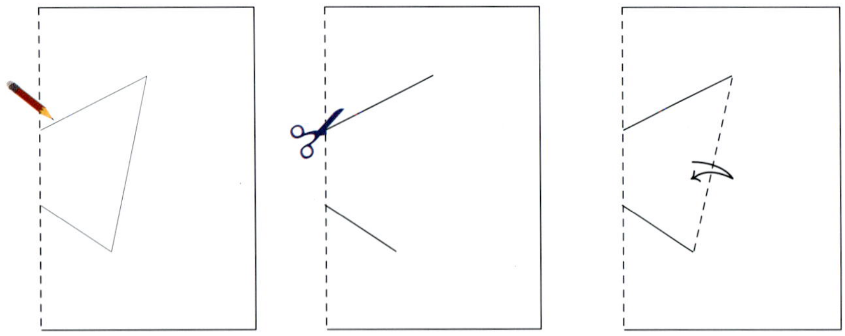

❶ 중심선에 모양 본을 올려놓고 선을 따라 그린다.
❷ 연결될 부분을 남겨놓고 선을 따라 날개 모양을 자른다.
❸ 선을 따라 자른 날개 부분을 앞뒤로 접었다 편다.

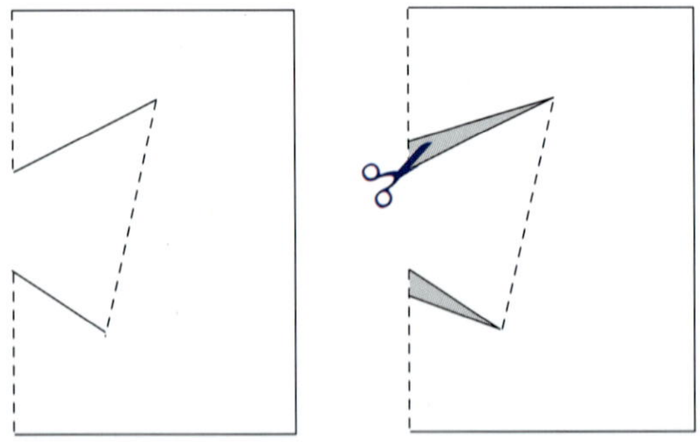

❹ 카드를 펼쳐서 날개 모양을 접은 선을 따라 카드 안으로 밀어 넣는다.
❺ 날개의 위 · 아래 중앙선부터 날개의 끝선까지 비스듬히 오려서 잘라낸다.

③ 나비 꾸미고 이야기 담기

- 나비 pop-up 부분을 원하는 모양으로 아름답게 꾸미고 나비의 이름, 나비가 되기까지의 과정, 나비에 대하여 알고 있는 것, 만약 나비가 된다면 하고 싶은 것 등에 대하여 글과 그림으로 표현한다.

④ 표지 카드 접기

- 표지 카드를 반으로 접어서 2면 카드를 만든다.

⑤ 표지 꾸미기

- 표지 카드의 색깔이 짙은 색인 경우 속지 카드를 붙이고 표현한다.
- 표지 카드의 앞면에 제목, 지은이, 앞표지 그림, 출판사 명 등을 담는다.
- 표지 카드의 뒷면에 판권면을 꾸민다.
- 뒷표지는 판권면 라벨을 사용하여 꾸미도록 할 수 있다.
- 책 만들기 경험이 풍부한 어린이는 뒷표지 그림을 그리고 광고 문구나 중심 문구를 적도록 지도한다.

⑥ 표지 카드에 pop-up 속지 카드 붙이기(31쪽 참고)

- 반으로 접은 pop-up 카드의 한 쪽 뒷면에 전체적으로 풀칠하고 표지 카드의 중심선에 맞추어 붙인다.
- 같은 방법으로 pop-up 카드의 반대 면에 전체적으로 풀칠하여 표지 카드에 붙인다.

소개하기 · 감상하기

- 나비 pop-up을 어떤 모양으로 만들고 어떻게 꾸몄는지 소개한다.
- pop-up을 제외한 여백에 나비에 대한 어떤 이야기를 담았는지 소개한다.
- 나비 날개를 독특하고 아름답게 꾸민 작품을 알아본다.
- 나비에 관한 이야기가 문학적이거나 과학적인 작품을 알아본다.
- 나비 pop-up 책을 만들면서 어렵거나 힘들었던 점이 있었는지 이야기 나눈다.
- 나비 pop-up 책을 이용하여 할 수 있는 새로운 활동에 대하여 알아본다.
- 교실의 한 공간을 마련하여 완성된 나비 pop-up 책을 서로 감상할 수 있도록 전시한다.

Gallery

A Red Flower. 2003. 270㎜×195㎜.

꽃향기를 맡으며. 2003. 120㎜×150㎜.

박쥐에 관하여. 2003. 270㎜×195㎜.

내가 지은 집에서

고궁에서. 2004. 400㎜×250㎜

활용도서

- 심스 태백(2004). 잭이 지은 집에서 도대체 무슨 일이 일어났을까? 베틀북.

참고도서

- 고미 타로(2003). 모두가 가르쳐 주었어요. 달리.
- 권윤덕(1995). 만희네 집. 길벗어린이.
- 권윤덕(1997). 오소리네 집 꽃 밭. 길벗어린이.
- 버지니아 리 버튼(1993). 작은 집 이야기. 시공주니어.
- 엠마 데이먼(2005). 집은 다 다르고 특별해. 미세기.
- 헬리 옥슨버리 그림 · 마이클 로젠 글(2006). 곰 사냥을 떠나자(팝업북). 시공주니어.

생각 모으기

Q. 카드 위에 주인공을 세울 수 있는 방법을 적어보세요.

A.

Q. 계곡 접기를 이용하여 만들 수 있는 주인공 모양을 그려보세요.

A.

Q. 계곡 접기를 이용한 주인공 pop-up 책을 만들 때 주의해야 할 점은 무엇일까요?

A.

Q. 계곡 접기를 이용한 주인공 pop-up 책을 이용하여 할 수 있는 활동을 적어보세요.

A.

자료 준비하기

- 수업용 집 pop-up 책을 제작한다.
- 카드 270㎜×195㎜ 1매, pop-up 카드 250㎜×175㎜ 1매, 속지 카드 115㎜×175㎜ 1매를 준비한다.
- 내가 지은 집에서 생각 모으기를 A4 복사용지에 출력한다.
- 판권면 라벨 3108 · 3114 · 3116(CD-ROM)을 Formtec Label 3108 · 3114 · 3116 라벨용지에 출력한다.

도구 준비하기

- 연필
- 색연필
- 사인펜
- 색종이
- 모양 펀치
- 가위
- 핑킹가위
- 풀
- 투명 테이프
- 스티커
- 본드
- 면봉
- 본드판
- 장식 재료

최찬희(만 7세). 내 집. 270㎜×195㎜.

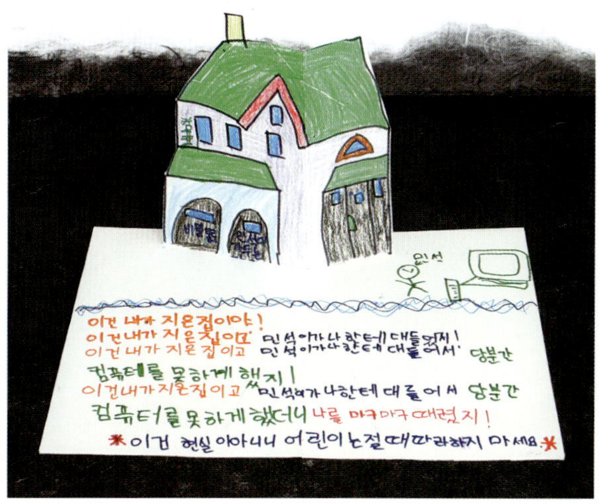

신민석(만 7세). 내가 지은 집. 270㎜×195㎜.

활동하기에 앞서

- 책 만들기 활동을 시작하기 전에 활용도서의 이야기 구조를 바탕으로 주인공, 등장인물, 사건 등을 바꾸어 새로운 이야기를 지어보는 활동을 몇 차례 진행함으로써 이야기 방식을 이해할 수 있도록 격려한다.
- 그림 카드를 바닥 면에 붙이려면 시접 면이 필요하고 카드를 꺾는 각도에 따라 pop-up 형태가 달라지므로 직접 책 만들기 활동을 시작하기 보다는 이면지를 사용하여 원하는 모양의 그림 카드를 만들어 시접을 주는 방법과 꺾는 각도에 따라 나타

나는 형태를 경험하고 다른 어린이들의 활동 결과물을 서로 탐색하여 어떤 차이점이 있는지, 왜 다른 형태로 나타났는지, 어느 정도 꺾어서 붙였을 때 그림 카드가 잘 보이는지 등을 알아본 뒤 책 만들기 활동을 진행한다.

- 어린이 스스로 집 모양을 오리기 어려워하거나 시접을 접고 모서리를 오리는데 어려움을 느끼는 경우 교사가 그림 카드의 시접을 접고 모서리를 오려서 제공한다.

그림책 읽고 생각 모으기

- 그림책을 소개하고 이야기를 들려준다.
- 그림책의 이야기를 다 들려준 후 책의 앞표지부터 한 장씩 넘겨가며 이야기에 대한 생각을 모은다.

Q. 이 책에 등장하는 주인공들은 누구누구니?
Q. 주인공들이 등장한 순서를 이야기해보자.
Q. 이 책의 이야기는 어떤 특징이 있니?
Q. 이 책의 이야기를 처음으로 만든 사람은 누구일까?
Q. 새로운 주인공이 등장할 때 마다 이야기는 어떻게 시작하니?
Q. 이 책의 전체 이야기를 한 문장으로 연결하여 이야기해보자.

집 Pop-up 책 소개하고 생각 모으기

- 수업용 집 pop-up 책을 소개하고 어떻게 만들고 무엇을 표현할 수 있는지 이야기 나눈다.

Q. 이 책을 펼치면 무엇이 튀어 오르니?
Q. 집 그림 카드를 어떻게 붙인 것일까?
Q. 집 그림 카드를 바닥 면에 붙이려면 카드에 어떤 부분이 필요할까?
Q. 시접 부분은 어떻게 만들 수 있을까?
Q. 책을 펼쳤을 때 집 그림 카드를 잘 보이게 하려면 어떻게 붙여야 할까?
Q. 어떤 집을 지을 수 있을까?
Q. 내가 지은 집에서 어떤 일이 일어날 수 있을까?
Q. 내가 만든 집에서 일어난 이야기를 어떻게 담을 수 있을까?
Q. 내가 지은 집에서 생각 모으기(CD-ROM) 활동지에 그림책의 이야기 구조를 이용하여 새로운 이야기를 계획하여 적는다.

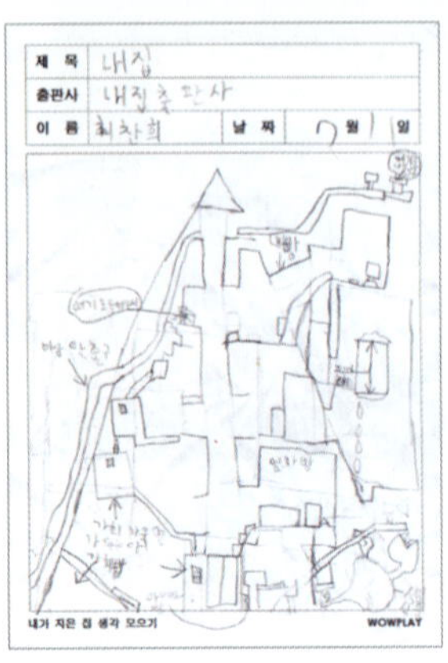

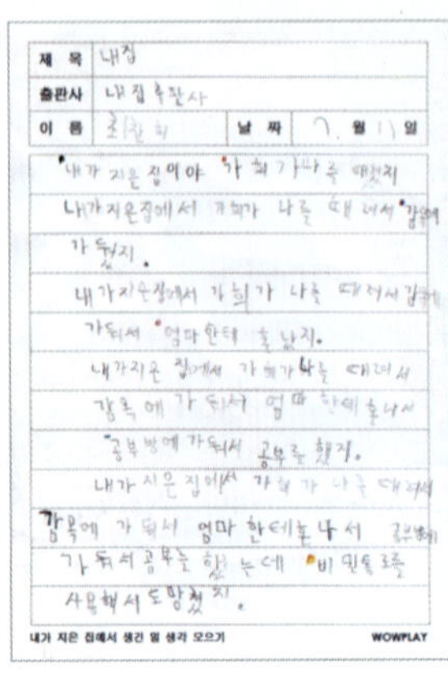

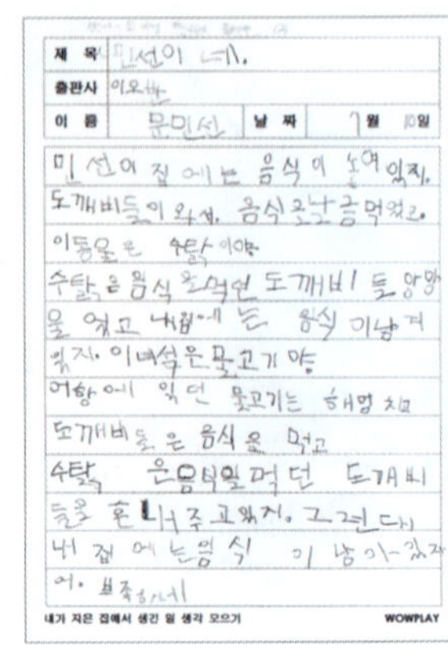

집 Pop-up 카드 만들기

① 카드 접기

- 카드를 반으로 접어서 2면 카드를 만든다.

② 집 그림 카드 만들어 붙이기

- 2면 pop-up 카드를 펼쳐 하단을 2㎝ 정도 접어서 시접을 만든다.
- 시접이 만들어진 카드에 원하는 형태의 집을 그리고 색칠하여 윤곽선을 따라 시접의 하단까지 오린다.
- 집 그림 카드를 반으로 접고 시접의 양끝 모서리를 비스듬히 자른다.
- 집 그림 카드를 펼쳐서 앞면의 시접 부분에 풀칠하고 카드의 중앙선을 중심으로 V자 형태로 붙인다.

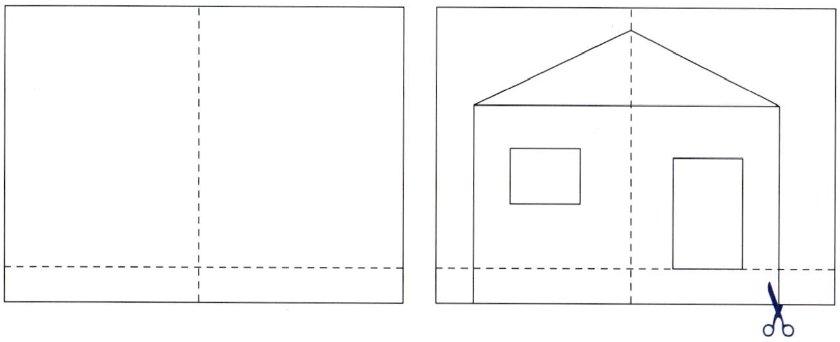

❶ pop-up 카드의 하단을 2㎝ 정도 접어서 시접을 만든다.
❷ 원하는 형태의 집을 그리고 색칠하여 윤곽선을 따라 오린다.

❸ 그림 카드를 반으로 접고 시접의 양끝 모서리를 비스듬히 자른다.
❹ 그림 카드를 펼쳐서 앞면의 시접 부분에 풀칠하고 카드의 중앙선을 중심으로 V자 형태로 붙인다.

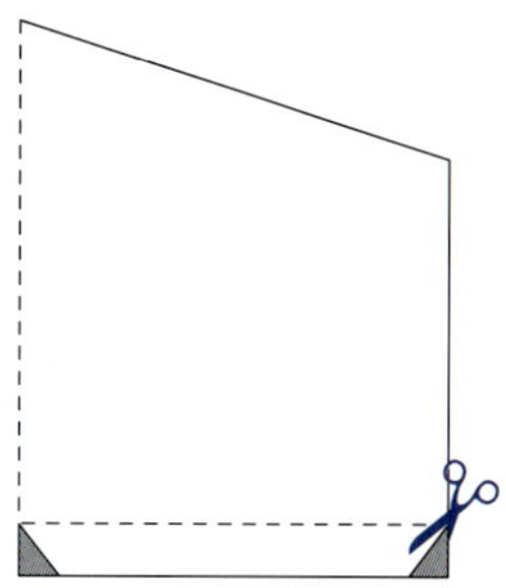

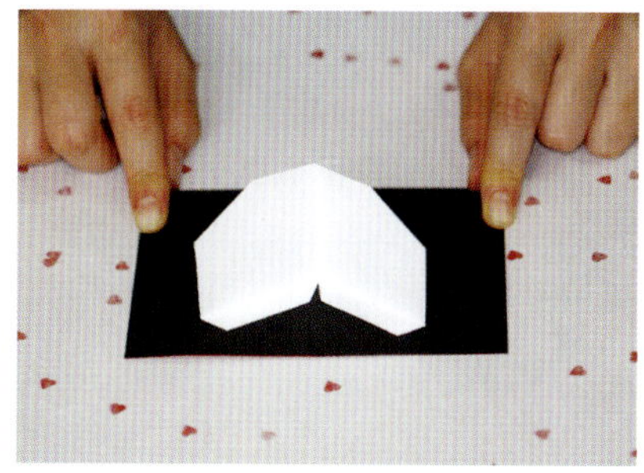

③ 이야기 담기

- 생각 모으기 활동지를 참고하여 내가 지은 집에 등장하는 주인공들의 이야기를 앞 문장과 연결된 형태의 이야기 구조로 적는다.
- 이야기를 적고 남는 여백 부분에 등장인물이나 사건과 관련된 그림을 그려서 아름답게 꾸민다.

④ 표지 꾸미기

- 표지 카드의 색깔이 짙은 색인 경우 속지 카드를 붙이고 표현한다.
- 표지 카드의 앞면에 제목, 지은이, 앞표지 그림, 출판사 명 등을 담는다.
- 표지 카드의 뒷면에 판권면을 꾸민다.
- 뒷표지는 판권면 라벨을 사용하여 꾸미도록 할 수 있다.
- 책 만들기 경험이 풍부한 어린이는 뒷표지 그림을 그리고 광고 문구나 중심 문구를 적도록 지도한다.

소개하기 · 감상하기

- 내가 지은 집의 특징에 대하여 소개한다.
- 내가 지은 집에 등장하는 주인공들과 일어난 사건에 대하여 소개한다.
- 집의 구조가 독특하거나 등장인물과 사건을 재미있게 구성한 작품을 알아본다.
- 이야기 전개가 구체적이고 자연스럽게 연결된 작품을 알아본다.
- 앞표지와 뒷표지의 구성이 아름답거나 독특한 작품을 알아본다.
- 집 pop-up 책을 만들면서 어렵거나 힘들었던 점이 있었는지 이야기 나눈다.
- 계곡 접기를 이용한 pop-up 주인공 책을 이용하여 할 수 있는 새로운 활동에 대하여 알아본다.
- 교실의 한 공간을 마련하여 완성된 내가 지은 집에서 책을 서로 감상할 수 있도록 전시한다.

Gallery

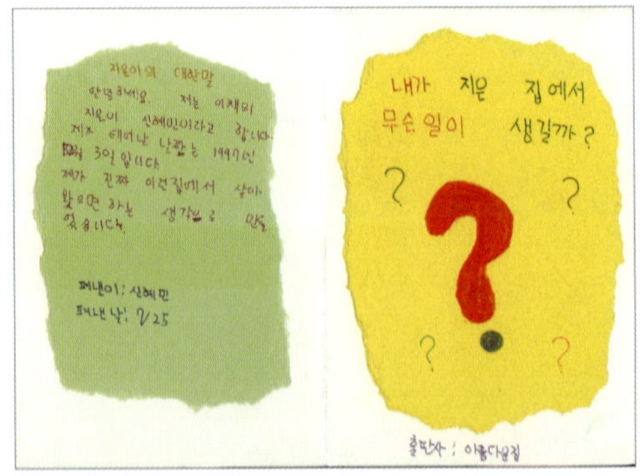

신혜민(만 7세). 내가 지은 집에서 무슨 일이 생길까? 270㎜×195㎜.

문민선(만 7세). 민선이네. 270㎜×195㎜.

신혜민(만 7세). 인어공주. 270㎜×195㎜.

CHAPTER 4

상자 **Pop-up**을 활용한 문해 활동

Literacy Activity through Box Pop-up Books

- 말썽꾸러기의 바른생활 이야기
- 두 친구 · 세 친구 이야기
- 책 속의 책
- 움직이는 주인공 그림책

말썽꾸러기의 바른생활 이야기

나무. 2005. 180㎜×420㎜.
Merry Christmas. 2003. 180㎜×420㎜.

활용도서

- 배빗 콜(2004). 말썽꾸러기를 위한 바른생활 그림책. 비룡소.

참고도서

- 로렌 차일드(2002). 난 하나도 안 졸려, 잠자기 싫어. 국민서관.
- 로리 켈러(2005). 입을 크게 벌려라. 미래M&B.
- 박문희 엮음(2000). 튀겨질 뻔했어요. 고슴도치.
- 시바타 아이코(2006). 친구랑 싸웠어. 시공주니어.
- 카를 뤼만(2005). 난 하고 싶은 게 많아요. 책그릇.

생각 모으기

Q. 카드 중앙에 상자 모양의 pop-up을 만들 수 있는 방법을 그려보세요.

A.

Q. 다양한 형태의 pop-up 상자를 만들어 보세요.

A.

Q. pop-up 상자를 이용하여 무엇을 표현할 수 있을까요?

A.

Q. pop-up 상자에 그림 카드를 붙일 때 어떤 점에 주의해야 할까요?

A.

자료 준비하기

- 수업용 pop-up 상자책을 제작한다.
- 표지 카드 270㎜×195㎜ 1매, pop-up 카드 250㎜×175㎜ 1매, 그림 카드 100㎜×100㎜ 1매, 속지 카드 115㎜×175㎜ 1매를 준비한다.
- 말썽꾸러기의 바른생활 이야기 생각 모으기를 A4 복사용지에 출력한다.
- 판권면 라벨 3108 · 3114 · 3116(CD-ROM)을 Formtec Label 3108 · 3114 · 3116 라벨용지에 출력한다.

도구 준비하기

- 연필
- 색연필
- 사인펜
- 색종이
- 모양 펀치
- 가위
- 핑킹가위
- 풀
- 스티커
- 본드
- 면봉
- 본드판
- 장식 재료

조수미 · 엄희윤 · 이병주 · 정호준(만 5세). 안된다니까!! 195㎜×1080㎜.
조진범 · 윤인서 · 강승아 · 정채린(만 5세). 이제부턴 말 잘 들을게요. 195㎜×1080㎜.

작자 미상. 공룡 나라에 놀러오세요. 195㎜×270㎜.

활동하기에 앞서

- pop-up 상자책은 상자의 크기와 모양에 따라 다양한 형태가 나타나므로 직접 책 만들기 활동을 시작하기 보다는 이면지를 사용하여 자유로이 상자 모양을 오리고 접는 과정을 통해 나타나는 형태를 경험하고 다른 어린이들의 활동 결과물을 서로

탐색하여 어떤 차이점이 있는지, 왜 다른 형태로 나타났는지, 어떻게 자르고 접었을 때 주인공 카드를 붙이기에 적당한 상자가 만들어지는지 등을 알아본 뒤 책 만들기 활동을 진행한다.

- pop-up 책은 그림 카드가 밖으로 보이지 않아야 미적으로 아름답게 보이므로 pop-up 상자의 깊이는 카드 높이의 1/4(약 5㎝ 정도)를 넘지 않아야 그림 카드가 밖으로 삐져나오지 않으므로 알맞은 깊이만큼 자를 수 있도록 지도한다.
- pop-up 상자는 주인공 카드 밖으로 보이지 않아야 미적으로 아름답게 보이므로 pop-up 상자의 폭은 주인공 카드의 폭보다 작게 오리도록 지도한다.

그림책 읽고 생각 모으기

- 그림책을 소개하고 이야기를 들려준다.
- 그림책의 이야기를 다 들려준 후 책의 앞표지부터 한 장씩 넘겨가며 말썽꾸러기의 의미와 행동에 대하여 이야기 나눈다.

Q. 이 그림책의 제목은 무엇이니?
Q. '말썽꾸러기' 란 무슨 뜻일까?
Q. 그럼 '바른생활' 이란 무슨 뜻일까?
Q. 그림책의 주인공은 집에서 어떤 말썽들을 피웠니?
Q. 말썽을 피울 때 주인공의 엄마께서는 무엇이라고 하셨니?
Q. 어떤 행동을 하면 바른생활을 하는 어린이가 될까?
Q. 그림책 속의 주인공과 같은 말썽을 피운 적이 있었니?
Q. 말썽을 피웠을 때 아빠 또는 엄마께서는 무엇이라고 하셨니?
Q. 아빠와 엄마께서는 내가 한 말썽꾸러기 행동을 왜 '안돼' 라고 하실까?
Q. 아빠와 엄마께서는 내가 어떤 행동을 하길 바라실까?
Q. 아빠와 엄마께서는 왜 내가 그런 행동을 하길 바라실까?

Pop-up 상자책 소개하고 생각 모으기

- 수업용 pop-up 상자책을 소개하고 어떻게 만들고 무엇을 표현하게 되는지 이야기 나눈다.

Q. 이 책을 펼치면 무엇이 튀어 오르니?
Q. pop-up 모양이 어떻게 생겼니?
Q. 상자 pop-up은 어떻게 만들었을까?
Q. 상자 pop-up을 이용하여 무엇을 나타낼 수 있을까?
Q. 상자 pop-up에 붙이는 그림 카드에 어떤 이야기를 담을 수 있을까?
Q. 나의 말썽꾸러기 모습을 담은 pop-up 상자책에 어떤 이야기를 소개할 수 있을까?

- 말썽꾸러기의 바른생활 이야기 생각 모으기 활동지에 집에서 하는 말썽이 무엇인지, 말썽을 피울 때 아빠와 엄마께서는 무엇이라고 하시는지, 어떻게 하면 바른생활을 하는 어린이가 되는지 간단하게 적는다.

Pop-up 상자책 만들기

① pop-up 카드 접기

- pop-up 카드를 반으로 접어서 2면 카드를 만든다.

② 상자 pop-up 만들기

- 반으로 접은 pop-up 카드의 중앙 부분을 같은 깊이로 두 줄 자른다.
- 두 줄로 자른 부분을 앞뒤로 한번씩 접었다 펼친다.
- 카드를 펼쳐서 접었다 펼친 부분을 카드 안쪽으로 밀어 넣는다.

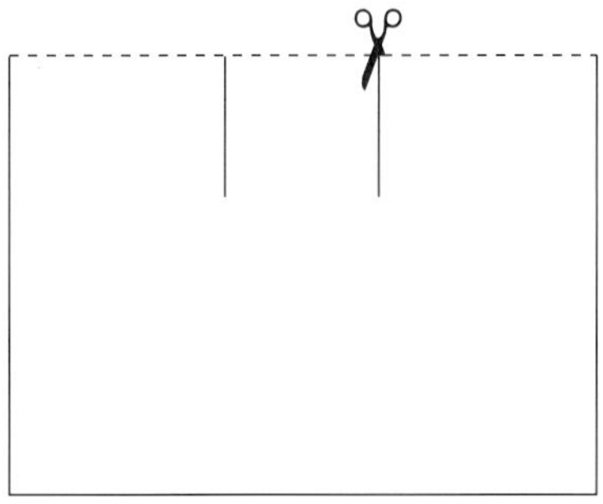

❶ 카드의 중앙 부분을 같은 깊이로 두 줄 자른다.

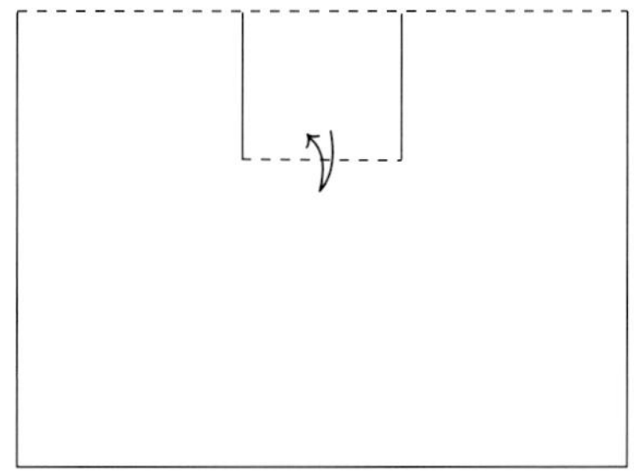

❷ 두 줄로 자른 부분을 앞뒤로 접었다 편다.

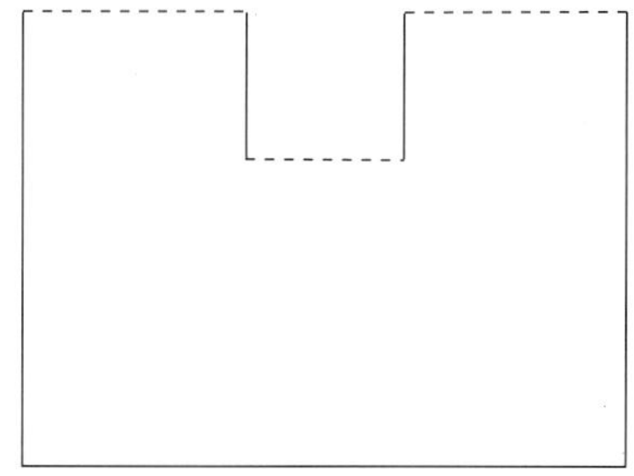

❸ 카드를 펼쳐서 접었다 펼친 부분을 카드 안으로 밀어 넣는다.

③ 그림 카드 꾸미기

■ 그림 카드에 내가 집에서 말썽피우는 모습을 그리고 윤곽선을 따라 오린다.

④ 이야기 담기

■ pop-up 상자를 제외한 부분에 집에서 피운 말썽이 무엇인지, 말썽을 피울 때 아빠와 엄마께서는 무엇이라고 하시는지, 앞으로 어떻게 하면 좋을지 등에 대하여 생각 모으기 활동지를 참고하여 자유롭게 표현한다.

⑤ 그림 카드 붙이기

■ pop-up 상자 부분에 풀칠하고 완성한 그림 카드를 상자 중앙에 오도록 붙인다.

⑥ 표지 카드 접기

■ 표지 카드를 반으로 접어서 2면 카드를 만든다.

⑦ 표지 꾸미기

■ 표지 카드의 색깔이 짙은 색인 경우 속지 카드를 붙이고 표현한다.

■ 표지 카드의 앞면에 제목, 지은이, 앞표지 그림, 출판사 명 등을 담는다.

■ 표지 카드의 뒷면에 판권면을 꾸민다.

■ 뒷표지는 판권면 라벨을 사용하여 꾸미도록 할 수 있다.

■ 책 만들기 경험이 풍부한 어린이는 뒷표지 그림을 그리고 광고 문구나 중심 문구를 적도록 지도한다.

⑧ 표지 카드에 pop-up 속지 카드 붙이기(31쪽 참고)

■ 반으로 접은 pop-up 카드의 한 쪽 뒷면에 전체적으로 풀칠하고 표지 카드의 중심선에 맞추어 붙인다.

■ 같은 방법으로 pop-up 카드의 반대 면에 전체적으로 풀칠하여 표지 카드에 붙인다.

소개하기 · 감상하기

■ 집에서 피우는 말썽이 무엇인지 소개한다.

■ 말썽을 피웠을 때 부모님께서는 무엇이라고 하시는지 소개한다.

■ 어떻게 하면 바른생활을 하는 어린이가 된다고 생각했는지 소개한다.

■ 말썽을 피울 때 아빠와 엄마께서 가장 많이 하시는 말씀이 무엇인지 이야기 나눈다.

■ 만일 계속해서 말썽을 피운다면 어떤 일이 일어날지 이야기 나눈다.

■ 앞표지와 뒷표지의 구성이 아름답거나 독특한 작품을 알아본다.

■ pop-up 상자책을 만들면서 어렵거나 힘들었던 점이 있었는지 이야기 나눈다.

■ pop-up 상자책을 이용하여 할 수 있는 새로운 활동에 대하여 알아본다.

■ 교실의 한 공간을 마련하여 완성된 말썽꾸러기의 바른생활 이야기책을 서로 감상할 수 있도록 전시한다.

Gallery

이영미. Happy Birthday To You. 2003. 195㎜×270㎜.

One To Ten. 2004. 2700㎜×135.

The World of Dinosaurs. 2003. 210㎜×1100㎜.

Gallery

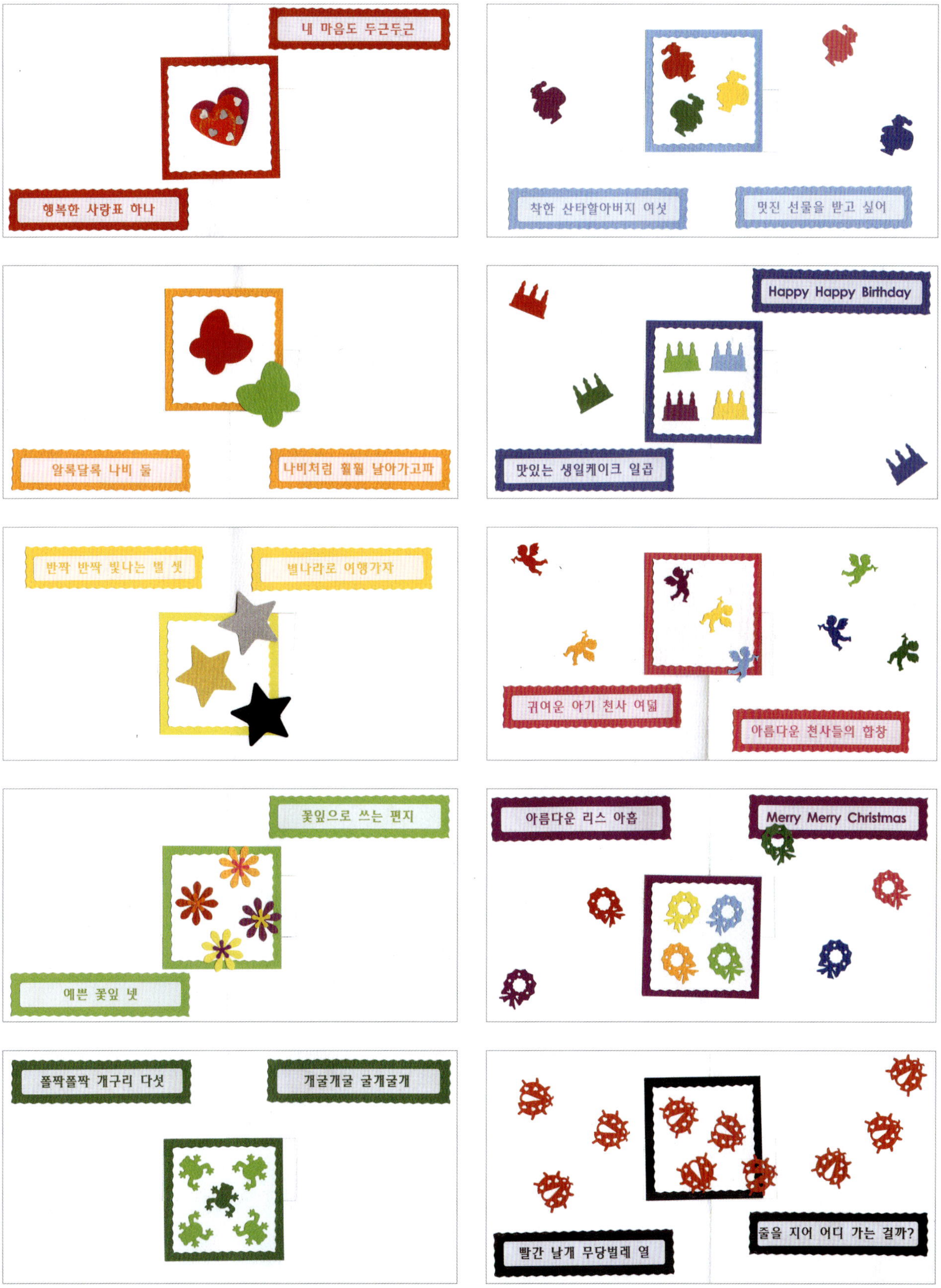

One To Ten. 2004. 2700mm×135.

두 친구 · 세 친구 이야기

숲 이야기. 2003. 270㎜×460㎜.

활용도서

- 레오 리오니(1999). 생쥐와 태엽쥐. 마루벌.

참고도서

- 기도 반 게네흐텐(2004). 우리 엄마 어디 있어요? 한울림어린이.
- 데이비드 와이즈너(2002). 아기 돼지 세 마리. 마루벌.
- 라 퐁테느 글 · 브라이언 와일드 스미스 그림(2003). 바람과 해님. 보림.
- 레오 리오니(2003). 내 꺼야. 마루벌.
- 로렌 차일드(2001). 난 토마토 절대 안 먹어. 국민서관.
- 에즈라 잭 키츠(2005). 피터의 안경. 비룡소.

생각 모으기

Q. 카드에 두 개 또는 세 개의 pop-up 상자를 만들 수 있는 방법을 그려보세요.

A.

Q. 두 개 또는 세 개의 pop-up 상자를 이용하여 무엇을 표현할 수 있을까요?

A.

Q. 주인공이 2명 또는 3명씩 등장하는 그림책을 적어보세요.

A.

Q. 카드에 세 개 이상의 pop-up 상자를 만들어 보세요.

A.

자료 준비하기

- 수업용 pop-up 상자책을 제작한다.
- 표지 카드 270㎜×195㎜ 1매, pop-up 카드 250㎜×175㎜ 1매, 그림 카드 100㎜×100㎜ 2매, 속지 카드 115㎜×175㎜ 1매를 준비한다.
- 두 친구 또는 세 친구 이야기 생각 모으기를 A4 복사용지에 출력한다.
- 판권면 라벨 3108 · 3114 · 3116(CD-ROM)을 Formtec Label 3108 · 3114 · 3116 라벨용지에 출력한다.

도구 준비하기

- 연필
- 색연필
- 사인펜
- 색종이
- 모양 펀치
- 가위
- 핑킹가위
- 풀
- 스티커
- 본드
- 면봉
- 본드판
- 장식 재료

최가희(만 5세). 아기 고양이와 엄마 고양이. 195㎜×270㎜.

신혜민(만 7세). 내 꺼야! 195㎜×270㎜.

활동하기에 앞서

- 개별적으로 가정에서 좋아하는 그림책을 한 권씩 가져와서 등장하는 주인공들이 누구인지, 어떤 내용인지, 왜 이 그림책을 좋아하는지 등 그림책을 소개하는 시간을 갖고 활동하도록 지도한다.
- 그림책에 등장하는 주인공의 수에 따라 pop-up 상자는 두 개 이상 만들어 활동한다.

- 주인공의 신체적 특징이나 역할에 따라 pop-up 상자의 크기를 크거나 작게 제작한다.
- 두 개의 pop-up 상자책은 그림책에 등장하는 주인공을 활용하는 것뿐만 아니라 두 개씩 짝을 이루는 물건(신발, 양말, 젓가락, 장갑 등)이나 기관들(손, 발, 눈, 귀, 날개, 더듬이 등)을 주제로 활동할 수 있다.
- 상자가 세 개인 pop-up 상자책에는 주인공이 세 명씩 등장하는 그림책을 활용하거나 크기 또는 순서의 개념을 담아보도록 지도한다.
- 책 만들기 활동 경험이 풍부한 어린이의 경우 단면 pop-up 상자책을 만들기 보다는 4면 pop-up 상자책을 만들어보는 활동이 적절하다.
- 4면 pop-up 상자책을 만드는 경우 1080㎜×195㎜ 2매를 준비하여 8면 표지 병풍책에 8면 pop-up 상자책을 만들어 붙이거나 표지 카드 1080㎜×195㎜ 1매, pop-up 카드 250㎜×175㎜ 4매를 준비하여 8면 표지 병풍책에 각각의 pop-up 상자 카드를 풀칠하여 붙일 수 있다.

그림책 읽고 생각 모으기

- 그림책을 소개하고 이야기를 들려준다.
- 그림책의 이야기를 다 들려준 후 책의 앞표지부터 한 장씩 넘겨가며 등장하는 주인공들의 특징과 줄거리에 대하여 이야기 나눈다.

Q. 이 그림책에는 어떤 주인공들이 등장하니?
Q. 주인공들의 이름은 무엇이니?
Q. 두(세) 주인공에게 어떤 일이 일어났니?
Q. 두(세) 주인공은 문제를 어떻게 해결했니?
Q. 두(세) 주인공은 어떤 성격이라고 생각하니?
Q. 내가 주인공이 된다면 어떤 역할을 맡고 싶니?
Q. 만약 두(세) 주인공을 만나게 된다면 어떤 이야기를 해 주고 싶니?

Pop-up 상자책 소개하고 생각 모으기

- 수업용 pop-up 상자책을 소개하고 어떻게 만들고 무엇을 표현하게 되는지 이야기 나눈다.

Q. 이 책을 펼치면 무엇이 튀어 오르니?
Q. 몇 개의 pop-up 상자가 만들어져 있니?
Q. 두(세) 개의 pop-up 상자에 무엇을 나타내려는 걸까?
Q. 두(세) 개의 pop-up 상자에 각각 주인공 카드를 붙이고 어떤 이야기를 담을 수 있을까?

- 두 친구 또는 세 친구 이야기 생각 모으기 활동지에 주인공의 모습을 간단히 표현하고 어떤 이야기를 담고 싶은지 적는다.

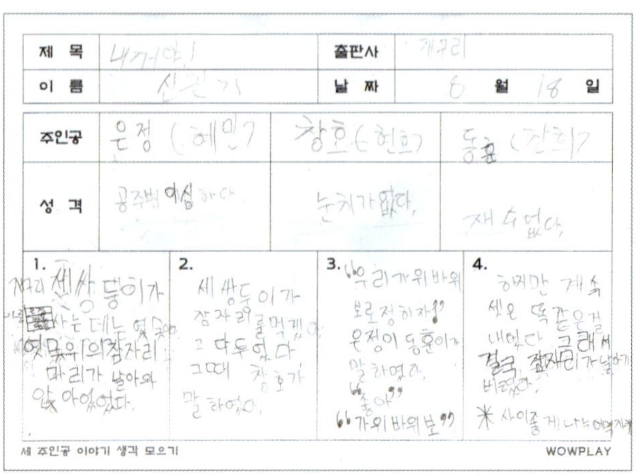

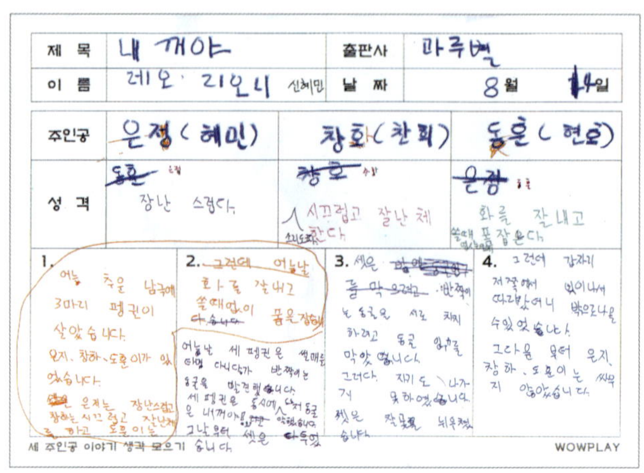

Pop-up 상자책 만들기

① pop-up 카드 접기

- pop-up 카드를 반으로 접어서 2면 카드를 만든다.

② 상자 pop-up 만들기

- 반으로 접은 pop-up 카드에 같은 깊이로 두 줄씩 네 개의 선을 자른다.
- 두 줄씩 자른 부분을 각각 앞뒤로 한번씩 접었다 펼친다.
- 카드를 펼쳐서 접었다 펼친 부분을 카드 안쪽으로 밀어 넣는다.
- 3개의 pop-up 상자책을 만드는 경우 두 줄씩 3쌍의 선을 자르고 같은 방법으로 접어서 만든다.

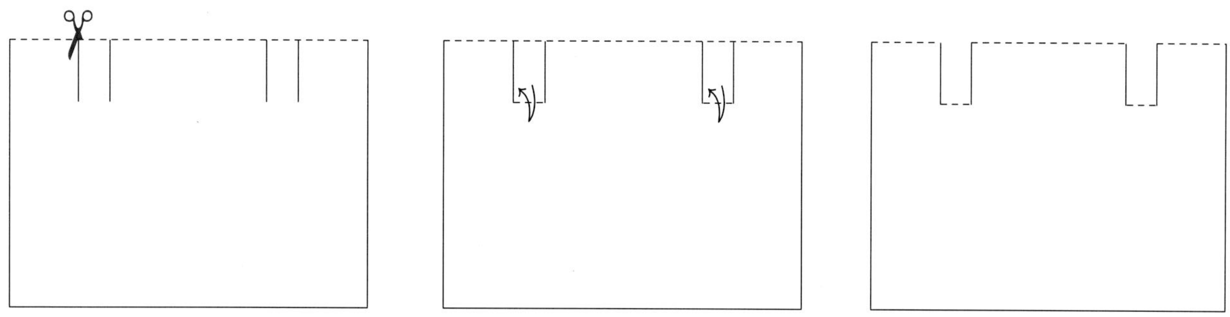

❶ 카드의 중앙 부분을 같은 깊이로 두 줄씩 네 개의 선을 자른다.

❷ 두 줄씩 자른 부분을 각각 앞뒤로 한 번씩 접었다 편다.

❸ 카드를 펼쳐서 앞뒤로 접었다 펼친 부분을 카드 안으로 밀어 넣는다.

③ 그림 카드 꾸미기

- 그림 카드에 그림책에 등장하는 두 주인공의 모습을 그리고 윤곽선을 따라 오린다.

④ 이야기 담기

- pop-up 상자를 제외한 부분에 두 주인공과 관련하여 주인공의 성격이나 특징, 주인공에게 하고 싶은 이야기, 주인공의 이야기 중에 재미있거나 기억에 남는 말 등을 생각 모으기 활동지를 참고하여 자유롭게 적고 이야기 주변과 pop-up 상자 주변에 그림을 꾸려 꾸민다.

⑤ 그림 카드 붙이기

- 두 개의 pop-up 상자 부분에 각각 풀칠하고 완성한 그림 카드들을 상자 중앙에 붙인다.

⑥ 표지 카드 접기

- 표지 카드를 반으로 접어서 2면 카드를 만든다.

⑦ 표지 꾸미기

- 표지 카드의 색깔이 짙은 색인 경우 속지 카드를 붙이고 표현한다.
- 표지 카드의 앞면에 제목, 지은이, 앞표지 그림, 출판사 명 등을 담는다.
- 표지 카드의 뒷면에 판권면을 꾸민다.
- 뒷표지는 판권면 라벨을 사용하여 꾸미도록 할 수 있다.
- 책 만들기 경험이 풍부한 어린이는 뒷표지 그림을 그리고 광고 문구나 중심 문구를 적도록 지도한다.

⑧ 표지 카드에 pop-up 속지 카드 붙이기(31쪽 참고)

- 반으로 접은 pop-up 카드의 한 쪽 뒷면에 전체적으로 풀칠하고 표지 카드의 중심선에 맞추어 붙인다.
- 같은 방법으로 pop-up 카드의 반대 면에 전체적으로 풀칠하여 표지 카드에 붙인다.

소개하기 · 감상하기

- 주인공들의 모습을 어떻게 표현하여 붙였는지 소개한다.
- 두(세) 주인공에 대하여 어떤 이야기를 담았는지 소개한다.
- 주인공의 특징을 잘 살려 그림 카드에 표현한 작품을 알아본다.
- 주인공의 성격이나 이야기를 구체적이거나 재미있게 표현한 작품을 알아본다.
- pop-up 상자책에 주인공 카드가 균형을 이루며 붙여진 작품을 알아본다.
- 앞표지와 뒷표지의 구성이 아름답거나 독특한 작품을 알아본다.
- 두(세) 개의 pop-up 상자를 이용하여 원근법을 표현할 수 있는 방법에 대하여 알아본다.
- pop-up 상자책을 만들면서 어렵거나 힘들었던 점이 있었는지 이야기 나눈다.
- pop-up 상자책을 이용하여 할 수 있는 새로운 활동에 대하여 알아본다.
- 교실의 한 공간을 마련하여 완성된 두 친구 · 세 친구 이야기책을 서로 감상할 수 있도록 전시한다.

Gallery

이보래(만 5세). 귀여운 고양이. 195㎜×270㎜.

작자 미상. 잠옷파티. 195㎜×270㎜.

정미현. 망아지의 꼬리. 195㎜×270㎜.

신민기 · 최찬희 · 신현호 · 문민선(만 7세). 내 꺼야, 내 꺼야. 1080㎜×195㎜.

책 속의 책

오은주. 선생님, 우리 선생님. 270㎜×195㎜.
작자 미상. 책과 못된 나무. 270㎜×195㎜.

활용도서

- 쥘 르나르(2003). 자연의 이야기들. 베틀북.

참고도서

- 고경숙(2005). 마법에 걸린 병. 재미마주.
- 바바라 리만(2005). 나의 빨강 책. 아이즐.
- 볼프 에를브루흐(2003). 커다란 질문. 베틀북.
- 에릭 로만(2001). 이상한 자연사 박물관. 미래M&A.
- 쑤싼 터그디스(2006). 구멍 난 양말. 큰나.
- 하디스 라자르골러미(2005). 작은 이야기들. 큰나.

생각 모으기

Q. 대칭 pop-up 상자를 변형할 수 있는 방법을 적어보세요.

A.

Q. 비대칭 pop-up 상자를 만들 수 있는 방법을 적어보세요.

A.

Q. 비대칭 pop-up 상자를 만들 때 주의해야 할 점은 무엇일까요?

A.

Q. 비대칭 pop-up 상자를 이용하여 할 수 있는 활동을 적어보세요.

A.

자료 준비하기

- 수업용 비대칭 pop-up 상자책을 제작한다.
- 표지 카드 270㎜×195㎜ 1매, pop-up 카드 250㎜×175㎜ 1매, 속지 카드 115㎜×175㎜ 1매를 준비한다.
- 책 속의 책 생각 모으기를 A4 복사용지에 출력한다.
- 비대칭 pop-up 상자 모양 본을 제작한다.
- 판권면 라벨 3108 · 3114 · 3116(CD-ROM)을 Formtec Label 3108 · 3114 · 3116 라벨용지에 출력한다.

도구 준비하기

- 연필
- 색연필
- 사인펜
- 색종이
- 자
- 본폴더
- 돗바늘
- 모양 펀치
- 가위
- 핑킹가위
- 풀
- 스티커
- 본드
- 면봉
- 본드판
- 장식 재료

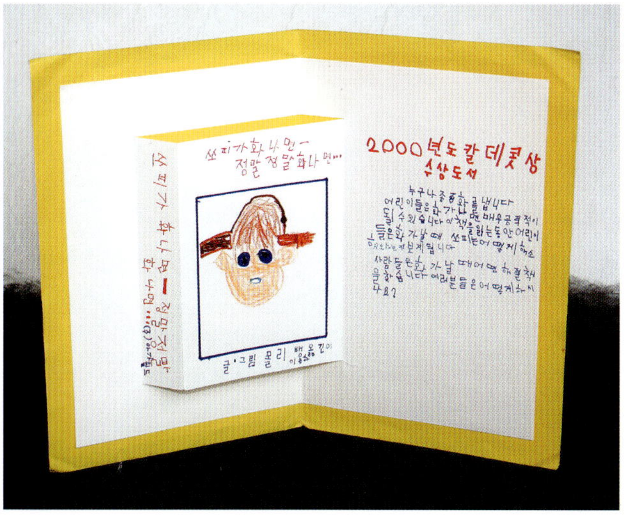

작자 미상(만 5세). 쏘피가 화나면 아주 많이 화나면…. 270㎜×195㎜.

작자 미상. 곰 사냥을 떠나자. 195㎜×270㎜.

활동하기에 앞서

- 비대칭 pop-up 상자책은 일반적인 pop-up 책과 달리 pop-up 상자의 선이 카드의 중앙선과 다른 위치에 생기도록 접는 방법으로 연령이 낮은 어린이는 어려움을 느끼는 활동이다. 따라서 pop-up 책 만들기에 대한 경험이 풍부하거나 초등학생 이상의 어린이들에게 적합한 활동이다.

- pop-up 책 만들기 경험이 풍부하더라도 이면지를 사용하여 여러 번 비대칭 pop-up 상자책을 만들어 보는 기회를 경험함으로써 본 활동에 어려움을 겪지 않도록 지도한다.
- 스스로 비대칭 pop-up 상자책을 접기 어려운 연령의 어린이들과 활동해야 할 경우 교사가 비대칭 pop-up 상자를 접어서 제공한다.
- 스스로 비대칭 pop-up 상자를 균형 있게 그리기 어려워하는 경우 비대칭 pop-up 상자 모양본을 제공하여 사용할 수 있도록 지도한다.
- 비대칭 pop-up 상자책을 이용하여 책을 소개하는 활동을 진행할 때에는 소개하고자 하는 책의 앞표지 모습을 최대한 비슷하게 꾸며볼 수 있도록 보고 베껴 그리도록 지도한다.

※ 비대칭 pop-up 상자 모양 본 만들기

- 비대칭 pop-up 상자 모양 본은 400mic PP필름이나 500g 마분지를 이용하여 다음과 같은 방법으로 만든다.

❶ 여러 장의 PP 필름이나 마분지를 250㎜×175㎜ 크기로 자른다.

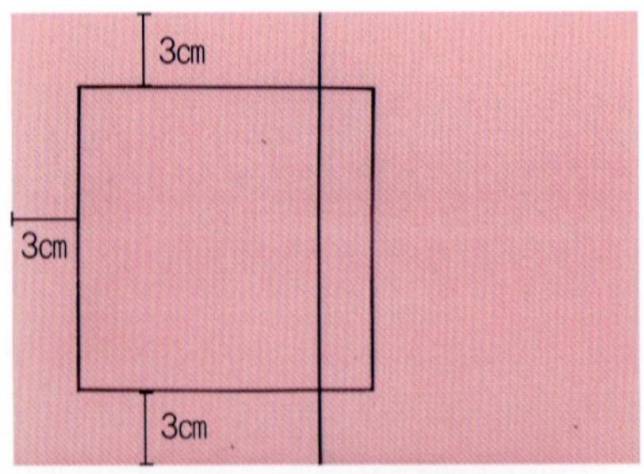

❷ 115㎜×115㎜ 크기의 정사각형으로 그림과 같이 중앙 부분을 오려낸다.

❸ 비대칭 pop-up 상자 모양 본 완성

그림책 소개하기

- 그림책을 소개하고 이야기를 들려준다.
- 그림책의 이야기를 다 들려준 후 책의 앞표지부터 한 장씩 넘겨가며 책에 대한 다양한 정보를 소개하고 이야기에 대한 생각을 모은다.

Q. 이 그림책의 앞표지에 어떤 것들이 보이니?
Q. 이 동그란 표시는 무엇을 나타내는 것일까?
Q. 어떤 상을 받았다는 표시일까?
Q. 뒷표지에는 어떤 것들이 보이니?
Q. 뒷표지에는 어떤 글이 쓰여 있니?
Q. 뒷표지에 또 어떤 이야기를 쓸 수 있을까?
Q. 앞표지 그림과 뒷표지 그림은 어떻게 다르니?
Q. 이 그림책은 왜 상을 받았을까?
Q. 이 그림책을 다른 친구들에게도 읽어보라고 권하고 싶니?
Q. 어떤 이야기를 들려주면 다른 친구들이 이 그림책을 읽고 싶어 할까?

비대칭 Pop-up 상자책 소개하고 생각 모으기

- 수업용 비대칭 pop-up 상자책을 소개하고 어떻게 만들고 무엇을 표현하게 되는지 이야기 나눈다.

Q. 이 책을 펼치면 무엇이 튀어 오르니?
Q. pop-up 모양이 어떻게 생겼니?
Q. 이 pop-up 상자는 전에 만들었던 pop-up 상자와 어떤 점이 다르니?
Q. 대칭 모양이 아닌 pop-up 상자는 어떻게 만들까?
Q. 비대칭 pop-up 상자를 보면 무엇이 생각나니?
Q. 비대칭 pop-up 상자를 이용하여 무엇을 나타낼 수 있을까?

Q. 비대칭 pop-up 상자를 이용하여 책을 소개할 수 있는 방법은 무엇일까?
Q. 비대칭 pop-up 상자의 좁은 부분은 그림책의 어떤 부분을 담으면 좋을까?
Q. 비대칭 pop-up 상자의 넓은 부분에는 그림책의 어떤 부분을 담으면 좋을까?
Q. 책을 소개하는 내용은 어느 부분에 담으면 좋을까?
Q. 다른 사람들에게 책을 소개하려면 어떤 이야기를 적으면 될까?
Q. 사람들은 어떤 이야기를 읽었을 때 책을 읽고 싶을까?

- 책 속의 책 생각 모으기 활동지에 소개하고자 하는 책의 모습을 간단히 그리고 어떻게 소개하고 싶은지 이야기를 적는다.

비대칭 Pop-up 상자책 만들기

① 비대칭 pop-up 상자 만들기

- pop-up 카드에 맞추어 비대칭 pop-up 상자 모양 본을 올려놓고 중앙에 오려낸 직사각형의 위아래 면을 따라 선을 긋는다.
- 위아래에 그린 두 개의 선을 자를 대고 칼로 자른다.
- 위아래 선의 왼쪽과 오른쪽 끝부분을 맞추어 각각 자를 대고 폴더 또는 돗바늘을 이용하여 줄을 긋는다.
- pop-up 카드를 절반으로 접는다. 이때 중앙의 상자가 함께 접혀지므로 천천히 접도록 주의한다.

❶ 카드에 맞추어 모양 본을 올려놓고 중앙의 직사각형 위아래 면을 따라 선을 긋는다.

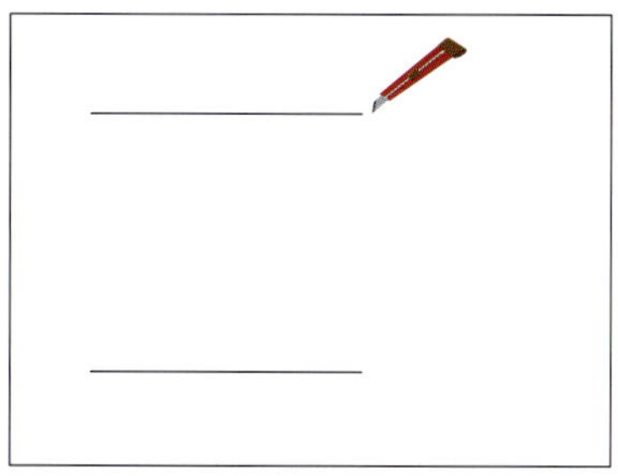

❷ 위아래에 그린 두 개의 선을 자를 대고 칼로 자른다.

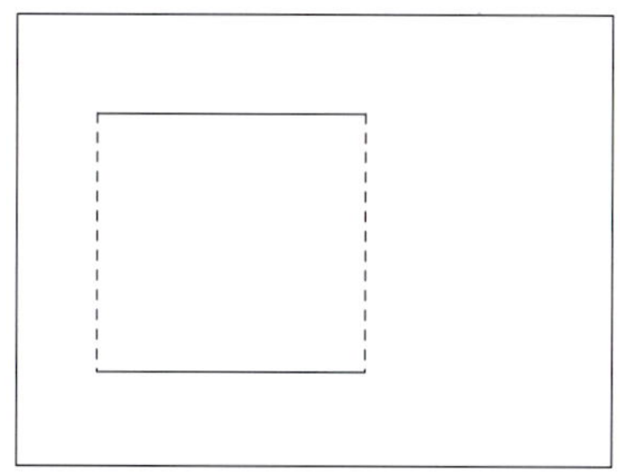

❸ 위아래 선의 왼쪽과 오른쪽 끝부분에 맞추어 각각 자를 대고 폴더 또는 돗바늘을 이용하여 줄을 긋는다.

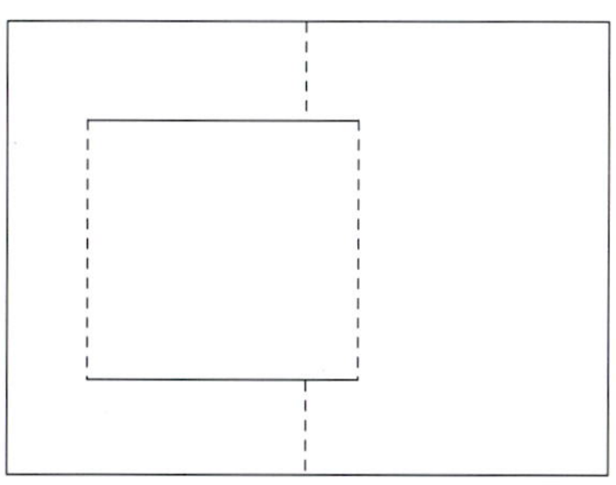

❹ 줄을 그은 선을 따라 밀어 넣으며 카드를 천천히 절반으로 접는다.
❺ 비대칭 pop-up 상자 완성.

② pop-up 상자 꾸미기

- 반으로 접은 pop-up 카드를 펼치고 책등과 앞표지 부분에 소개하고 싶은 그림책을 보고 제목, 앞표지 그림, 지은이, 출판사 등의 모습을 비슷하게 베껴 그리고 적는다.

③ pop-up 카드 꾸미기

- pop-up 상자에 표현한 책에 대한 소개나 광고를 pop-up 상자 외의 나머지 부분에 담는다.
- 책의 내용을 적기 보다는 책을 읽고 느낀 점이 무엇인지, 왜 이 책을 소개하는지, 이 책에는 어떤 의미나 가치가 있는지, 어떤 상을 받았는지 등에 대한 정보나 개인적인 생각을 담는다.

④ 표지 카드 접기
- 표지 카드를 반으로 접어서 2면 카드를 만든다.

⑤ 표지 꾸미기
- 표지 카드의 색깔이 짙은 색인 경우 속지 카드를 붙이고 표현한다.
- 표지 카드의 앞면에 제목, 지은이, 앞표지 그림, 출판사 명 등을 담는다.
- 비대칭 pop-up 상자에 소개하는 책의 표지를 표현하였으므로 앞표지에는 책을 소개하는 제목과 주인공의 모습을 간단히 표현하도록 지도한다.
- 표지 카드의 뒷면에 판권면을 꾸민다.
- 뒷표지는 판권면 라벨을 사용하여 꾸미도록 지도한다.
- 뒷표지에 판권면을 꾸미기 보다는 소개하는 책의 뒷표지를 보고 비슷하게 베껴 그리도록 지도한다.

⑥ 표지 카드에 pop-up 속지 카드 붙이기(31쪽 참고)
- 반으로 접은 pop-up 카드의 한 쪽 뒷면에 전체적으로 풀칠하고 표지 카드의 중심선에 맞추어 붙인다.
- 같은 방법으로 pop-up 카드의 반대 면에 전체적으로 풀칠하여 표지 카드에 붙인다.

소개하기 · 감상하기

- 어떤 그림책을 선택했는지 소개한다.
- 그 그림책을 선택한 이유를 소개한다.
- 선택한 그림책을 어떻게 표현했는지 소개한다.
- pop-up 상자에 소개하는 책을 가장 비슷하게 표현한 작품을 알아본다.
- 그림책을 소개하는 내용이 독특하거나 재미있는 작품을 알아본다.
- 책을 소개하는 작품을 감상하고 읽고 싶은 책이 무엇인지 알아본다.
- 앞표지와 뒷표지의 구성이 아름답거나 독특한 작품을 알아본다.
- 비대칭 pop-up 상자책을 만들면서 어렵거나 힘들었던 점이 있었는지 이야기 나눈다.
- 비대칭 pop-up 상자책을 이용하여 할 수 있는 활동에 대하여 알아본다.
- 교실의 한 공간을 마련하여 완성된 '책을 읽읍시다' 선정도서 책을 서로 감상할 수 있도록 전시한다.

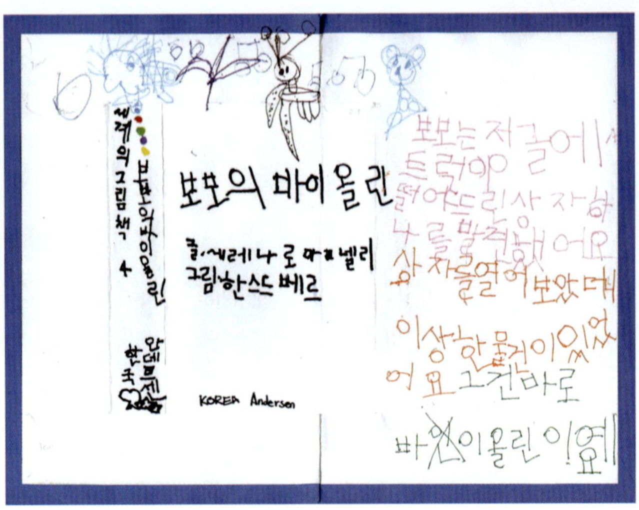

작자 미상. 보보의 바이올린. 195㎜×270㎜.

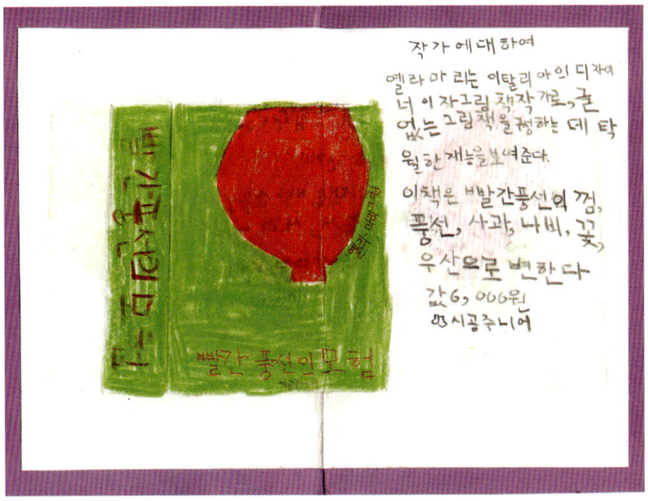

신혜원(만 6세). 빨간 풍선의 모험. 270㎜×195㎜.

작자 미상. 선생님, 쟤가 그랬어요. 270㎜×195㎜.

황순영. 토토의 새로운 세상. 270㎜×195㎜.

움직이는 주인공 그림책

으뜸이. 2003. 250㎜×390㎜.
물고기의 모험. 2003. 135㎜×270㎜.

활용도서

- 최승호 시 · 윤정주 그림(2005). 최승호 시인의 말놀이 동시집. 비룡소.

참고도서

- 고미 타로(2003). 헬리콥터의 여행. 베틀북.
- 도널드 크루즈(1997). 화물열차. 시공주니어.
- 레오 리오니(1997). 으뜸 헤엄이. 마루벌.
- 신동주(2003). 지하철은 달려온다. 초방책방.
- 이수지(2006). 움직이는 ㄱㄴㄷ. 천둥거인.
- 임석재 글 · 안강 그림(2004). 하나하면 하나 있는 것은? 웅진닷컴.

생각 모으기

Q. 좌우 또는 앞뒤로 움직이는 것들을 적어보세요.

A.

Q. 위아래로 움직이는 것들을 적어보세요.

A.

Q. pop-up 상자를 이용하여 주인공을 움직이게 할 수 있는 방법을 적어보세요.

A.

Q. 움직이는 주인공 pop-up 상자책을 만들 때 주의해야 할 점은 무엇일까요?

A.

자료 준비하기

- 수업용 움직이는 주인공 pop-up 상자책을 제작한다.
- 표지 카드 270㎜×195㎜ 1매, pop-up 카드 250㎜×175㎜ 1매, 그림 카드 100㎜×100㎜ 1매, 막대 카드 200㎜×20㎜ 1매, 속지 카드 115㎜×175㎜ 1매를 준비한다.
- 움직이는 주인공 그림책 생각 모으기를 A4 복사용지에 출력한다.
- 판권면 라벨 3108 · 3114 · 3116(CD-ROM)을 Formtec Label 3108 · 3114 · 3116 라벨용지에 출력한다.

도구 준비하기

- 연필
- 색연필
- 사인펜
- 색종이
- 모양 펀치
- 가위
- 핑킹가위
- 풀
- 스티커
- 본드
- 면봉
- 본드판
- 장식 재료

김정찬(만 5세). 지하철. 195㎜×270㎜.

김보래(만 5세). 사랑하는 아기. 195㎜×270㎜.

활동하기에 앞서

- 동시 짓기는 위에 제시된 활용도서와 참고도서 외에 어린이에게 익숙한 동시를 활용하여 부분적으로 시어를 바꾸어 보거나 주인공을 바꾸어 동시를 짓도록 지도한다.
- 동시를 짓기 위해서는 다양한 형식의 동시를 접하고 읊어보는 경험이 필요하며 동시의 의미와 구조에 대한 이해가 바탕이 되어야 한다. 매주 지속적으로 다양한 유형의 동시를 소개하고 읊어보는 활동을 통해 자연스럽게 동시 짓기에 대한 자신감을 키울 수 있도록 지도한다.

- 동시 짓기가 익숙한 어린이를 대상으로 활동하는 경우 재미있게 읽었거나 좋아하는 그림책의 주인공과 줄거리를 이용하여 동시를 지어보도록 지도한다.

동시 읊고 생각 모으기

- 앞뒤 또는 좌우로 움직이는 주인공이 나오는 동시를 소개하고 익숙해지도록 함께 읊는다.
- 동시에 등장하는 주인공의 특징에 대하여 이야기 나누고 동시가 익숙해지면 특징적인 부분이나 시어를 원하는 방법으로 바꾸어 읊는다.

Q. 이 동시의 주인공은 어떻게 움직이니?
Q. 움직일 때 어떤 소리가 났니?
Q. 이 동시의 주인공처럼 앞뒤 또는 좌우로 움직이는 것에는 무엇이 있을까?
Q. 이 동시의 어느 부분을 어떤 낱말로 바꾸어 볼 수 있을까?
Q. 이 동시의 주인공을 무엇으로 바꿀 수 있을까?
Q. 주인공이나 시어를 바꾸어 지은 동시를 읊어보자. 다시 바꾸고 싶은 부분은 어느 곳이니? 어떻게 바꾸면 보다 아름다운 또는 재미있는 동시가 될까?

움직이는 주인공 Pop-up 상자책 소개하고 생각 모으기

- 수업용 움직이는 주인공 pop-up 상자책을 소개하고 어떻게 만들고 무엇을 표현하게 되는지 이야기 나눈다.

Q. 이 책은 어떤 점이 특별하니?
Q. 움직이는 막대 카드는 어떻게 만든 것일까?
Q. pop-up 상자에 막대 카드를 어떻게 끼운 것일까?
Q. 앞뒤 또는 좌우로 움직이는 막대 카드에 붙일 수 있는 주인공에는 무엇이 있을까?
Q. 앞뒤 또는 좌우로 움직이는 주인공을 주제로 어떤 이야기를 담을 수 있을까?
Q. 앞뒤 또는 좌우로 움직이는 주인공의 이야기를 어떻게 바꾸면 동시가 될까?
Q. 움직이는 주인공 pop-up 상자책을 만들 때 어떤 점을 주의해야 할까?

- 움직이는 주인공 그림책 생각 모으기 활동지에 앞뒤 또는 좌우로 움직이는 주인공을 간단히 그리고 동시를 짓는다.

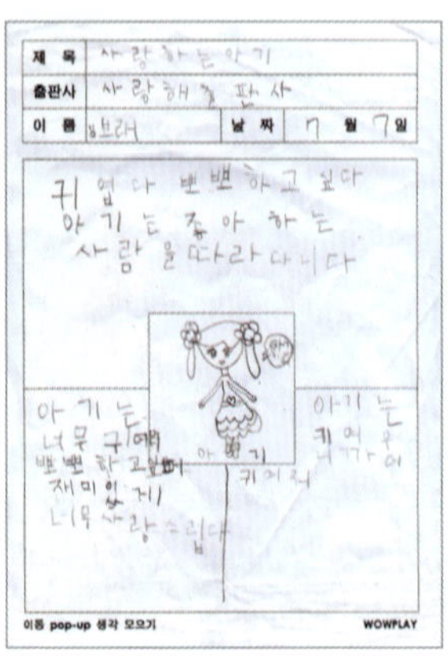
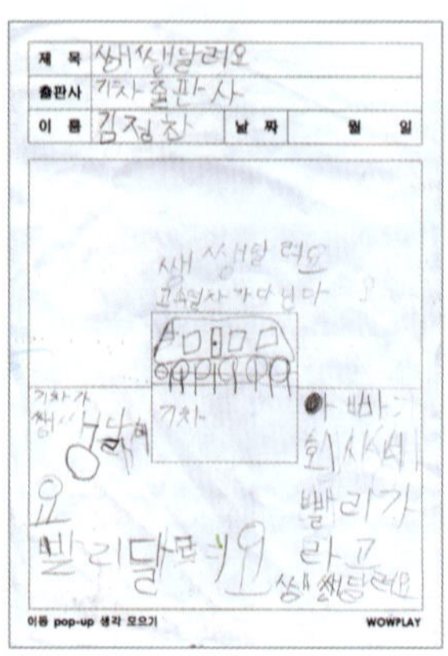
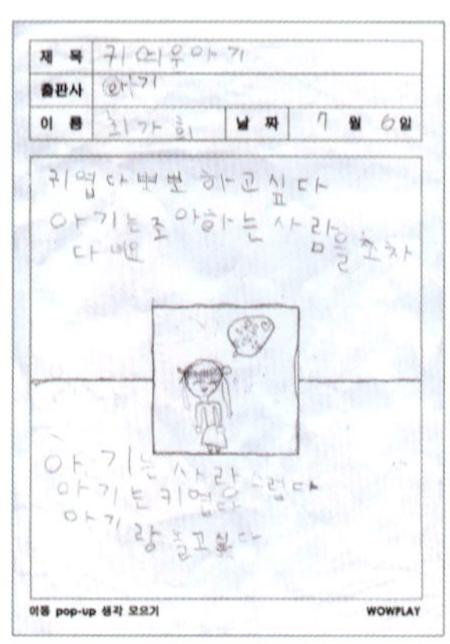
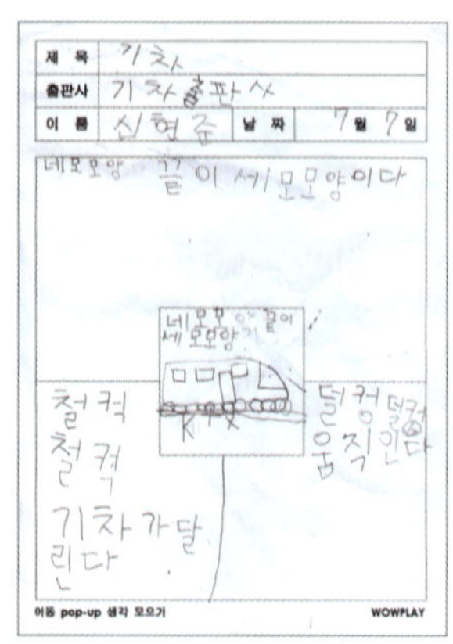

움직이는 주인공 Pop-up 상자책 만들기

① pop-up 상자 만들기(67쪽 참고)

- pop-up 카드를 반으로 접어서 2면 카드를 만든다.
- 반으로 접은 pop-up 카드의 중앙 부분을 같은 깊이로 두 줄 자른다.
- 두 줄로 자른 부분을 앞뒤로 한번씩 접었다 펼친다.
- 카드를 펼쳐서 접었다 펼친 부분을 카드 안쪽으로 밀어 넣는다.

② 이야기 담기
- pop-up 상자를 제외한 위아래 여백에 앞뒤 또는 좌우로 움직이는 주인공을 주제로 지은 동시를 생각 모으기 활동지를 참고하여 적는다.
- pop-up 상자책의 윗면에 주인공이나 동시와 관련된 배경 그림을 그리고 하단에 동시를 적어서 아름답게 꾸미도록 격려한다.

③ 그림 카드 꾸미기
- 그림 카드에 앞뒤 또는 좌우로 움직이는 주인공을 생각하여 그리고 색칠한 후 윤곽선을 따라 오린다.

④ 이동 막대 카드 만들어 끼우기
- 막대 카드를 아래와 같이 접고 시접 부분에 풀칠하여 pop-up 상자에 끼운 후 붙인다.

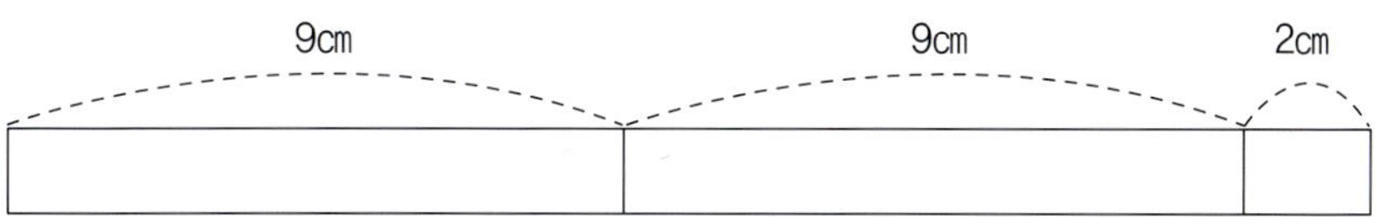

❶ 막대 카드를 시접 부분을 2㎝ 정도 남겨두고 2면으로 접는다.

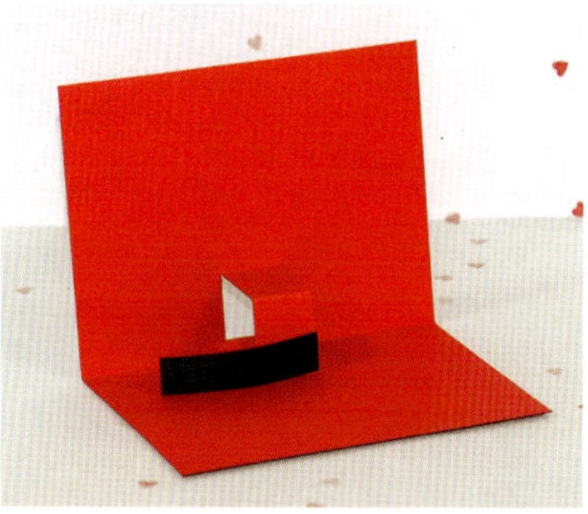

❷ 막대 카드의 시접 부분에 풀칠하고 pop-up 상자에 끼워 붙인다.

⑤ 그림 카드 붙이기
- pop-up 상자에 끼운 막대 카드의 왼쪽 또는 오른쪽 끝부분에 풀칠하고 완성한 그림 카드를 붙인다.

⑥ 표지 꾸미기
- 표지 카드의 색깔이 짙은 색인 경우 속지 카드를 붙이고 표현한다.
- 표지 카드의 앞면에 제목, 지은이, 앞표지 그림, 출판사 명 등을 담는다.
- 표지 카드의 뒷면에 판권면을 꾸민다.
- 뒷표지는 판권면 라벨을 사용하여 꾸미도록 할 수 있다.
- 책 만들기 경험이 풍부한 어린이는 뒷표지 그림을 그리고 광고 문구나 중심 문구를 적도록 지도한다.

⑦ 표지 카드에 pop-up 속지 카드 붙이기(31쪽 참고)
- 반으로 접은 pop-up 카드의 한 쪽 뒷면에 전체적으로 풀칠하고 표지 카드의 중심선에 맞추어 붙인다.
- 같은 방법으로 pop-up 카드의 반대 면에 전체적으로 풀칠하여 표지 카드에 붙인다.

소개하기 · 감상하기
- 앞뒤 또는 좌우로 움직이는 주인공이 누구인지 소개한다.
- 움직이는 주인공을 주제로 지은 동시를 소개한다.
- 앞뒤 또는 좌우로 움직이는 주인공이 특이하거나 재미있는 작품을 알아본다.
- 주인공을 주제로 지은 동시가 아름답거나 재미있는 작품을 알아본다.
- 위아래로 움직이는 것에는 무엇이 있는지 알아본다.
- 주인공을 위아래로 움직이게 할 수 있는 방법에 대하여 알아본다.
- 움직이는 주인공 pop-up 상자책을 만들면서 어렵거나 힘들었던 점이 있었는지 이야기 나눈다.
- 움직이는 주인공 pop-up 상자책을 이용하여 할 수 있는 새로운 활동에 대하여 알아본다.
- 교실의 한 공간을 마련하여 완성된 움직이는 주인공 그림책을 서로 감상할 수 있도록 전시한다.

Gallery

신현준(만 6세). 기차. 195㎜×270㎜.

최가희(만 5세). 귀여운 아기. 195㎜×270㎜.

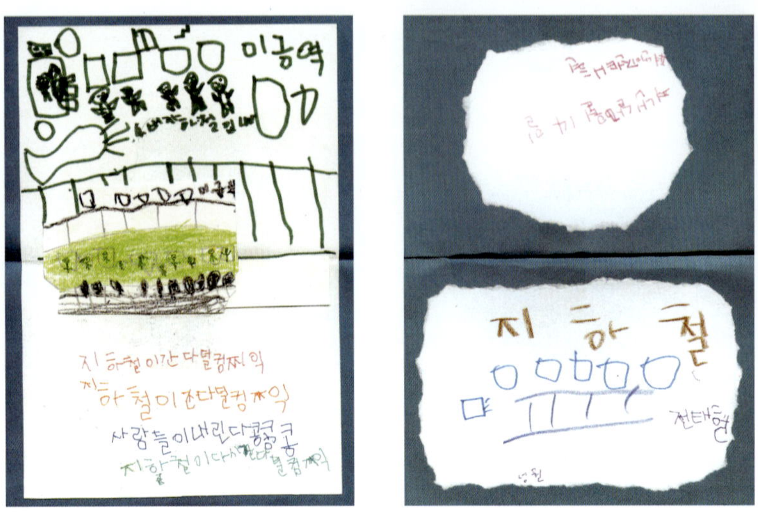

전태현(만 5세). 지하철. 195㎜×270㎜.

CHAPTER 5

무대 Pop-up을 활용한 문해 활동

Literacy Activity through Stage Pop-up Books

- 나니아 연대기: 사자와 마녀와 옷장
- 책을 읽으면 생각주머니가 아름다워져요
- 공주님과 왕자님의 행복한 결혼식
- 흔들흔들 대롱대롱 그림책
- 내가 꾸민 방

나니아 연대기: 사자와 마녀와 옷장

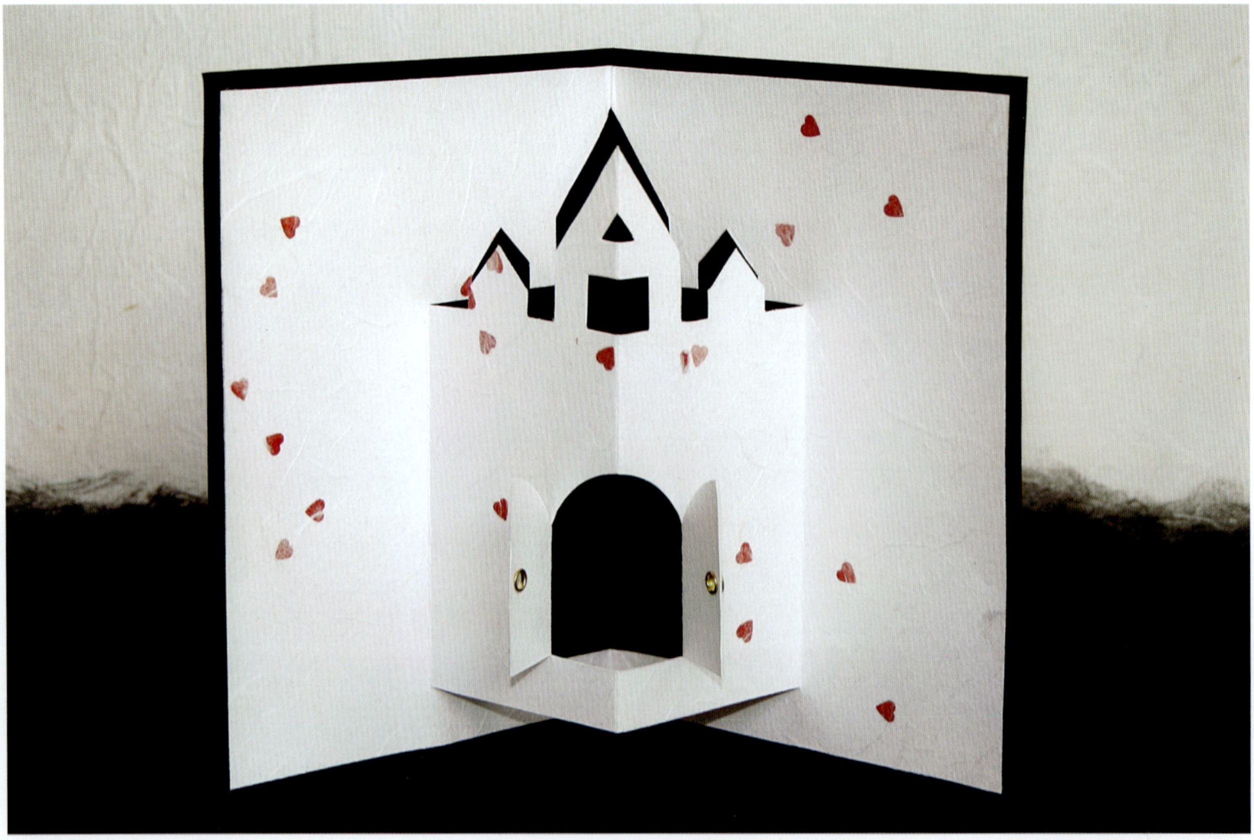

성 안으로. 270mm×195mm.

활용도서

- 튜더 험프리스 그림 · 히아윈 오람 글(C. S. 루이스 원작)(2004). 사자와 마녀와 옷장. 시공주니어.

참고도서

- 고미 타로(2003). 사계절. 달리.
- 기타 아키토 글 · 기하라 치하루(2006). 우리들의 인권 선언. 미래M&B.
- 로버스사부다(2005). 오즈의 마법사. 넥서스.
- 버지니아 리 버튼(1993). 작은집 이야기. 시공사.
- 엔서니 브라운(2005). (엔서니 브랑운의) 킹콩. 넥서스주니어.
- 크리스 반 알스버그(2003) 주만지, 끝나지 않은 이야기 자수라. 베틀북.

생각 모으기

Q. 다양한 모양의 무대를 그려보세요.

A.

Q. pop-up을 이용하여 무대를 만들 수 있는 방법을 적어보세요.

A.

Q. pop-up 무대를 만들 때 주의해야 할 점을 적어보세요.

A.

Q. pop-up 무대책에 적합한 그림책이나 만화 영화 제목을 적어보세요.

A.

자료 준비하기

- 수업용 pop-up 무대책을 제작한다.
- 표지 카드 270㎜×195㎜ 1매, pop-up 카드 250㎜×175㎜ 1매, 속지 카드 115㎜×175㎜ 1매를 준비한다.
- 무대 pop-up 생각 모으기를 A4 복사용지에 출력한다.
- 다양한 형태의 무대 모양 본(부록)을 제작한다.
- 판권면 라벨 3108 · 3114 · 3116(CD-ROM)을 Formtec Label 3108 · 3114 · 3116 라벨용지에 출력한다.

도구 준비하기

- 연필
- 색연필
- 사인펜
- 색종이
- 모양 펀치
- 가위
- 핑킹가위
- 풀
- 스티커
- 본드
- 면봉
- 본드판
- 장식 재료

신현호(만 7세). 현호의 집에서 생긴 일. 270㎜×195㎜.

신민기(만 7세). 나니아 연대기. 1080㎜×195㎜.

활동하기에 앞서

- 개별적으로 좋아하는 만화영화를 선택하여 표현하거나 학급 전체 어린이들이 같은 만화 영화를 감상하거나 그림책을 읽고 활동하도록 지도한다.
- 단면 pop-up 무대책은 표지 카드와 pop-up 카드를 각각 준비하여 붙이는 방법을 사용하거나 한 장의 카드를 4면으로 접고 중심선을 뒤로 꺾어서 표지와 본문이 연결된 형태로 제작한다.

- 한 장의 카드를 이용하여 pop-up 무대책을 만드는 경우 270㎜×390㎜ 크기의 카드를 제공한다.
- 책 만들기 활동 경험이 풍부한 어린이의 경우 단면 pop-up 무대책을 만들기 보다는 4면 pop-up 무대책을 만들어보는 활동이 적절하다.
- 4면 pop-up 무대책을 만드는 경우 1080㎜×195㎜ 2매를 준비하여 8면 표지 병풍책에 8면 pop-up 병풍책을 만들어 붙이거나 표지 카드 1080㎜×195㎜ 1매, pop-up 카드 250㎜×175㎜ 4매를 준비하여 8면 표지 병풍책에 각각의 pop-up 카드를 풀칠하여 붙일 수 있다.
- 스스로 무대 모양을 만들기 어려워하는 경우 다양한 형태의 무대 모양 본을 제공하여 사용할 수 있도록 지도한다.
- 무대 모양 본을 제공하는 경우 다양한 모양으로 여러 개를 제작하여 기다리지 않고 활동할 수 있도록 준비하고 모서리가 뾰족한 경우 사용 전 주의사항을 알려준다.
- 무대 pop-up의 넓이는 카드 전체 넓이의 절반을 넘지 않아야 무대가 카드 밖으로 삐져나오지 않는다. pop-up 무대책 만들기 활동을 바로 시작하기 보다는 이면지를 사용하여 자유로이 오리고 접는 과정을 통해 나타나는 무대의 형태를 경험하고 다른 어린이들의 활동 결과물을 서로 탐색하여 어떤 차이점이 있는지, 왜 다른 형태로 나타났는지, 어떻게 자르고 접었을 때 무대의 모습이 잘 나타났는지 등을 알아본 뒤 책 만들기 활동을 진행한다.

영화 감상하고 생각 모으기

- 만화 영화를 감상하고 줄거리와 인상 깊은 장면에 대하여 이야기 나눈다.

Q. 이 영화의 제목은 무엇이니?
Q. 이 영화의 제목은 무슨 뜻이니?
Q. 이 영화에 등장하는 주인공들은 누구누구니?
Q. 어떤 주인공이 마음에 드니?
Q. 왜 그 주인공이 마음에 드니?
Q. 주인공들에게 어떤 어려움이 닥쳤니?
Q. 주인공은 어떻게 해서 어려움을 이겨냈니?
Q. 만약 내가 주인공이라면 어떻게 문제를 해결할 수 있을까?
Q. 어떤 장면이 가장 기억에 남니?
Q. 어떤 장면에서 마음이 조마조마해졌니?

Pop-up 무대책 소개하고 생각 모으기

- 수업용 pop-up 무대책을 소개하고 어떻게 만들고 무엇을 표현하게 되는지 이야기 나눈다.

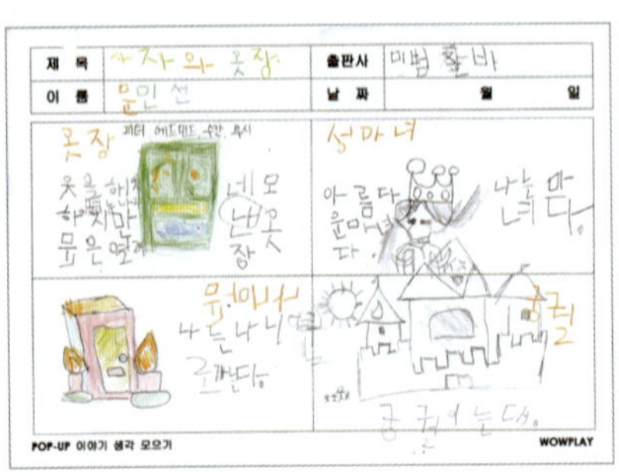

Q. 이 책을 펼치면 무엇이 튀어 오르니?
Q. pop-up 모양이 어떻게 생겼니?
Q. 이런 pop-up을 무엇이라고 부를 수 있을까?
Q. 어떤 무대 모양을 만들고 싶니?
Q. 무대 모양의 pop-up 부분을 어떻게 꾸밀 수 있을까?
Q. 영화의 어떤 장면을 무대 pop-up에 담으면 좋을까?

Q. 무대 pop-up에 감상한 만화 영화의 어떤 이야기를 담을 수 있을까?
- 무대 pop-up 생각 모으기 활동지에 무대 모습을 간단히 표현하고 어떤 이야기를 담고 싶은지 적는다.

Pop-up 무대책 만들기

① pop-up 카드 접기
- pop-up 카드를 반으로 접어서 2면 카드를 만든다.

② 무대 pop-up 만들기
- 반으로 접은 pop-up 카드의 접은 면을 중심으로 원하는 형태의 무대 모양 본을 올려놓고 본뜬다.
- 무대 모양의 위 · 아래 선을 가위로 오리고 옆선을 따라 앞뒤로 각각 접었다 편다.
- 카드를 펼쳐서 무대 부분을 카드 안쪽으로 밀어 넣는다.

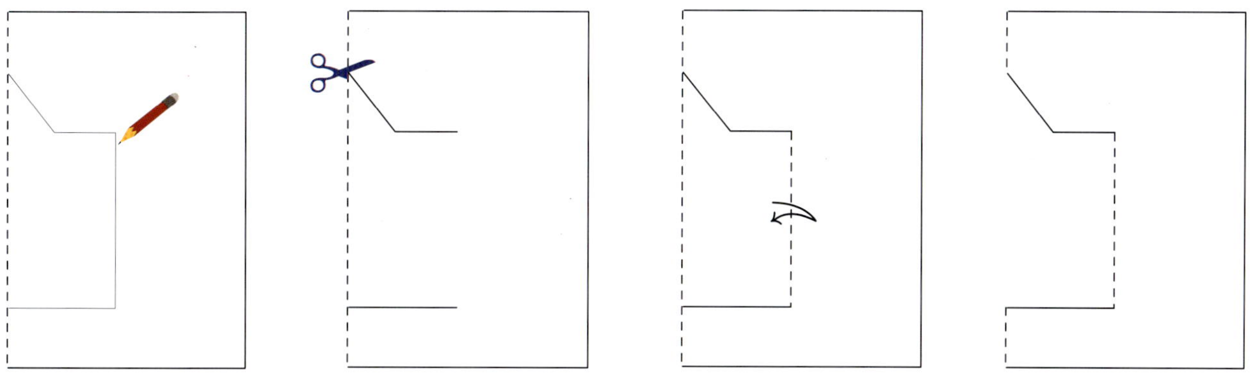

❶ 접은 면을 중심으로 무대 모양을 그린다.
❷ 모양 선의 위 · 아래 선을 오린다.
❸ 무대의 옆선을 따라 앞뒤로 접었다 편다.
❹ 카드를 펼쳐서 접은 부분을 카드 안으로 밀어 넣는다.

③ 무대 꾸미기
- pop-up 무대 부분에 이야기의 중심 장면이나 인상 깊었던 장면을 생각하여 꾸민다.
- 이야기 배경에 적합한 궁전이나 건물 모양으로 꾸미도록 할 수 있다.

④ 이야기 담기
- pop-up 무대를 제외한 부분에 줄거리에서 인상 깊었던 장면이나 영화의 중심 이야기를 생각 모으기 활동지를 참고하여 표현한다.

⑤ 표지 카드 접기
- 표지 카드를 반으로 접어서 2면 카드를 만든다.

⑥ 표지 꾸미기
- 표지 카드의 색깔이 짙은 색인 경우 속지 카드를 붙이고 표현한다.
- 표지 카드의 앞면에 제목, 지은이, 앞표지 그림, 출판사 명 등을 담는다.
- 표지 카드의 뒷면에 판권면을 꾸민다.
- 뒷표지는 판권면 라벨을 사용하여 꾸미도록 할 수 있다.
- 책 만들기 경험이 풍부한 어린이는 뒷표지 그림을 그리고 광고 문구나 중심 문구를 적도록 지도한다.

⑦ 표지 카드에 pop-up 속지 카드 붙이기(31쪽 참고)
- 반으로 접은 pop-up 카드의 한 쪽 뒷면에 전체적으로 풀칠하고 표지 카드의 중심선에 맞추어 붙인다.
- 같은 방법으로 pop-up 카드의 반대 면에 전체적으로 풀칠하여 표지 카드에 붙인다.

소개하기 · 감상하기

- pop-up 무대를 어떤 모양으로 만들었는지 소개한다.
- pop-up 무대에 어떤 장면을 담았는지 소개한다.
- 영화의 어떤 장면을 인상 깊게 보았는지 소개한다.
- 이야기를 흥미진진하게 표현한 작품을 알아본다.
- pop-up 무대를 독특하거나 아름답게 꾸민 작품을 알아본다.
- 앞표지와 뒷표지의 구성이 아름답거나 독특한 작품을 알아본다.
- 만들어보고 싶은 pop-up 무대 모양에 대하여 이야기 나눈다.
- pop-up 무대책을 만들면서 어렵거나 힘들었던 점이 있었는지 이야기 나눈다.
- pop-up 무대책을 이용하여 할 수 있는 새로운 활동에 대하여 알아본다.
- 교실의 한 공간을 마련하여 완성된 나니아 연대기를 서로 감상할 수 있도록 전시한다.

Gallery

신현호(만 7세). 나니아 연대기: 사자와 마녀와 옷장. 1080㎜×195㎜.

Gallery

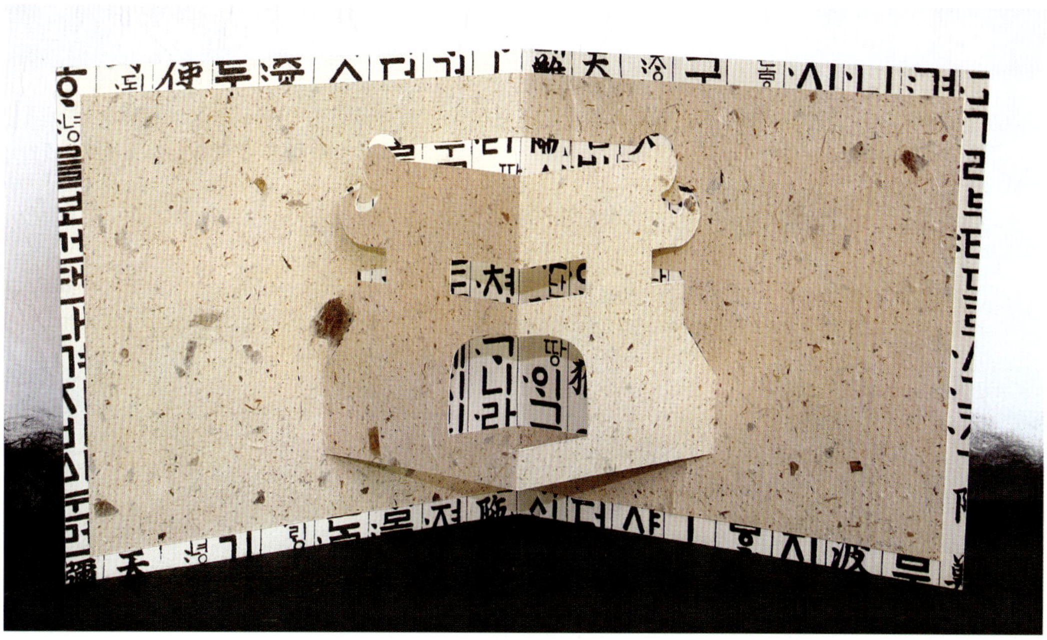

한국의 문 I. 420㎜×200㎜.

병정들이 사는 성. 270㎜×195㎜.

책을 읽으면 생각주머니가 아름다워져요

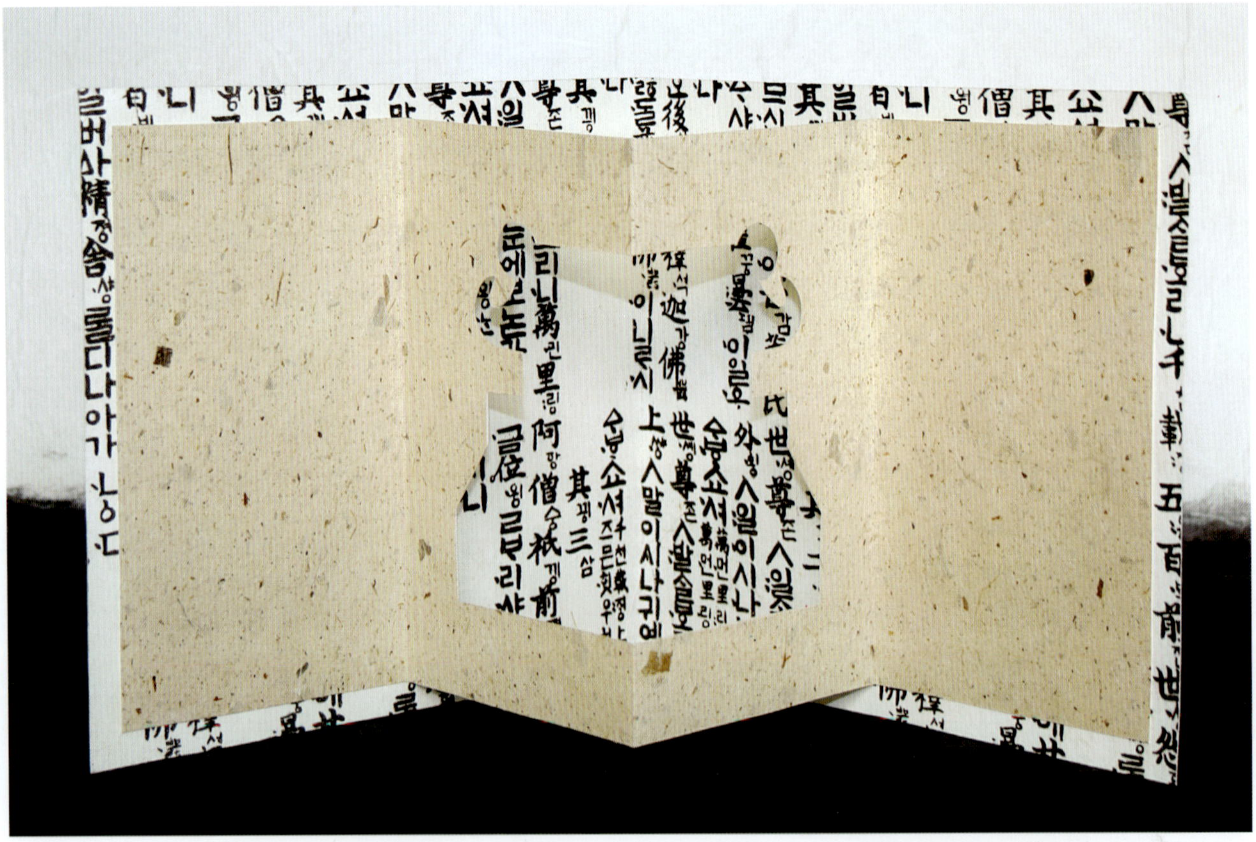

한국의 문Ⅱ. 420㎜×200㎜.

활용도서

- 토드 파(2004). 책을 읽으면 기분이 좋아져요. 비룡소.

참고도서

- 미야니시 타츠야(2004). 고 녀석 맛있겠다. 달리.
- 사라 윅스(2004). 만약 내가 사자라면. 홍진P&M.
- 아니타 제람(2002). 난 그림책이 정말 좋아요. 베틀북.
- 이와카와 나오키 글 · 기하라 치하루(2006). 나는 소중해. 미래M&B.
- 존 윈치(2000). 책읽기 좋아하는 할머니. 파랑새어린이.

생각 모으기

Q. 다양한 모양의 액자를 그려보세요.

A.

Q. pop-up 무대책을 이용하여 액자를 만들 수 있는 방법을 적어보세요.

A.

Q. pop-up 액자를 만들 때 주의해야 할 점을 적어보세요.

A.

Q. pop-up 액자책을 이용하여 어떤 활동을 할 수 있을까요?

A.

자료 준비하기

- 수업용 pop-up 액자책을 제작한다.
- 표지 카드 390㎜×135㎜ 1매, pop-up 카드 370㎜×115㎜ 1매, 그림 카드 195㎜×135㎜ 1매, 속지 카드 175㎜×115㎜ 1매를 준비한다.
- 책을 읽으면 생각 모으기를 A4 복사용지에 출력한다.
- 다양한 형태의 액자 모양 본(CD-ROM)을 제작한다.
- 판권면 라벨 3108 · 3114 · 3116(CD-ROM)을 Formtec Label 3108 · 3114 · 3116 라벨용지에 출력한다.

도구 준비하기

- 연필
- 색연필
- 사인펜
- 색종이
- 모양 펀치
- 가위
- 핑킹가위
- 풀
- 스티커
- 본드
- 면봉
- 본드판
- 장식 재료

김정찬(만 5세). 바보 개구리 케로로. 410㎜×155㎜.

문승혜(만 5세). 아기 예수. 390㎜×135㎜.

활동하기에 앞서

- pop-up 액자책은 앞서 소개된 pop-up 무대책과 같이 표지 카드와 pop-up 카드를 각각 만들어 붙이거나 한 장의 카드를 이용하여 표지와 pop-up 액자를 동시에 만들 수 있다.

- 한 장의 카드를 이용하여 pop-up 무대책을 만드는 경우 270㎜×390㎜ 크기의 카드를 제공한다.
- 책 만들기 활동 경험이 풍부한 어린이의 경우 단면 pop-up 액자책을 만들기 보다는 4면 pop-up 액자책을 만들어보는 활동이 적절하다.
- 4면 pop-up 액자책을 만드는 경우 1080㎜×135㎜ 2매를 준비하여 8면 표지 병풍책에 8면 pop-up 병풍책을 만들어 붙이거나 표지 카드 1080㎜×195㎜ 1매, pop-up 카드 250㎜×175㎜ 4매를 준비하여 8면 표지 병풍책에 각각의 pop-up 카드를 풀칠하여 붙인다.
- pop-up 액자책을 이용하여 동시 카드, 그림일기, 그림 편지, 초대장, 각종 축하 카드 등의 용도로 활용할 수 있다.
- 스스로 액자 모양을 만들기 어려워하는 경우 다양한 형태의 액자 모양 본을 제공하여 사용할 수 있도록 지도한다.
- 액자 모양 본을 제공하는 경우 다양한 모양으로 여러 개를 제작하여 기다리지 않고 활동할 수 있도록 준비하고 모서리가 뾰족한 경우 사용 전 주의사항을 알려준다.

그림책 소개하고 생각 모으기

- 그림책을 소개하고 이야기를 들려준다.
- 그림책의 이야기를 다 들려준 후 책의 앞표지부터 한 장씩 넘겨가며 이야기에 대한 생각을 모은다.

Q. 이 책의 제목은 무엇이니?
Q. 책 속에 등장하는 주인공은 언제 기분이 좋아진다고 했니?
Q. 왜 책을 읽으면 기분이 좋아진다고 했을까?
Q. 책 속의 주인공처럼 책을 읽고 기분이 좋아진 적이 있었니?
Q. 책 속의 주인공은 책을 읽으면 또 어떤 생각이 난다고 이야기했니?
Q. 책 속의 주인공이 책으로 할 수 있다고 이야기 한 것들 중에서 해 본 적이 있는 것은 무엇이니?
Q. 책 속의 주인공이 책으로 할 수 있다고 이야기 한 것들 중에서 해 보고 싶은 것은 무엇이니?
Q. 어떤 책을 읽었을 때 기분이 좋아졌니?
Q. 왜 그 책을 읽고 기분이 좋아졌니?
Q. 기분이 좋아지면 무엇을 하고 싶니?
Q. 책을 읽으면 기분이 좋아지는 것 외에 또 어떤 생각이나 느낌이 드니?
Q. 책을 읽으면 왜 그런 생각이나 느낌이 드니?
Q. 사람들은 왜 책을 읽을까?
Q. 사람들은 어떤 책을 읽었을 때 기분이 좋아질까?

Pop-up 액자책 소개하고 생각 모으기

- 수업용 pop-up 액자책을 소개하고 어떻게 만들고 무엇을 표현할 수 있는지 이야기 나눈다.

Q. 이 책을 펼치면 무엇이 나타나니?
Q. 책 속의 pop-up 부분이 어떻게 생겼니?
Q. 이렇게 가운데 부분이 뚫려있는 pop-up 책을 무엇이라고 부를 수 있을까?
Q. pop-up 액자책은 어떻게 접어서 만든 것일까?
Q. 액자 모양은 어떻게 만들 수 있을까?
Q. pop-up 액자책을 만들 때 주의해야 할 점은 무엇일까?
Q. 액자 안쪽에 무엇을 담을 수 있을까?
Q. 액자의 좌우 양면에 어떤 이야기를 담으면 좋을까?
Q. 액자의 테두리는 어떻게 꾸며주면 아름답게 보일까?

- 책을 읽으면 생각 모으기(CD-ROM) 활동지에 어떤 이야기를 담을지 계획하여 간단히 적는다.

Pop-up 액자책 만들기

① 표지 카드 접기

- 표지 카드를 반으로 접어서 2면 카드를 만든다.

② pop-up 카드 4면 접기

- pop-up 카드를 지그재그로 접어서 4면 병풍책을 만든다.

③ 액자 pop-up 만들기

- 4면 병풍책을 펼쳐서 다시 반으로 접는다.
- 접은 면의 중앙선을 중심으로 위아래 면과 옆면에 여백 2㎝ 정도를 남겨두고 원하는 형태의 액자 모양을 그린다.
- 스스로 액자 모양을 그리기 어려워하는 경우 액자 모양 본을 이용하여 그리도록 지도한다.
- 스스로 무대 모양을 그리기 어려워하는 경우 무대 모양 본을 제공하여 사용하도록 한다.
- 모양 선을 따라 가운데 부분을 가위로 오려낸다.
- 가운데 부분을 오려 낸 카드를 처음과 같이 4면 병풍책으로 접고 눌렀다 펼친다.

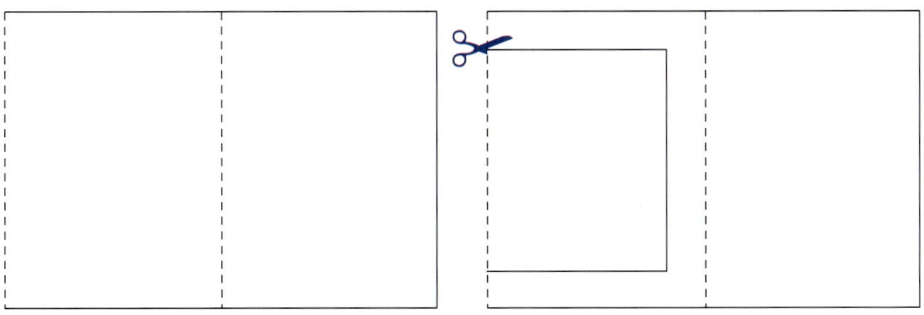

❶ 4면 병풍책을 절반으로 접는다.
❷ 접은 선을 중심으로 액자 모양을 그리고 선을 따라 오려낸다.

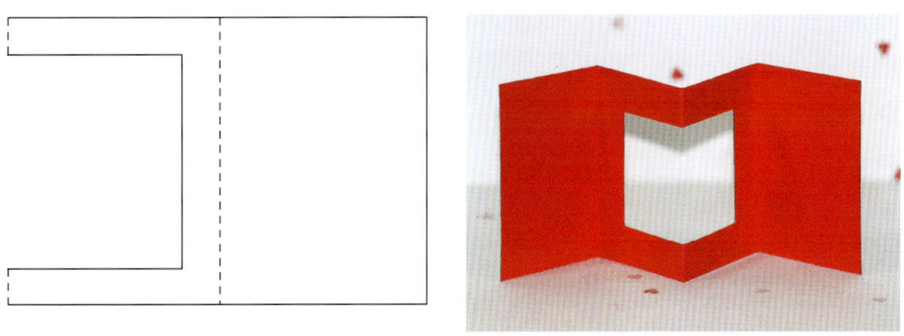

❸ 액자 모양을 오려 낸 4면 pop-up 카드
❹ 카드를 처음과 같이 4면 병풍책으로 접고 눌렀다 펼친다.

④ 액자 그림 꾸미기

- 표지 카드의 안쪽 면 중앙에 액자 크기에 맞추어 좋아하는 그림책이나 재미있게 읽었던 그림책 이야기, 책으로 하고 싶은 것, 책으로 할 수 있는 것, 책으로 해 보고 싶은 활동, 책을 읽으면 떠오르는 생각, 책을 읽을 때의 느낌 등에 대하여 생각하고 원하는 이야기를 그린다.
- 카드의 색깔이 짙은 색인 경우 하얀색 그림 카드에 그리고 풀칠하여 표지 카드 안쪽 중앙에 붙인다.

⑤ 이야기 담기

- pop-up 액자책의 앞면 양쪽 기둥에 액자 그림과 관련하여 좋아하는 그림책이나 재미있게 읽었던 그림책은 무엇인지, 좋아하거나 재미있었던 이유는 무엇인지, 책으로 하고 싶은 것, 책으로 할 수 있는 것, 책으로 해 보고 싶은 활동, 책을 읽으면 떠오르는 생각, 책을 읽을 때의 느낌 등에 대하여 생각 모으기 활동지를 참고하여 표현한다.

⑥ 액자 테두리 꾸미기

- 액자 테두리를 다양한 재료를 이용하여 자유롭게 꾸민다.

⑦ 표지 꾸미기

- 표지 카드의 색깔이 짙은 색인 경우 속지 카드를 붙이고 표현한다.
- 표지 카드의 앞면에 제목, 지은이, 앞표지 그림, 출판사 명 등을 담는다.
- 표지 카드의 뒷면에 판권면을 꾸민다.
- 뒷표지는 판권면 라벨을 사용하여 꾸미도록 할 수 있다.
- 책 만들기 경험이 풍부한 어린이는 뒷표지 그림을 그리고 광고 문구나 중심 문구를 적도록 지도한다.

⑧ 표지 카드에 pop-up 속지 카드 붙이기

- pop-up 카드를 2면으로 접고 1면 뒷면에 전체적으로 풀칠하여 표지 카드의 중심선에 맞추어 붙인다.
- 같은 방법으로 pop-up 카드의 반대 면인 4면 뒷면에 전체적으로 풀칠하여 표지 카드에 붙인다.
- 책을 펼치고 안으로 들어간 pop-up 무대 부분을 앞으로 잡아당긴다.

❶ 2면으로 접고 1면과 4면 뒷면에 풀칠하고 표지 카드의 중심선에 맞추어 붙인다.

❷ 책을 펼치고 안으로 들어간 pop-up 무대 부분을 앞으로 잡아당긴다.

소개하기 · 감상하기

- pop-up 액자를 어떤 모양으로 만들었는지 소개한다.
- pop-up 액자 속에 어떤 이야기를 담았는지 소개한다.
- 책으로 할 수 있는 것이나 해 보고 싶은 것이 무엇인지 소개한다.
- 책을 읽으면 어떤 생각이나 느낌이 드는지 소개한다.
- 책을 읽으면 기분이 좋아지는 이유가 독특하거나 재미있는 책을 알아본다.
- 책으로 할 수 있는 것, 해 보고 싶은 것, 해 보았던 이야기가 특별한 작품을 알아본다.
- 액자를 아름답게 장식한 책을 알아본다.
- 앞표지와 뒷표지의 구성이 아름답거나 독특한 작품을 알아본다.
- pop-up 액자책을 만들면서 어렵거나 힘들었던 점이 있었는지 이야기 나눈다.
- pop-up 액자책을 이용하여 할 수 있는 새로운 활동에 대하여 알아본다.
- 교실의 한 공간을 마련하여 완성된 책을 읽으면 액자책을 서로 감상할 수 있도록 전시한다.

Gallery

전태현(만 5세). 2006 공룡나라: 이 책을 읽으면 머리가 똑똑해요. 390㎜×135㎜.

최가희(만 5세). 신데렐라. 390㎜×135㎜.

자연과 어린이 소망어린이집. 작은 음악회. 270㎜×195㎜.

Gallery

딸기와 레몬Ⅰ. 2004. 270㎜×195㎜.

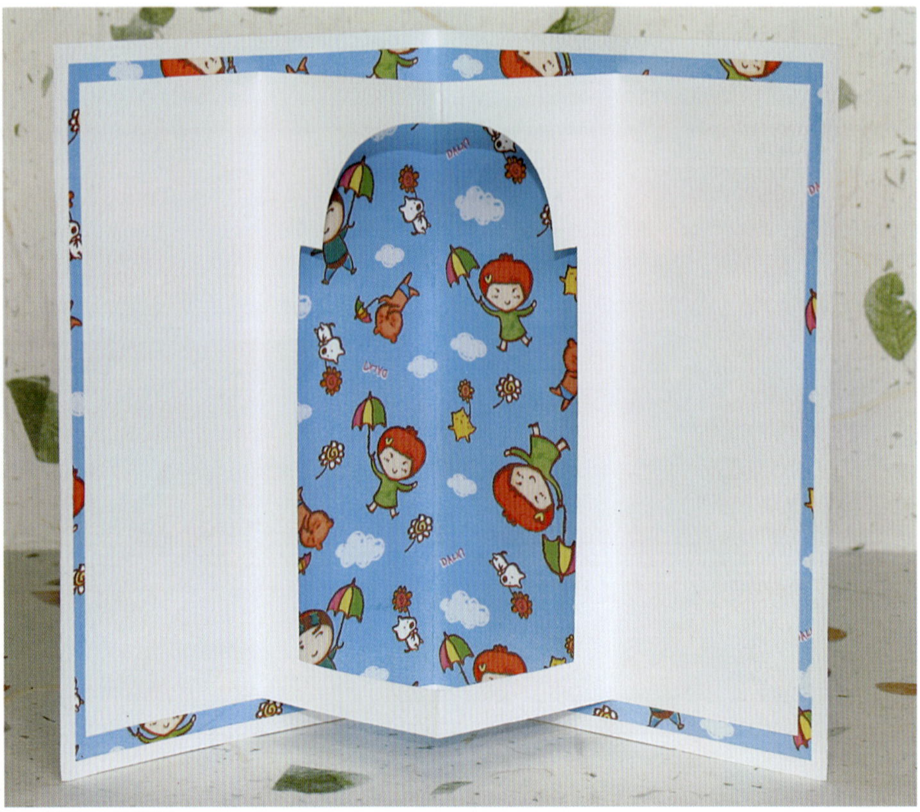

수박과 딸기Ⅰ. 2004. 270㎜×195㎜.

공주님과 왕자님의 행복한 결혼식

MERRY CHRISTMAS. 2003. 270㎜×195㎜.

활용도서

- 로버트 문치(1998). 종이 봉지 공주. 비룡소.

참고도서

- 도리스 되리(2000). 엄마 공주 옷 입을래요. 베틀북.
- 베빗 콜(2005). 내 멋대로 공주. 베틀북.
- 벵자맨 쇼(2004). 빗방울 공주. 비룡소.
- 심미아(2003). 장화 쓴 공주님. 느림보.
- H. C. 안데르센 글 · 로렌 차일드 그림(2006). 공주님과 완두콩. 비룡소.

생각 모으기

Q. 다양한 형태의 궁전 모양을 그려보세요.

A.

Q. pop-up 무대책에 주인공 카드를 이용하여 무대를 꾸밀 수 있는 방법을 적어보세요.

A.

Q. pop-up 무대책에 주인공 카드를 붙일 때 주의해야 할 점을 적어보세요.

A.

Q. pop-up 무대책의 배경을 꾸밀 수 있는 방법을 적어보세요.

A.

자료 준비하기

- 수업용 pop-up 주인공 무대책을 제작한다.
- 표지 카드 270㎜×195㎜ 1매, pop-up 카드 250㎜×175㎜ 1매, 속지 카드 115㎜×175㎜ 1매를 준비한다.
- 무대 Pop-up 생각 모으기를 A4 복사용지에 출력한다.
- 다양한 형태의 무대 모양 본(부록)을 제작한다.
- 판권면 라벨 3108 · 3114 · 3116(CD-ROM)을 Formtec Label 3108 · 3114 · 3116 라벨용지에 출력한다.

도구 준비하기

- 연필
- 색연필
- 사인펜
- 색종이
- 모양 펀치
- 가위
- 핑킹가위
- 풀
- 스티커
- 본드
- 면봉
- 본드판
- 장식 재료

조선아(만 5세). 백설공주 이야기. 270㎜×195㎜.

활동하기에 앞서

- 주인공 카드가 너무 크면 카드 밖으로 삐져나오고 너무 작으면 시각적인 효과가 떨어지므로 pop-up 카드에서 무대를 만들기 위해 오려낸 부분을 이용하여 주인공을 그리고 윤곽선을 따라 오려서 붙이도록 지도한다.
- pop-up 주인공 무대책은 앞서 소개된 pop-up 무대책과 같이 표지 카드와 pop-up 카드를 각각 만들어 붙이거나 pop-up 액자책과 같이 한 장의 카드를 이용하여 표지와 pop-up 무대를 동시에 만들 수 있다.
- 한 장의 카드를 이용하여 pop-up 주인공 무대책을 만드는 경우 270㎜×390㎜ 1매를 준비하고 십자날개접기를 이용하여 제작한다.
- 책 만들기 활동 경험이 풍부한 어린이의 경우 단면 pop-up 주인공 무대책을 만들기 보다는 4면 pop-up 주인공 무대책을 만들어보는 활동이 적절하다.
- 4면 pop-up 주인공 무대책을 만드는 경우 1080㎜×195㎜ 2매를 준비하여 8면 표지 병풍책과 8면 pop-up 병풍책을 만들어 붙이거나 표지 카드 1080㎜×195㎜ 1매, pop-up 주인공 무대 카드 250㎜×175㎜ 4매를 준비하여 8면 표지 병풍책에 각각의 pop-up 카드를 풀칠하여 붙인다.
- 스스로 무대 모양을 만들기 어려워하는 경우 다양한 형태의 무대 모양 본을 제공하여 사용할 수 있도록 지도한다.

그림책 읽고 생각 모으기

- 그림책을 소개하고 이야기를 들려준다.

■ 그림책의 이야기를 다 들려준 후 책의 앞표지부터 한 장씩 넘겨가며 줄거리와 인상 깊은 장면에 대하여 이야기 나눈다.

Q. 이 그림책에 등장하는 인물들은 누구누구니?

Q. 등장인물들 중에 주인공은 누구일까?

Q. 두 주인공은 어떤 성격을 갖고 있니?

Q. 만약 내가 주인공이 된다면 어떤 역할을 맡아 보고 싶니?

Q. 주인공에게 어떤 문제(또는 어려움)가 있었니?

Q. 주인공은 어떻게 해서 문제를 해결했니?

Q. 만약 내가 주인공이라면 어떻게 문제를 해결할 수 있을까?

Q. 어떤 장면이 가장 기억에 남니?

Q. 왜 그 장면이 인상 깊게 느껴졌니?

Pop-up 주인공 무대책 소개하고 생각 모으기

■ 수업용 pop-up 주인공 무대책을 소개하고 어떻게 만들고 무엇을 표현하게 되는지 이야기 나눈다.

Q. 이 pop-up 책은 어떻게 만들었을까?

Q. 이 pop-up 무대책을 보다 특별하게 만들 수 있는 방법은 무엇일까?

Q. pop-up 무대의 어느 부분에 주인공을 붙여서 꾸밀 수 있을까?

Q. 주인공들의 어떤 모습을 담으면 좋을까?

Q. 이런 pop-up책을 무엇이라고 부를 수 있을까?

Q. 무대를 어떤 모양으로 만들고 싶니?

Q. pop-up 무대책에 이야기의 어떤 부분을 담고 싶니?

■ 무대 pop-up 생각 모으기 활동지에 무대 모습을 간단히 표현하고 어떤 이야기를 담고 싶은지 적는다.

Pop-up 주인공 무대책 만들기

① pop-up 카드 4면 접기

■ pop-up 카드를 지그재그로 접어서 4면 병풍책을 만든다.

② 무대 pop-up 만들기

■ 4면 병풍책을 펼쳐서 다시 반으로 접는다.

■ 접은 면의 중앙선을 중심으로 위아래 면과 옆면에 여백 2㎝ 정도를 남겨두고 원하는 형태의 무대 모양을 그린다.

■ 스스로 무대 모양을 그리기 어려워하는 경우 무대 모양 본을 제공하여 사용하도록 한다.

■ 모양 선을 따라 가운데 부분을 가위로 오려낸다.

■ 가운데 부분을 오려 낸 카드를 처음과 같이 4면 병풍책으로 접고 눌렀다 펼친다.

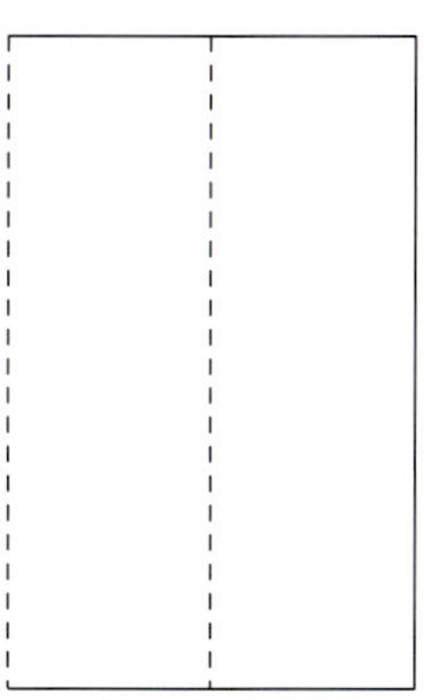

❶ 4면 병풍책을 절반으로 접는다.

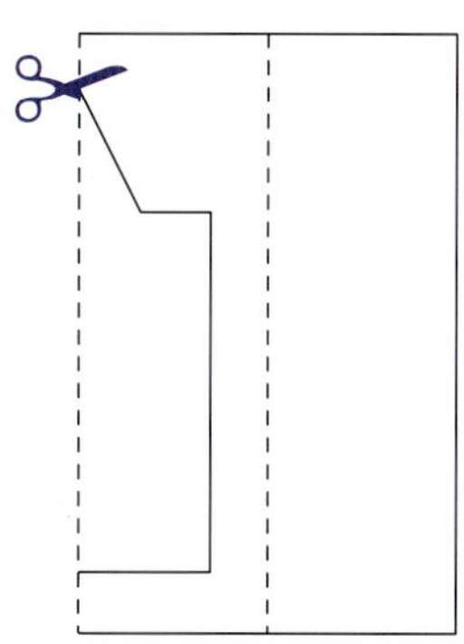

❷ 접은 선을 중심으로 무대를 그리고 선을 따라 오려낸다.

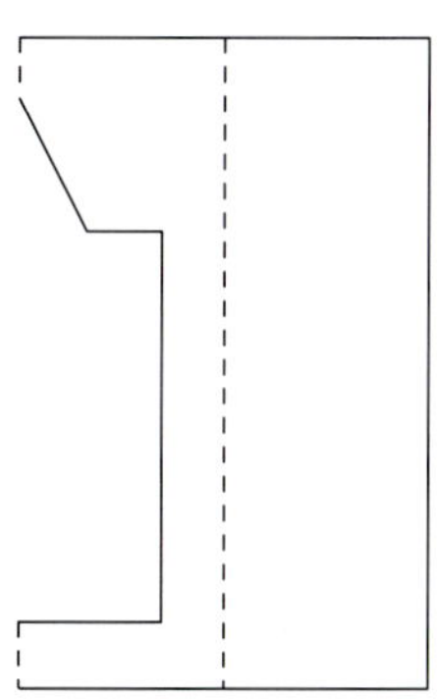

❸ 무대 모양을 오려낸 4면 무대 카드

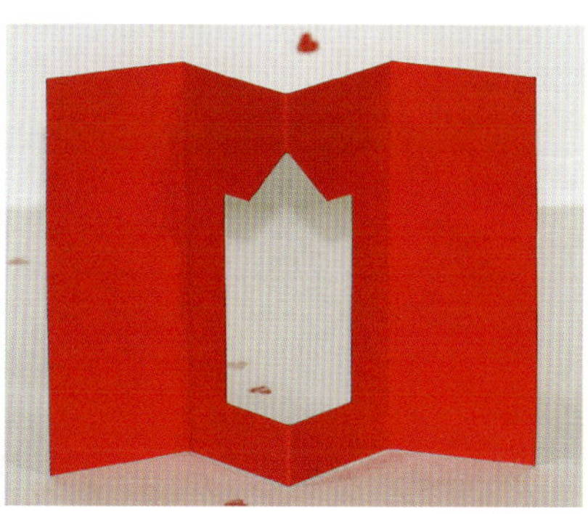

❹ 카드를 처음과 같이 4면 병풍책으로 접고 눌렀다 펼친다.

③ 이야기 담기

- pop-up 무대의 좌우 양면에 줄거리와 관련하여 인상 깊었던 장면이나 중심 이야기를 생각 모으기 활동지를 참고하여 표현한다.

④ 주인공 카드 만들기

- 오려낸 무대 카드를 이용하여 이야기의 중심 장면이나 인상 깊었던 장면의 주인공들 모습을 상상하여 그리고 윤곽선을 따라 오린다.

⑤ 주인공 카드 붙이기

- pop-up 무대의 적당한 위치에 만들어 놓은 주인공 카드를 풀칠하여 붙인다.
- 주인공 카드를 붙인 pop-up 무대 주변을 다양한 재료를 사용하여 꾸미도록 할 수 있다.

⑥ 표지 카드 접기

- 표지 카드를 반으로 접어서 2면 카드를 만든다.

⑦ 표지 카드 배경 꾸미기

- 표지 카드의 안쪽 면 중앙에 이야기의 배경 장면을 그리고 색칠하여 꾸민다.
- 그림을 그려 표현하기 어려워하는 경우 모양 종이나 다양한 장식의 스티커를 붙이거나 팬시 도장을 이용하여 꾸미도록 할 수 있다.

⑧ 표지 꾸미기

- 표지 카드의 색깔이 짙은 색인 경우 속지 카드를 붙이고 표현한다.
- 표지 카드의 앞면에 제목, 지은이, 앞표지 그림, 출판사 명 등을 담는다.
- 표지 카드의 뒷면에 판권면을 꾸민다.
- 뒷표지는 판권면 라벨을 사용하여 꾸미도록 할 수 있다.
- 책 만들기 경험이 풍부한 어린이는 뒷표지 그림을 그리고 광고 문구나 중심 문구를 적도록 지도한다.

⑨ 표지 카드에 pop-up 카드 붙이기(98쪽 참고)

- pop-up 카드를 2면으로 접고 1면 뒷면에 전체적으로 풀칠하여 표지 카드의 중심선에 맞추어 붙인다.
- 같은 방법으로 pop-up 카드의 반대 면인 4면 뒷면에 전체적으로 풀칠하여 표지 카드에 붙인다.
- 책을 펼치고 안으로 들어간 pop-up 무대 부분을 앞으로 잡아당긴다.

소개하기 · 감상하기

- pop-up 무대를 어떤 모양으로 만들었는지 소개한다.
- 주인공 모습과 배경 그림을 어떻게 표현하여 꾸몄는지 소개한다.
- 이야기의 어떤 장면이 기억에 남았는지 소개한다.
- 이야기를 흥미진진하게 표현한 작품을 알아본다.
- 주인공 카드와 pop-up 무대를 독특하거나 아름답게 꾸민 작품을 알아본다.
- 배경 그림을 아름답게 표현한 작품을 알아본다.
- 앞표지와 뒷표지의 구성이 아름답거나 독특한 작품을 알아본다.
- pop-up 주인공 무대책을 만들면서 어렵거나 힘들었던 점이 있었는지 이야기 나눈다.
- pop-up 주인공 무대책을 이용하여 할 수 있는 새로운 활동에 대하여 알아본다.
- 교실의 한 공간을 마련하여 완성된 공주님과 왕자님의 행복한 결혼식을 서로 감상할 수 있도록 전시한다.

Gallery

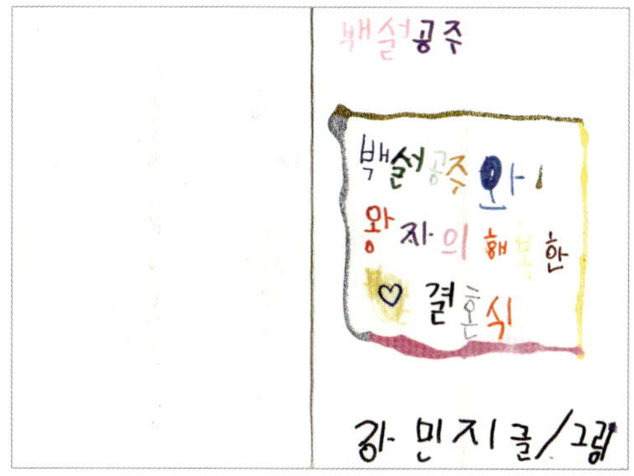

강민지(만 5세). 백설공주와 왕자의 행복한 결혼식. 270㎜×195㎜.

남준영(만 5세). 백설공주의 결혼식. 270㎜×195㎜.

박유진(만 5세). 우리 가족. 270㎜×195㎜.

Gallery

공룡대탐험. 2004. 270㎜×195㎜.

별과 함께. 2004. 270㎜×195㎜.

Dancing Heart. 270㎜×195㎜.

흔들흔들 대롱대롱 그림책

Happy New Year. 2004. 270㎜×195㎜
The Ghost. 2003. 270㎜×195㎜

활용도서

- 데이빗 섀논(1999). 안돼, 데이빗! 서울: 지경사.

참고도서

- 실비 드 마튀이시웍스(2004). 엄마를 화나게 하는 10가지 방법. 작가정신.
- 안 에르보(2000). 달님은 밤에 무얼 할까요? 베틀북.
- 유타 바우어(2005). 고함쟁이 엄마. 비룡소.

※ 모빌(mobile) : 가느다란 철사 · 실 등으로 여러 가지 모양의 쇳조각이나 나뭇조각을 매달아 미묘한 균형을 이루게 한 움직이는 조각. 1932년에 미국의 조각가 A. Calder가 시작함.

생각 모으기

Q. 모빌이란 무엇인가요?

A.

Q. 모빌을 만들 때 어떤 점에 주의해야 할까요?

A.

Q. pop-up 책 속에 모빌을 만들 수 있는 방법을 적어보세요.

A.

Q. pop-up 모빌 책을 만들 때 어떤 모양과 재료가 적합할까요?

A.

자료 준비하기

- 수업용 pop-up 모빌 무대책을 제작한다.
- 표지 카드 270㎜×195㎜ 1매, pop-up 무대 카드 250㎜×175㎜ 1매, 속지 카드 115㎜×175㎜ 1매, 모빌 카드 100㎜×100㎜ 1매를 준비한다.
- 흔들흔들 대롱대롱 그림책 생각 모으기(CD-ROM)를 A4 복사용지에 출력한다.
- 다양한 형태의 무대 모양 본(부록)을 제작한다.
- 판권면 라벨 3108 · 3114 · 3116(CD-ROM)을 Formtec Label 3108 · 3114 · 3116 라벨용지에 출력한다.

도구 준비하기

- 연필
- 색연필
- 사인펜
- 색종이
- 모양 펀치
- 낚시 줄
- 가위
- 핑킹가위
- 풀
- 투명 테이프
- 스티커
- 본드
- 면봉
- 본드판
- 장식 재료

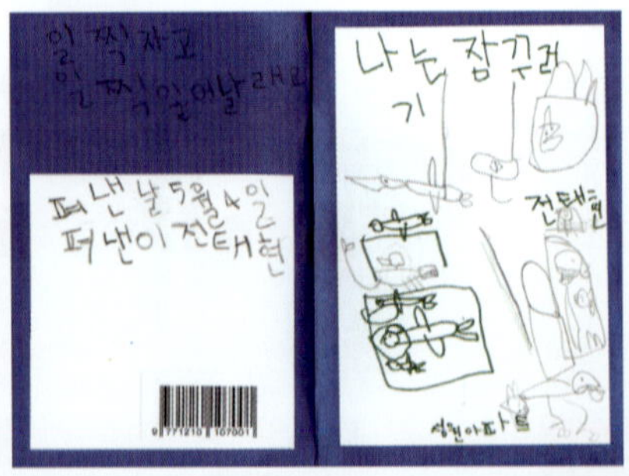

문승혜(만 5세). 난 말썽꾸러기야. 270㎜×195㎜.

송의경 기획 · 양우석 글(만 4세). 무지개물고기.

박유진(만 5세). 수박. 270㎜×195㎜.

전태현(만 5세). 나는 말썽꾸러기. 270㎜×195㎜.

활동하기에 앞서

■ pop-up 무대의 창을 너무 크게 오리면 무대의 테두리가 얇아져 모빌을 지탱하기 어려워지고, 창 모양을 너무 작게 오리면 모빌 카드가 자유로이 움직이기 어려워지므로 적당한 크기의 무대 모양을 만들도록 지도한다.

■ 모빌 카드가 너무 작으면 아름답게 느껴지지 않고 너무 크면 무대에 매달기 어려워지므로 무대 모양과 크기에 맞추어 적당한 크기로 만들도록 지도한다.

■ 스스로 무대 모양을 만들기 어려워하는 경우 다양한 형태의 무대 모양 본을 제공하여 사용할 수 있도록 지도한다.

■ 모빌 카드는 OHP 필름이나 투명 필름(200mic)을 이용하여 만들면 독특한 느낌이 나타난다.

■ pop-up 모빌 무대책은 앞서 소개된 pop-up 주인공 무대책과 같이 표지 카드와 pop-up 카드를 각각 만들어 붙이거나 pop-up 액자책과 같이 한 장의 카드를 이용하여 표지와 pop-up 무대를 동시에 만들 수 있다.

■ 한 장의 카드를 이용하여 pop-up 모빌 무대책을 만드는 경우 270㎜×390㎜ 1매를 준비하여 제작한다.

■ 책 만들기 활동 경험이 풍부한 어린이의 경우 단면 pop-up 모빌 무대책을 만들기 보다는 4면 pop-up 모빌 무대책을 만들어보는 활동이 적절하다.

■ 4면 pop-up 모빌 무대책을 만드는 경우 1080㎜×195㎜ 2매를 준비하여 8면 표지 병풍책과 8면 pop-up 병풍책을 연결된 형태로 만들어 붙이거나 표지 카드 1080㎜×195㎜ 1매, pop-up 모빌 무대 카드 250㎜×175㎜ 4매를 준비하여 8면 표지 병풍책에 각각의 pop-up 카드를 풀칠하여 붙인다.

■ 표지 카드는 짙은 색이나 옅은 색을 사용하고 pop-up 무대 카드와 모빌 카드는 하얀색을 사용한다.

그림책 읽고 생각 모으기

■ 그림책을 소개하고 이야기를 들려준다.

■ 그림책의 이야기를 다 들려준 후 책의 앞표지부터 한 장씩 넘겨가며 주인공의 행동에 대하여 이야기 나눈다.

Q. 이 그림책의 제목은 무엇이었니?

Q. 이 책의 주인공인 '데이빗'은 어떤 아이라고 생각하니?

Q. 왜 주인공 '데이빗'에 대하여 그런 생각을 하게 됐니?

Q. 데이빗은 집에서 어떤 말썽들을 피웠니?

Q. 데이빗이 말썽을 피울 때마다 데이빗의 엄마께서는 무엇이라고 하셨니?

Q. 왜 데이빗의 엄마는 '안돼'라고 하셨을까?

Q. 데이빗과 같은 말썽을 피운 적이 있니?

Q. 그랬을 때 엄마께서는 무엇이라고 하셨니?

Q. 엄마께 혼나고 나면 어떤 느낌이 드니?

Q. 혼나고 슬퍼할 때 엄마께서 어떻게 해주시면 좋겠니?

Pop-up 모빌 무대책 소개하고 생각 모으기

■ 수업용 pop-up 모빌 무대책을 소개하고 어떻게 만들고 무엇을 표현하는지 이야기 나눈다.

Q. 이 책은 pop-up 무대책과 어떤 점이 다르니?

Q. 모빌이란 무엇일까?

Q. pop-up 무대책에 그림 카드를 어떻게 매달았을까?

Q. pop-up 모빌 무대책에 어떤 이야기를 담게 될까?

Q. 그림 카드에 어떤 모습을 그려서 모빌을 만들 수 있을까?

Q. pop-up 모빌 무대책의 양쪽 면에 어떤 이야기를 담아야 할까?

Q. pop-up 무대는 어떤 모양으로 만들 수 있을까?

Q. pop-up 모빌 무대책을 만들 때 주의해야 할 점은 무엇일까?

■ 흔들흔들 대롱대롱 그림책 생각 모으기(CD-ROM) 활동지에 주제에 따라 이야기 나눈 내용을 글과 그림으로 간단히 담는다.

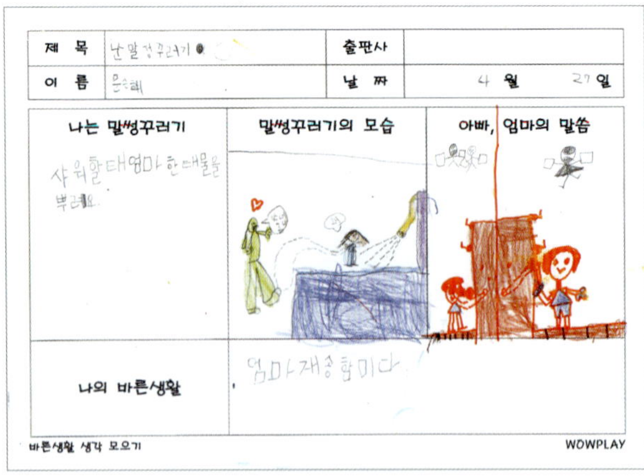

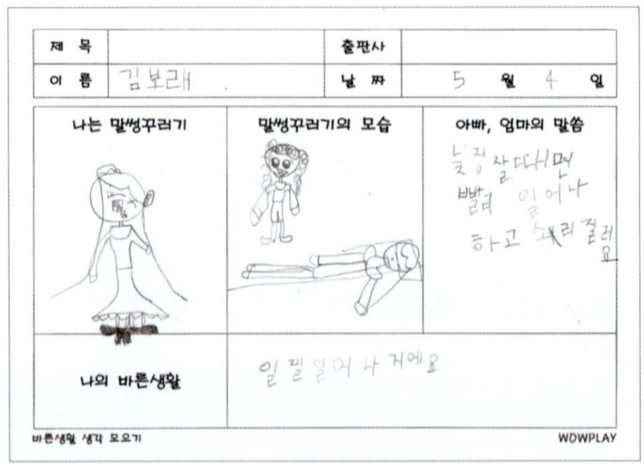

Pop-up 모빌 무대책 만들기

① pop-up 무대 만들기(103쪽 참고)

- pop-up 카드를 지그재그로 접어서 4면 병풍책을 만든다.
- 4면 병풍책을 펼쳐서 다시 반으로 접는다.
- 접은 면의 중앙선을 중심으로 위아래 면과 옆면에 여백 2㎝ 정도를 남겨두고 원하는 형태의 무대 모양을 그린다.
- 모양 선을 따라 가운데 부분을 가위로 오려낸다.
- 다양한 모양의 핑킹가위를 사용하거나 손으로 찢어서 자연스러운 모양을 만들 수 있다.
- 가운데 부분을 오려 낸 카드를 처음과 같이 4면 병풍책으로 접고 눌렀다 펼친다.

② 모빌 카드 만들기

- 모빌 카드에 집에서 말썽 피우는 모습을 그리고 색칠하여 윤곽선을 따라 오린다.

③ 이야기 담기

- pop-up 무대의 좌우 양면에 집에서 어떤 말썽을 피우는지, 말썽을 피울 때마다 엄마께서 무엇이라고 하시는지 생각 모으기 활동지를 참고하여 이야기를 적는다.

④ 모빌 카드 매달기

- 이야기를 담은 pop-up 무대책 뒷면의 상단 중심선에 투명테이프를 이용하여 낚시줄을 붙인다.
- pop-up 무대책에 붙여 놓은 낚시줄을 잡아 당겨 모빌 카드 뒷면에 투명테이프를 이용하여 붙인다.
- 모빌 카드의 앞면이 pop-up 무대책의 중심에 오도록 맞춘다.
- 투명테이프 대신에 접착펠트를 사용하면 모빌을 보다 단단하게 연결할 수 있다.

❶ pop-up 무대책 뒷면 상단과 모빌카드에 낚시줄을 연결하여 붙인다.

❷ 모빌 카드가 pop-up 무대책의 중심에 오도록 조절한다.

⑤ 표지 카드 접기
- 표지 카드를 반으로 접어서 2면 카드를 만든다.

⑥ 표지 카드 배경 꾸미기
- 표지 카드의 안쪽 면 중앙에 집 안의 모습을 그리고 색칠하여 꾸민다.
- 그림을 그려서 표현하기 어려워하는 경우 모양 종이나 다양한 장식의 스티커를 붙이거나 팬시 도장을 이용하여 꾸미도록 할 수 있다.

⑦ 표지 꾸미기
- 표지 카드의 색깔이 짙은 색인 경우 속지 카드를 붙이고 표현한다.
- 표지 카드의 앞면에 제목, 지은이, 앞표지 그림, 출판사 명 등을 담는다.
- 표지 카드의 뒷면에 판권면을 꾸민다.
- 뒷표지는 판권면 라벨을 사용하여 꾸미도록 할 수 있다.
- 책 만들기 경험이 풍부한 어린이는 뒷표지 그림을 그리고 광고 문구나 중심 문구를 적도록 지도한다.

⑧ 표지 카드에 pop-up 카드 붙이기(98쪽 참고)
- pop-up 카드를 2면으로 접고 1면 뒷면에 전체적으로 풀칠하여 표지 카드의 중심선에 맞추어 붙인다.
- 같은 방법으로 pop-up 카드의 반대 면인 4면 뒷면에 전체적으로 풀칠하여 표지 카드에 붙인다.
- 책을 펼치고 안으로 들어간 pop-up 무대 부분을 앞으로 잡아당긴다.

소개하기 · 감상하기
- 모빌 카드에 자신은 어떤 모습을 담았는지 소개한다.
- 집에서 하는 말썽이 무엇인지 소개한다.
- 말썽을 피울 때 엄마께서는 무엇이라고 하시는지 소개한다.
- 모빌 카드의 모습을 재미있고 구체적으로 표현한 작품을 알아본다.
- 집에서 피우는 말썽이 독특한 작품을 알아본다.
- 엄마께서 하시는 말씀 중에 특별하거나 마음에 남는 이야기가 있었는지 알아본다.
- 친구들이 가장 많이 하는 말썽이 무엇이었는지 알아본다.
- 앞표지와 뒷표지의 구성이 아름답거나 독특한 작품을 알아본다.
- pop-up 모빌 무대책을 만들면서 어렵거나 힘들었던 점이 있었는지 이야기 나눈다.
- pop-up 모빌 무대책을 이용하여 할 수 있는 새로운 활동에 대하여 알아본다.
- 교실의 한 공간을 마련하여 완성된 흔들흔들 대롱대롱 그림책을 서로 감상할 수 있도록 전시한다.

Gallery

빗방울이 톡 톡 톡. 2004. 270㎜×195㎜.

구름 여행. 2003. 270㎜×195㎜.

행성. 2004. 270㎜×195㎜.

내가 꾸민 방

The Secret of Rainbow Rooms. 2003. 1080㎜×195㎜.

활용 작품

- 편집부(2006). 빈센트 반 고흐(포트폴리오). 마로니에북스.

참고도서

- 베라 B. 윌리엄스(1999). 엄마의 의자. 시공주니어.
- 로렌 차일드(2004). 나도 내 방이 있으면 좋겠어. 국민서관.
- 앤서니 브라운(2001). 돼지책. 웅진닷컴.
- 야규 마치코(1999). 집 나가자 꿀꿀꿀. 웅진.
- 최지영(2005). 가우디 꿈으로 지은 집. 다빈치기프트.
- 하이드룬 페트리데스(2000). 우리들만의 작은 집. 크레요하우스.

생각 모으기

Q. 카드에 바닥 면을 만들 수 있는 방법을 그려보세요.

A.

Q. 바닥 면이 있는 책을 이용하여 표현할 수 있는 것들은 무엇일까요?

A.

Q. 바닥 면이 있는 무대책에 pop-up 상자를 붙일 수 있는 방법을 적어보세요.

A.

Q. 바닥 면이 있는 pop-up 무대책을 만들 때 어떤 점에 주의해야 할까요?

A.

자료 준비하기

- 수업용 pop-up 방 무대책을 제작한다.
- 카드 270㎜×390㎜ 1매, 바닥 카드 150㎜×150㎜ 1매, 다양한 크기의 pop-up 카드 2~3매, 속지 카드 115㎜×175㎜ 1매를 준비한다.
- 내가 꾸민 방 생각 모으기를 A4 복사용지에 출력한다.
- 판권면 라벨 3108 · 3114 · 3116(CD-ROM)을 Formtec Label 3108 · 3114 · 3116 라벨용지에 출력한다.

도구 준비하기

- 연필
- 색연필
- 사인펜
- 색종이
- 모양 펀치
- 가위
- 핑킹가위
- 풀
- 스티커
- 본드
- 면봉
- 본드판
- 장식 재료

김정찬(만 5세). 정찬이네 부엌. 270㎜×195㎜.

최가희(만 5세). 내 방. 270㎜×195㎜.

활동하기에 앞서

- pop-up 방 무대책은 바닥 면의 모양과 크기뿐만 아니라 카드와 바닥 면에 연결하여 붙이는 pop-up 상자의 형태에 따라 다양한 형태가 나타난다. 직접 책 만들기 활동을 시작하기 보다는 이면지를 사용하여 다양한 크기와 모양의 바닥 카드와 pop-up 상자를 만들어 붙이고 나타나는 형태와 문제점을 살펴보고 다른 어린이들의 활동 결과물을 서로 탐색하여 어떤 차이점이 있는지, 왜 다른 형태로 나타났는지, 어떻게 자르고 붙였을 때 무대와 pop-up 상자가 잘 접히고 펼쳐지는지, 적당

한 크기의 상자는 어떤 크기인지, 바닥 면과 pop-up 상자를 이용하여 무엇을 표현할 수 있는지 등을 알아본 뒤 책 만들기 활동을 진행한다.

- 책 만들기 활동 경험이 풍부한 어린이의 경우 단면 pop-up 바닥 무대책을 만들기 보다는 4면 pop-up 바닥 무대책을 만들어보는 활동이 적절하다.
- 4면 pop-up 방 무대책을 만드는 경우 카드 1080㎜×195㎜ 1매, 바닥 카드 150㎜×150㎜ 4매, 다양한 크기의 pop-up 카드 10매 정도를 준비하여 제작한다.

사진 소개하고 생각 모으기

- 건물 내부의 사진이나 그림 작품을 소개하고 무엇을 볼 수 있고 어떤 것들이 놓여있는지 이야기 나눈다.

Q. 사진 속의 장소는 어디일까?

Q. 방 안에 어떤 것들이 놓여 있니?

Q. 벽면에는 무엇이 걸려있니?

Q. 바닥에는 어떤 가구들이 놓여있니?

Q. 벽면은 어떤 무늬로 장식되어 있니?

Q. 바닥은 무엇으로 꾸며져 있니?

Q. 이 방의 주인은 누구일까?

Q. 내가 이 방의 주인이라면 어떤 부분을 바꾸고 싶니?

Pop-up 방 무대책 소개하고 생각 모으기

- 수업용 pop-up 방 무대책을 소개하고 어떻게 만들고 무엇을 표현하게 되는지 이야기 나눈다.

Q. 이 책은 어떤 점이 특별하니?

Q. 어느 곳을 나타낸 것일까?

Q. 바닥 면은 어떻게 만든 것일까?

Q. 다양한 크기의 pop-up 상자들은 어떻게 만들어 붙인 것일까?

Q. 이 책의 이름은 무엇이라고 부를 수 있을까?

Q. 바닥이 있는 pop-up 무대책에 어느 곳을 나타낼 수 있을까?

Q. 벽면과 바닥 면은 어떻게 꾸밀 수 있을까?

Q. pop-up 방 무대책을 만들 때 주의해야 할 점은 무엇일까?

- 내가 꾸민 방 생각 모으기 활동지에 원하는 장소를 선택하여 어떻게 꾸미고 싶은지 간단히 그린다.

Pop-up 방 무대책 만들기

① 카드 접기

- 카드를 가로와 세로로 접었다 펼쳐서 4면 카드를 만든다.
- 길이가 짧은 면의 접은 선을 따라 뒤로 꺾어서 두 겹 카드를 만든다.

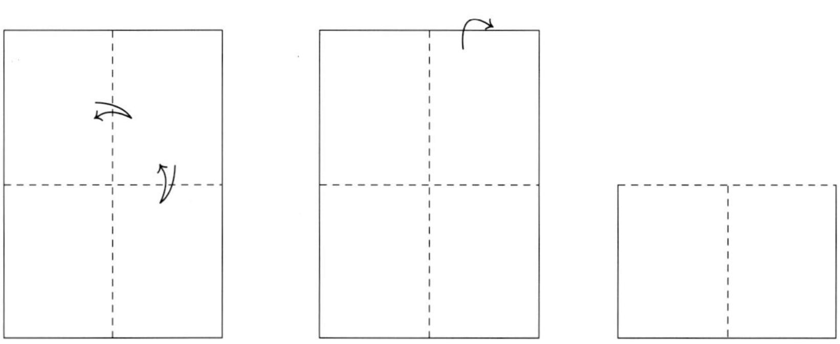

❶ 가로와 세로로 접었다 펼쳐서 4면 카드를 만든다.
❷ 길이가 짧은 면의 접은 선을 뒤로 꺾어서 두 겹 카드를 만든다.

② 바닥 카드 만들기

■ 바닥 카드를 그림과 같이 접고 모서리를 오려내어 바닥 카드를 만든다.

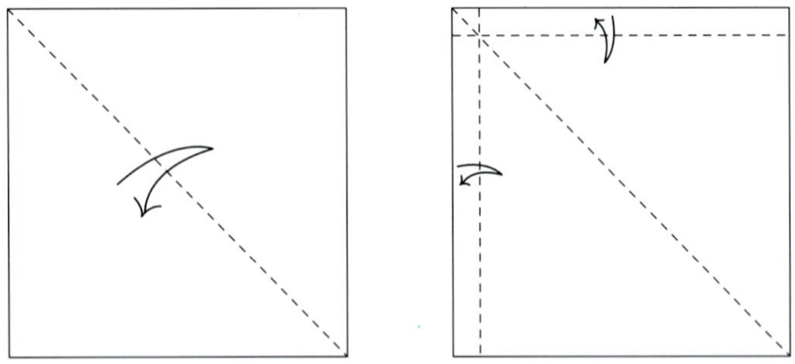

❶ 마주보는 모서리가 만나도록 사선으로 접었다 펼친다.
❷ 사선으로 접은 부분을 'ㄱ' 자 형태로 시접을 1.5㎝씩 접었다 펼친다.

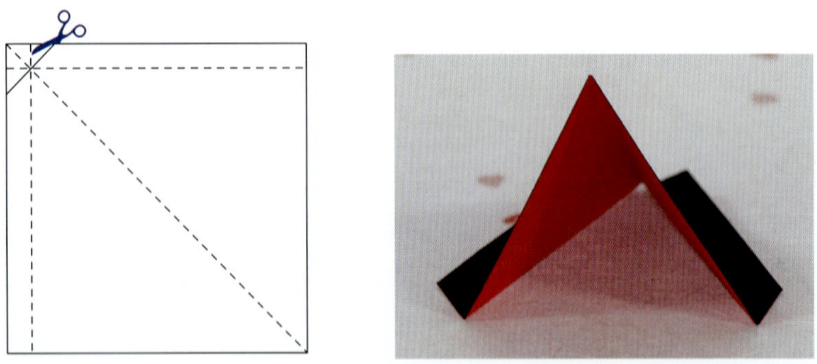

❸ 'ㄱ' 자 부분에서 만나는 시접을 비스듬히 자른다.
❹ 사선으로 접은 선과 시접이 위로 향하도록 접었다 편다.

③ 벽면 꾸미기

■ 두 겹 카드의 안쪽 면에 다양한 무늬의 벽지를 그리고 액자나 시계 등의 소품들을 그리거나 사진을 오려 붙여서 방 안의 벽면을 꾸민다.

④ 바닥 꾸미기

■ 시접을 만든 바닥 카드에 좋아하는 무늬를 그려서 방 안의 바닥 면을 꾸민다.

⑤ pop-up 상자 만들기

■ 만들고 싶은 가구 모양과 크기에 따라 시접 부분을 고려하여 다양한 pop-up 상자 카드를 만든다.
■ pop-up 상자의 넓이와 높이는 바닥 카드의 중앙선을 넘지 않도록 지도한다.

의자 · 책상 pop-up 상자

냉장고 · 책꽂이 pop-up 상자

침대 · 옷장 pop-up 상자

⑥ pop-up 상자 꾸미기

■ 다양한 크기와 형태로 만든 pop-up 상자에 원하는 가구나 가전제품 모양을 그려서 꾸민다.

⑦ 바닥 카드 붙이기

■ 바닥 카드의 시접 앞부분에 풀칠하여 두 겹 카드의 안쪽 면에 붙인다.

⑧ pop-up 상자 붙이기

■ pop-up 상자의 시접 부분에 풀칠하여 카드와 바닥 카드의 적당한 위치에 붙인다.

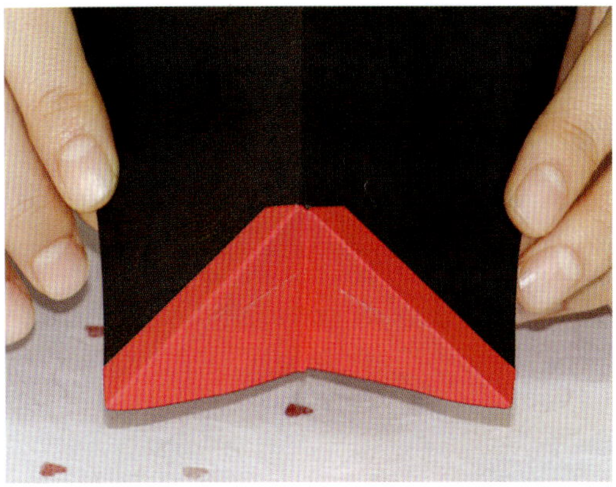

❶ 바닥 카드의 시접 앞부분에 풀칠하여 두 겹 카드의 안쪽 면에 붙인다.

❷ pop-up 상자의 시접 부분에 풀칠하여 카드와 바닥 카드의 적당한 위치에 붙인다.

⑨ 표지 꾸미기

■ 표지 카드의 앞면에 제목, 지은이, 앞표지 그림, 출판사 명 등을 담는다.
■ 표지 카드의 뒷면에 판권면을 꾸민다.
■ 뒷표지는 판권면 라벨을 사용하여 꾸미도록 할 수 있다.
■ 책 만들기 경험이 풍부한 어린이는 뒷표지 그림을 그리고 광고 문구나 중심 문구를 적도록 지도한다.
■ 표지 카드의 색깔이 짙은 색인 경우 속지 카드를 붙이고 표현한다.

소개하기 · 감상하기

■ 어느 장소를 선택하여 어떻게 꾸몄는지 소개한다.
■ 방 내부 모습을 아름답고 매력적으로 꾸민 작품을 알아본다.
■ 벽면과 바닥면의 무늬가 아름답거나 독특한 가구와 재미있는 소품으로 장식한 작품을 알아본다.
■ 내부에 꾸며진 가구의 크기와 형태가 균형감 있게 만들어진 작품을 알아본다.
■ 내가 꾸민 방에 어떤 이야기를 담을 수 있을지 이야기 나눈다.
■ 앞표지와 뒷표지의 구성이 아름답거나 독특한 작품을 알아본다.
■ pop-up 방 무대책 만들면서 어렵거나 힘들었던 점이 있었는지 이야기 나눈다.
■ pop-up 방 무대책을 이용하여 할 수 있는 새로운 활동에 대하여 알아본다.
■ 교실의 한 공간을 마련하여 완성된 내가 꾸민 방 책을 서로 감상할 수 있도록 전시한다.

Gallery

강민지(만 5세). 집 나가자 꿀꿀꿀. 1080㎜×195㎜.

CHAPTER 6

별과 터널 **Pop-up**을 활용한 문해 활동

Literacy Activity through Star & Tunnel Pop-up Books

- 별이 들려주는 아름다운 이야기
- 빙글빙글 서커스 그림책
- 터널 그림책

별이 들려주는 아름다운 이야기

별빛으로 빛나는 마음의 길. 2160㎜×195㎜.

활용도서

- 고미 타로(2003). 송아지의 봄. 비룡소.

참고도서

- 공주형 글 · 정은희 그림(2006). 색깔 없는 세상은 너무 심심해. 토토북.
- 린리쥔(2006). 나의 봄 여름 가을 겨울. 베틀북.
- 아누쉬카 라비쉥카르(2005). 악어를 잡아라. 파란하늘.
- 제롬 뤼이이에(1999). 색깔나라 여행. 크레용하우스.
- 조우 롤 글 · 셔리 헬펀 그림(2001). 우리들의 사과나무. 크레용하우스.
- 크베타 파코브스카(2001). 색깔놀이. 베틀북.

생각 모으기

Q. 병풍책을 별 형태를 만들 수 있는 방법을 적어보세요.

A.

Q. 폭이 다른 병풍책들을 이용하여 pop-up 형태를 만들 수 있는 방법을 적어보세요.

A.

Q. 별 pop-up 책을 만들 때 주의해야 할 점은 무엇일까요?

A.

Q. 별 pop-up 책을 이용하여 할 수 있는 활동을 적어보세요.

A.

자료 준비하기

- 수업용 별 pop-up 책을 제작한다.
- 병풍 카드 1080㎜×195㎜ 1매, pop-up 카드 920㎜×195㎜ 1매, 속지 카드 115㎜×175㎜ 1매를 준비한다.
- 별 Pop-up 생각 모으기를 A4 복사용지에 출력한다.
- 다양한 형태의 무대 모양 본(부록)을 제작한다.
- 판권면 라벨 3108 · 3114 · 3116(CD-ROM)을 Formtec Label 3108 · 3114 · 3116 라벨용지에 출력한다.

도구 준비하기

- 연필
- 색연필
- 사인펜
- 색종이
- 모양 펀치
- 가위
- 핑킹가위
- 풀
- 스티커
- 본드
- 면봉
- 본드판
- 장식 재료

신현호(만 7세). 계절의 변화. 1080㎜×195㎜.

신민기(만 7세). 계절의 변화. 1080㎜×195㎜.

활동하기에 앞서

- 어린이 스스로 무대 모양을 만들기 어려워하는 경우 무대 모양 본을 제공하여 사용하도록 지도한다.
- pop-up 카드의 무대 모양은 다양한 형태의 핑킹가위로 오려 내거나 손으로 찢어서 자유로운 형태로 만들 수 있다.
- 표지의 앞면과 뒷면에 리본 끈을 붙이고 뒤로 묶으면 별 형태로 전시할 수 있다.

그림책 읽고 생각 모으기

- 그림책을 소개하고 이야기를 들려준다.
- 그림책의 이야기를 다 들려준 후 앞표지부터 한 장씩 넘겨가며 사계절의 변화에 대하여 이야기 나눈다.

Q. 계절의 변화를 어떻게 알 수 있니?
Q. 계절의 변화에 따라 바뀌는 것들은 무엇일까?
Q. 봄, 여름, 가을, 겨울에 볼 수 있는 것들을 무엇일까?
Q. 봄, 여름, 가을, 겨울에 할 수 있는 것은 무엇일까?
Q. 봄, 여름, 가을, 겨울에 하고 싶은 것은 무엇이니?
Q. 계절은 왜 변화하는 것일까?
Q. 만일 계절의 변화가 없다면 어떻게 될까?

별 Pop-up 책 소개하고 생각 모으기

- 수업용 별 pop-up 책을 소개하고 어떻게 만들고 무엇을 표현하게 되는지 이야기 나눈다.

Q. 이 책은 어떤 점이 특별하니?
Q. 이 책은 어떻게 만들어서 pop-up 효과를 나타냈을까?
Q. 이 책의 앞표지와 뒷표지를 붙이면 어떤 모양이 되니?
Q. 이 책은 무엇이라고 부를 수 있을까?
Q. 별 pop-up 책의 본문 면에 어떤 이야기를 담게 될까?
Q. 별 pop-up 책의 액자 부분은 어떻게 꾸밀 수 있을까?

- 별 Pop-up 생각 모으기 활동지에 주제에 따라 생각나는 것, 할 수 있는 것, 하고 싶은 것, 알고 있는 것 등에 대하여 표현하거나 각각의 계절을 주제로 동시를 짓는다.

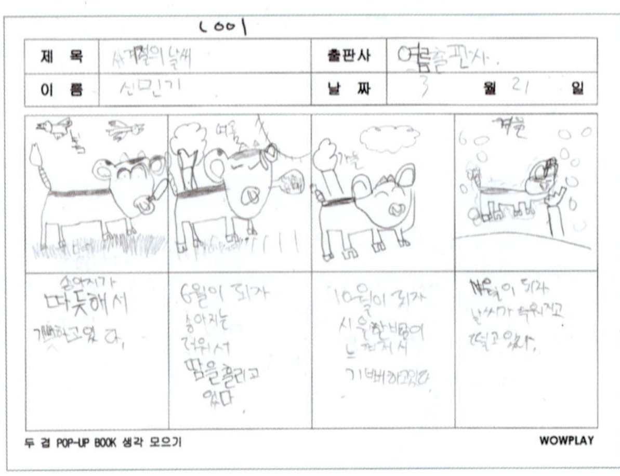

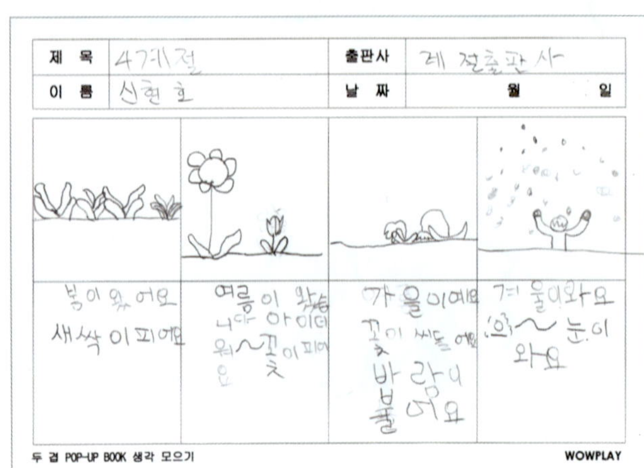

별 Pop-up 책 만들기

① 병풍 카드 4면 접기

- 병풍 카드를 지그재그로 접어서 4면 병풍책을 만든다.

② 사계절 이야기 담기

- 4면 병풍책에 사계절을 주제로 담고자 하는 이야기를 생각 모으기 활동지를 참고하여 글과 그림으로 표현한다.
- pop-up 무대책을 붙이게 될 부분을 고려하여 책의 위, 아래 또는 옆면에서 2~3㎝ 정도 안쪽에 글을 쓰도록 지도한다.

③ 병풍 카드 8면 접기

- 이야기를 담은 4면 병풍책을 다시 지그재그로 접어서 8면 병풍책을 만든다.

④ pop-up 카드 8면 접기

- pop-up 카드를 지그재그로 접어서 4면 병풍책을 만든다.
- 4면 병풍책을 다시 지그재그로 접어서 8면 병풍책을 만든다.

⑤ pop-up 병풍책 창 만들기

- 8면 pop-up 병풍책을 두면씩 접어서 윗면, 옆면, 아랫면에 여백 2㎝ 정도를 남겨두고 원하는 형태의 창 모양을 그린다.
- 모양 선을 따라 가운데 부분을 가위로 오려낸다.
- 가운데 부분을 오려 낸 8면 병풍책을 다시 8면 병풍책으로 접고 눌렀다 펼친다.

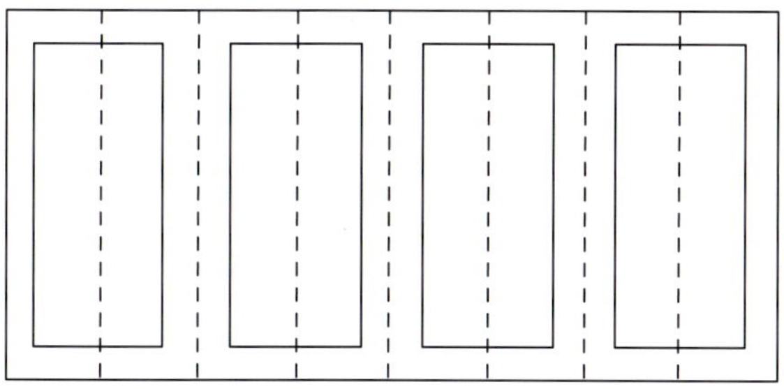

❶ 8면 pop-up 병풍책을 두 면씩 접고 무대 모양 본을 이용하여 원하는 모양의 무대를 그린다.

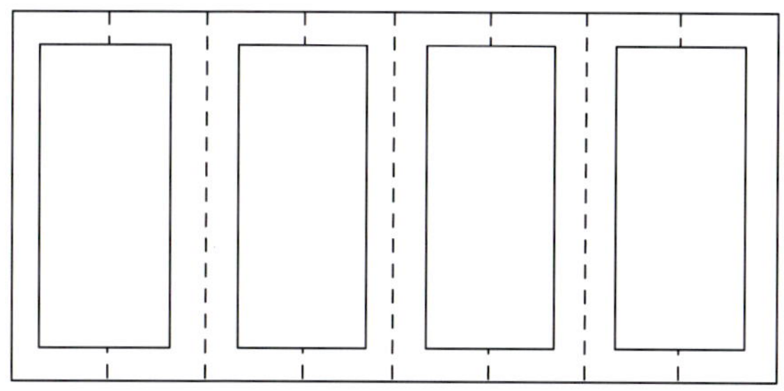

❷ 모양 선을 따라 가운데 부분을 오려내고 처음과 같이 8면 병풍책으로 접어서 눌렀다 펼친다.

⑥ pop-up 병풍책 테두리 꾸미기

- 원하는 경우 pop-up 병풍책을 펼쳐서 각 면의 테두리를 이야기 주제에 따라 자유롭게 꾸민다.
- 테두리에 그림을 그리기 보다는 모양 종이나 계절과 관련된 도장(꽃, 바람, 낙엽, 눈 등)을 찍어서 꾸미도록 지도한다.

⑦ 병풍책에 pop-up 병풍책 붙이기

- 그림과 글을 담은 병풍책을 펼치고 1면 왼쪽, 2면과 3면, 4면과 5면, 6면과 7면의 연결선, 8면 오른쪽 면에 그림과 같이 2㎝ 정도 너비로 풀칠하고 pop-up 병풍책을 각각의 면에 맞추어 붙인다.

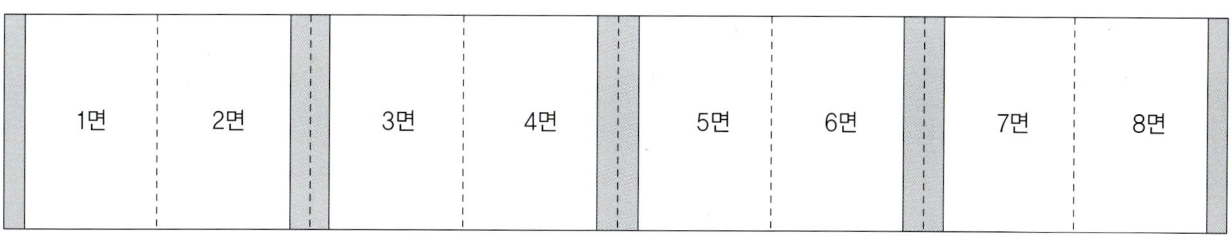

❶ 8면 병풍책을 펼치고 그림과 같이 각 면의 연결선을 중심으로 풀칠한다.

❷ 풀칠한 8면 병풍책 각각의 면에 맞추어 8면 pop-up 병풍책을 붙인다.

⑧ 표지에 끈 달기

- 앞표지 중간 부분에 끈을 올려놓는다.
- 모양 종이 뒷면에 접착제를 묻혀 표지 위에 놓인 끈 위에 붙인다.
- 책을 뒤집어 위와 같은 방법으로 뒷표지에 다른 끈을 붙인다.
- 모양 종이 대신에 접착 펠트 또는 속지 카드를 이용하여 끈을 붙일 수 있다.
- 앞표지와 뒷표지에 각각 붙인 끈을 뒤로 잡아당겨 서로 묶으면 별 pop-up 책이 나타난다.

❶ 앞표지와 뒷표지 중심의 끝부분에 각각 끈을 붙인다.

❷ 앞뒤로 붙인 두 개의 끈을 뒤로 잡아당겨 묶는다.

⑧ 표지 꾸미기

- 표지 카드의 색깔이 짙은 색인 경우 속지 카드를 붙이고 표현한다.
- 표지 카드의 앞면에 제목, 지은이, 앞표지 그림, 출판사 명 등을 담는다.
- 표지 카드의 뒷면에 판권면을 꾸민다.
- 뒷표지는 판권면 라벨을 사용하여 꾸미도록 할 수 있다.
- 책 만들기 경험이 풍부한 어린이는 뒷표지 그림을 그리고 광고 문구나 중심 문구를 적도록 지도한다.

소개하기 · 감상하기

- 사계절에 대하여 어떤 이야기를 담았는지 소개한다.
- 사계절에 대한 이야기가 독특하거나 아름다운 책을 알아본다.
- 사계절에 대한 표현이 분명하거나 아름다운 책을 알아본다.
- 무대 모양을 어떻게 만들었는지 소개한다.
- 무대 모양이 아름답거나 독특한 작품을 알아본다.
- 무대 테두리를 아름답게 표현한 작품을 알아본다.
- 앞표지와 뒷표지의 구성이 아름답거나 독특한 작품을 알아본다.
- 별 pop-up 책을 만들면서 어렵거나 힘들었던 점이 있었는지 이야기 나눈다.
- 별 pop-up 책을 이용하여 할 수 있는 새로운 활동에 대하여 알아본다.
- 교실의 한 공간을 마련하여 완성된 봄 · 여름 · 가을 · 겨울 책을 서로 감상할 수 있도록 전시한다.

정승연 · 심예린 · 황용빈 · 김영우(만 3세). 하늘에 사는 친구들. 1080㎜×195㎜.

별빛으로 빛나는 마음의 길. 2003. 2160㎜×100㎜.

빙글빙글 그림책

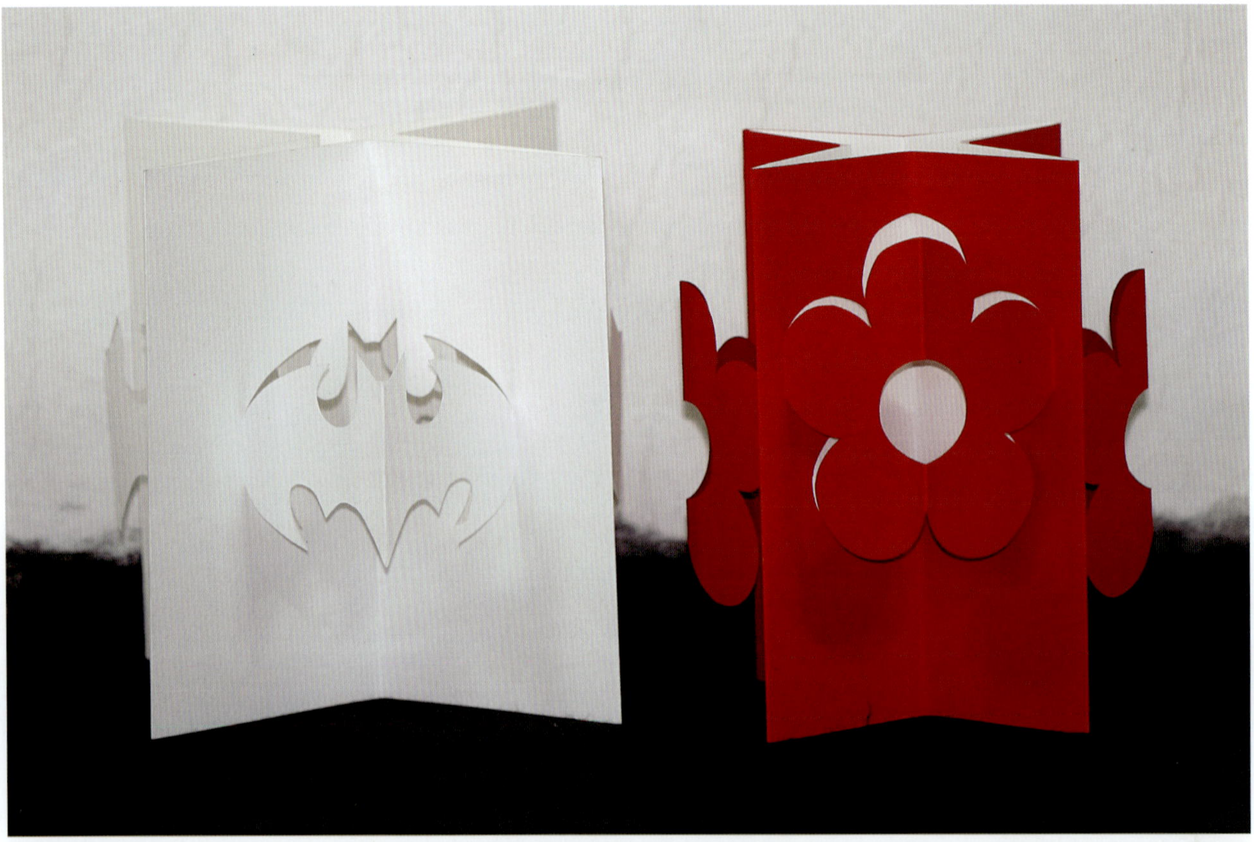

박쥐놀이. 2003. 600㎜×195㎜.
빨강 꽃. 2003. 540㎜×195㎜.

활용도서

- 브라이언 와일드 스미스(1997). 회전목마. 시공주니어.

참고도서

- 백희나(2004). 구름빵. 한솔교육.
- 브라이언 와일드 스미스(1997). 서커스. 시공주니어.
- 브라이언 멜로니(1999). 살아있는 모든 것은. 마루벌.
- 엔서니 브라운(2002). 동물원. 논장.
- 존 버닝햄(2005). 아기 힘이 세졌어요. 한솔교육.
- 크베타 파코브스카(2001). 모양놀이. 베틀북.

생각 모으기

Q. 별 pop-up 책의 테두리에 글을 담으려면 창 모양을 어떻게 오려내야 할까요?

A.

Q. 별 pop-up 책을 모빌로 만들 수 있는 방법을 적어보세요.

A.

Q. 별 pop-up 모빌책을 만들 때 주의해야 할 점은 무엇일까요?

A.

Q. 별 pop-up 모빌책을 이용하여 할 수 있는 활동을 적어보세요.

A.

자료 준비하기

- 수업용 별 pop-up 모빌책을 제작한다.
- 병풍 카드 540㎜×195㎜ 1매, pop-up 카드 400㎜×195㎜ 1매를 준비한다.
- 빙글빙글 그림책 생각 모으기를 A4 복사용지에 출력한다.
- 다양한 형태의 무대 모양 본(부록)을 제작한다.
- 판권면 라벨 3108 · 3114 · 3116(CD-ROM)을 Formtec Label 3108 · 3114 · 3116 라벨용지에 출력한다.

도구 준비하기

- 연필
- 색연필
- 사인펜
- 색종이
- 모양 펀치
- 가위
- 핑킹가위
- 풀
- 스티커
- 본드
- 면봉
- 본드판
- 장식 재료

강민지(만 5세). 회전목마. 540㎜×195㎜.

활동하기에 앞서

- 어린이 스스로 무대 모양을 만들기 어려워하는 경우 무대 모양 본을 제공하여 사용하도록 지도한다.
- 무대 모양은 다양한 무늬의 핑킹가위로 오려 내거나 손으로 찢어서 자유로운 형태로 만들 수 있다.
- 글을 쓰거나 쓰지 않는 경우에 따라 pop-up 카드의 무대 크기는 다양한 방법으로 만든다.
- 별 pop-up 모빌책은 완성 후 줄을 걸어서 천정에 매달아 전시하면 전체 면을 감상하기 용이하고 모빌로 활용할 수 있으므로 장식의 효과를 지닌다.

그림책 읽고 생각 모으기

- 그림책을 소개하고 이야기를 들려준다.
- 그림책의 이야기를 다 들려준 후 앞표지부터 한 장씩 넘겨가며 줄거리와 인상 깊은 장면에 대하여 이야기 나눈다.

Q. 이 그림책의 주인공은 누구니?
Q. 마을에 어떤 새로운 일이 일어났니?
Q. 주인공에게 어떤 일이 일어났니?
Q. 친구들은 주인공을 위해 어떤 계획을 세웠니?
Q. 친구들의 도움으로 주인공에게 어떤 변화가 생겼니?
Q. 만일 내가 이 책 속의 친구라면 주인공을 위해 어떤 일을 해 줄 수 있을까?

별 Pop-up 모빌책 소개하고 생각 모으기

- 수업용 별 pop-up 모빌책을 소개하고 어떻게 만들고 무엇을 표현하게 되는지 이야기 나눈다.

Q. 이 책은 어떤 점이 특별하니?

Q. 이 책은 어떻게 만들어서 pop-up 효과를 나타냈을까?

Q. 이 책은 어떻게 전시하면 전체 면이 아름답게 보일까?

Q. 이 책의 앞표지와 뒷표지는 어디일까?

Q. 표지가 없는 이 책의 1면, 2면, 3면, 4면은 어떻게 나타낼 수 있을까?

Q. 이 책은 무엇이라고 부를 수 있을까?

Q. 별 pop-up 모빌책의 본문 면에 이야기를 어떻게 나누어 담을 수 있을까?

Q. 별 pop-up 모빌책의 무대 부분은 어떻게 꾸밀 수 있을까?

- 빙글빙글 그림책 생각 모으기 활동지에 이야기의 중심 장면을 선정하여 어떻게 꾸밀지 계획하고 그림과 글로 간단히 담는다.

별 Pop-up 모빌책 만들기

① 병풍 카드 시접 접기

- 병풍 카드의 한쪽 면을 2㎝ 정도 접어서 시접을 만든다.

② 병풍 카드 4면 접기

- 병풍 카드의 시접 부분을 제외하고 지그재그로 접어서 4면 병풍책을 만든다.

③ pop-up 카드 시접 접기

- 병풍 카드와 같은 방법으로 pop-up 카드의 한쪽 면을 2㎝ 정도 접어서 시접을 만든다.

④ pop-up 카드 8면 접기

- 병풍 카드와 같은 방법으로 pop-up 카드의 시접 부분을 제외하고 지그재그로 접어서 4면 병풍책을 만든다.
- 4면 pop-up 병풍책의 시접 부분을 제외하고 다시 지그재그로 접어서 8면 병풍책을 만든다.

❶ 카드의 한쪽 면을 2㎝ 정도 접어서 시접을 만든다.

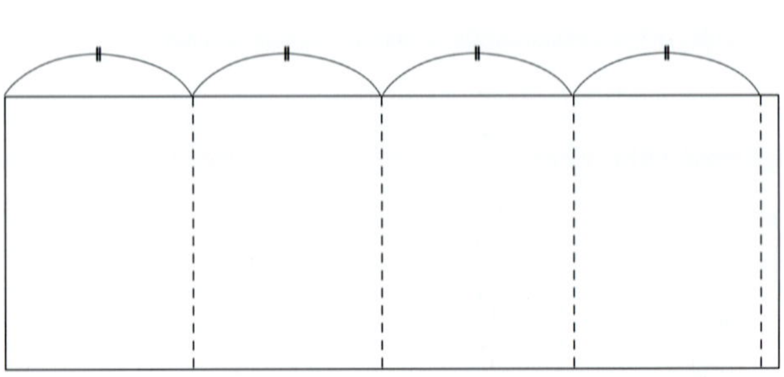

❷ 카드의 시접 부분을 제외하고 지그재그로 접어서 시접이 있는 4면 병풍책을 만든다.

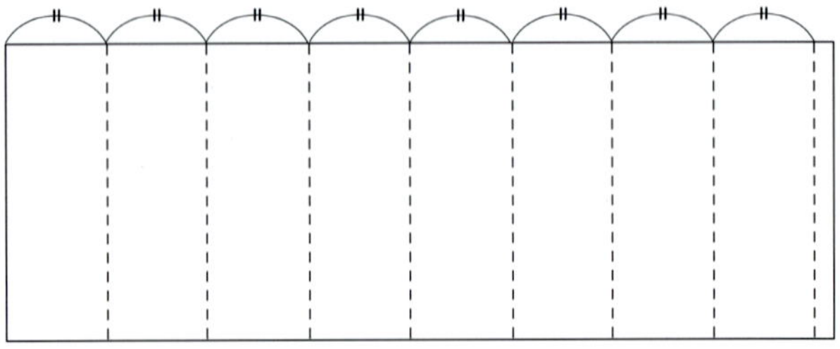

❸ 시접이 있는 4면 병풍책을 시접 부분을 제외하고 다시 지그재그로 접어서 시접이 있는 8면 병풍책을 만든다.

⑤ pop-up 병풍책 무대 만들기(122~123쪽 참고)

- 8면 pop-up 병풍책을 두면씩 접어서 윗면과 옆면에 여백 2cm 정도를 남겨두고 원하는 형태의 무대 모양을 그린다.
- 모양 선을 따라 가운데 부분을 가위로 오려낸다.
- 가운데 부분을 오려 낸 카드를 처음과 같이 8면 병풍책으로 접고 눌렀다 펼친다.
- 모양 본을 사용하거나 원하는 모양으로 손으로 찢어낼 수 있다.
- 글을 쓰거나 쓰지 않는 경우에 따라 무대 모양과 크기는 아래와 같이 다양한 방법으로 만든다.

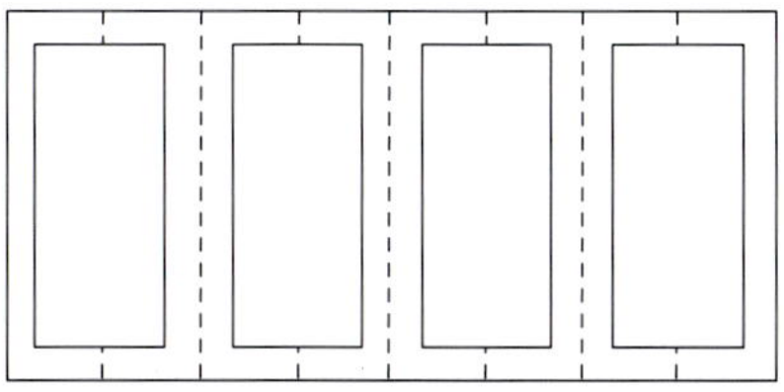

❶ 글을 쓰지 않는 경우 : pop-up 카드 전체 면 오리기

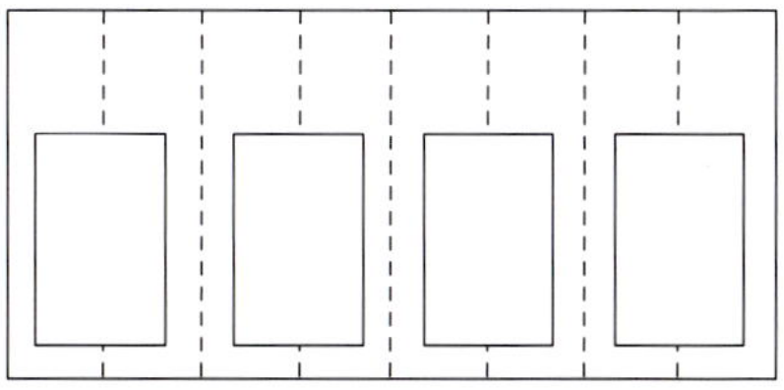

❷ 글을 상단에 쓰는 경우 : 상단 부분을 남기고 오리기

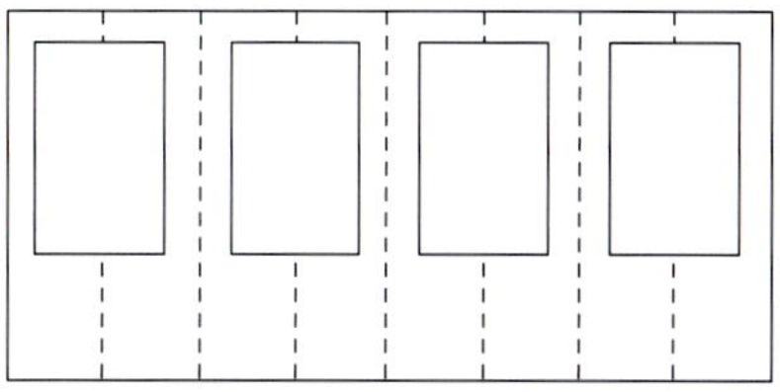

❸ 글을 하단에 쓰는 경우 : 하단 부분을 남기고 오리기

⑥ 중심 장면 그리기

- 4면 병풍책에 생각 모으기 활동지를 참고하여 이야기 전개에 따른 중심 장면을 그린다.
- pop-up 카드의 창 모양을 고려하여 본문의 적당한 위치에 그림을 그리도록 지도한다.

⑦ 이야기 쓰기

- 8면 pop-up 무대책의 각각의 면에 4면 병풍책에 담은 그림 이야기를 간단히 담는다.
- 이야기 순서에 따라 각각의 무대 아래쪽에 쪽 수(페이지)를 쓰도록 할 수 있다.

⑧ pop-up 무대책 테두리 꾸미기

- 이야기를 담은 pop-up 무대책의 테두리를 이야기 주제에 따라 아름답게 꾸민다.

⑨ 4면 병풍책 8면 접기

- 그림을 그린 4면 병풍책을 시접 부분을 제외하고 다시 지그재그로 접어서 8면 병풍책을 만든다.

⑩ 8면 병풍책 · 8면 pop-up 병풍책 시접 붙이기

- 8면 병풍책 시접의 앞부분에 풀칠하고 뒤로 돌려 1면 뒷면에 붙여서 큰 사각 별을 만든다.
- 8면 pop-up 병풍책 시접의 앞부분에 풀칠하고 뒤로 돌려 1면 뒷면에 붙여서 작은 사각 별을 만든다.

❶ 8면 병풍책의 시접 앞부분에 풀칠하고 뒤로 돌려 1면 뒷부분에 붙여서 큰 사각 별을 만든다.

❷ 위와 같은 방법으로 8면 pop-up 병풍책의 시접 앞부분에 풀칠하여 작은 사각 별을 만든다.

큰 사각별에 작은 사각별 끼우기

- 그림을 담은 큰 사각별에 무대를 만든 작은 사각별을 각각의 면에 맞추어 끼운다.
- 완성된 별 책이 떨어지지 않게 하려면 그림을 담은 큰 사각별 책의 각각의 연결 면에 1㎝ 정도의 너비로 풀칠하고 작은 사각별 무대책을 각각의 면에 맞추어 끼어 붙인다.

큰 사각별의 각각의 연결 면에 1㎝ 너비로 풀칠하고 그림에 맞추어 작은 사각별을 끼운다.

모빌 만들기

- 완성된 별 pop-up 책에 줄을 걸어 천정에 매달아 모빌로 전시한다.
- 모빌로 전시하는 경우 어린이의 눈높이에 맞추어 낮게 매달아준다.
- 별 pop-up 모빌책은 일정한 높이 보다는 책들 간의 높낮이를 다르게 하여 지그재그로 매달아주면 감상하기 쉽고 전시 효과가 높다.

소개하기 · 감상하기

- 완성된 별 pop-up 모빌책에 대한 느낌을 이야기 나눈다.
- 그림책의 중심 장면을 어떻게 그렸는지 소개한다.
- 중심 장면에 대한 이야기를 어떻게 적었는지 소개한다.
- 전체 이야기의 중심 내용을 그림과 글로 잘 표현한 작품을 알아본다.
- 무대 모양을 어떻게 만들었는지 소개한다.
- 무대 모양이 아름답거나 독특한 작품을 알아본다.
- 무대 테두리를 아름답게 꾸민 작품을 알아본다.
- 별 pop-up 모빌책을 만들면서 어렵거나 힘들었던 점이 있었는지 이야기 나눈다.
- 별 pop-up 모빌책을 이용하여 할 수 있는 새로운 활동에 대하여 알아본다.
- 교실의 한 공간을 마련하여 완성된 빙글빙글 그림책을 서로 감상할 수 있도록 전시한다.

강민지(만 5세). 회전목마. 540㎜×195㎜.

터널 그림책

그림 속으로. 2004. 195㎜×135㎜.

활용도서

- 레오 리오니(2003). 내거야. 마루벌.

참고도서

- 바바라 리만(2005). 나의 빨강 책. 아이즐.
- 요르트 뮐러(2005). 책 속의 책. 비룡소.
- 제럴드 맥더밋(2005). 거미 아난시. 열린어린이.
- 팻 허친스(1997). 티치. 서울: 시공주니어.
- 프랜시스 배리(2004). 아기 오리 뚱이의 일곱 색깔 무지개. 문학동네어린이.
- 헬가 갈러(2005). 까만 네리노. 북뱅크.

생각 모으기

Q. 책 속에 입체감을 나타낼 수 있는 방법을 적어 보세요.

A.

Q. 터널책에 그림과 글을 담을 수 있는 방법을 적어보세요.

A.

Q. 터널책을 만들 때 주의해야 할 점은 무엇일까요?

A.

Q. 터널책을 이용하여 할 수 있는 활동을 적어보세요.

A.

자료 준비하기

- 수업용 터널 그림책을 제작한다.
- 무대 카드 135㎜×195㎜ 4매, 기둥 카드 135㎜×195㎜ 2매, 다양한 크기의 그림 카드 5매를 준비한다.
- 터널 그림책 생각 모으기를 A4 복사용지에 출력한다.
- 판권면 라벨 3108 · 3114 · 3116(CD-ROM)을 Formtec Label 3108 · 3114 · 3116 라벨용지에 출력한다.

도구 준비하기

- 연필
- 색연필
- 사인펜
- 색종이
- 모양 펀치
- 가위
- 핑킹가위
- 풀
- 스티커
- 본드
- 면봉
- 본드판
- 장식 재료

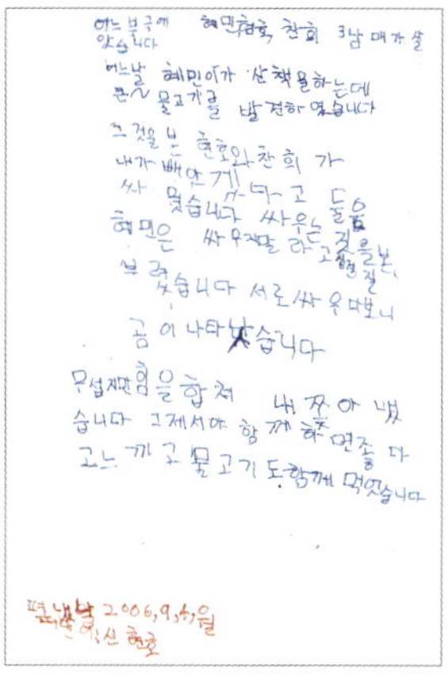

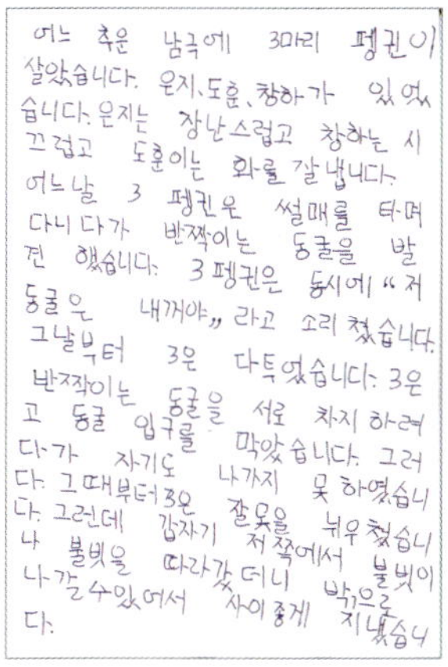

신혜민(만 7세). 내 꺼야. 135㎜×195㎜.

신현호(만 7세). 내 꺼야. 135㎜×195㎜.

활동하기에 앞서

- 무대 카드의 중앙을 오려내는 활동은 칼을 사용해야 하므로 칼을 사용하는 올바른 방법과 주의사항에 대하여 충분히 이야기 나누고 활동을 시작한다.
- 칼을 사용하기 어려운 연령의 어린이와 활동하는 경우 무대 카드의 중앙을 오려내고 제공한다.
- 칼을 사용하지 않고 가운데 부분에 칼집을 주고 손으로 찢어서 자연스러운 형태로 무대 모양을 만들 수 있다.

■ 그림 카드는 각각의 무대 카드마다 위치와 높이를 다르게 붙여야 전체 면을 골고루 활용할 수 있고 뒷면으로 갈수록 각 면의 무대 카드에 붙이는 그림 카드를 점점 크게 만들어 붙여야 전체 모습이 조화롭게 보이므로 그림 카드의 크기를 다르게 준비하여 제공하는 것이 적절하다.

그림책 읽고 생각 모으기

■ 그림책을 소개하고 이야기를 들려준다.

■ 그림책의 이야기를 다 들려준 후 책의 앞표지부터 한 장씩 넘겨가며 줄거리와 인상 깊은 장면에 대하여 이야기 나눈다.

Q. 이 그림책에 등장하는 주인공들은 누구누구니?

Q. 주인공에게 어떤 문제(또는 어려움)가 있었니?

Q. 주인공은 어떻게 해서 문제를 해결했니?

Q. 어떤 장면이 가장 기억에 남니?

Q. 왜 그 장면이 인상 깊게 느껴졌니?

Q. 만약 내가 주인공이라면 어떻게 문제를 해결할 수 있을까?

Q. 만약 내가 주인공이 된다면 어떤 역할을 맡아 보고 싶니?

Q. 그림책 속의 주인공들처럼 친구들과 서로 싸우거나 다툰 적이 있었니?

Q. 어떤 문제로 서로 다퉜니?

Q. 친구와 어떻게 문제를 해결했니?

터널 그림책 소개하고 생각 모으기

■ 수업용 터널 그림책을 소개하고 어떻게 만들고 무엇을 표현하게 되는지 이야기 나눈다.

Q. 이 책은 어떤 모양이니?

Q. 이 책의 독특한 점은 무엇이니?

Q. 이 책은 어떻게 만들었을까?

Q. 왜 이런 형태의 책을 만들었을까?

Q. 이 책의 이름은 무엇이라고 부를 수 있을까?

Q. 터널 모양의 책을 이용하여 그림책의 이야기를 어떻게 나타낼 수 있을까?

Q. 무대 카드의 어느 부분에 주인공을 붙여서 꾸밀 수 있을까?

Q. 주인공들의 어떤 모습을 담으면 좋을까?

Q. 무대 카드에 주인공 외에 또 어떤 그림 카드를 만들어 붙일 수 있을까?

Q. 터널 그림책에 이야기는 어디에 담으면 좋을까?

Q. 터널 그림책을 만들 때 주의해야 할 점은 무엇일까?

■ 터널 그림책 생각 모으기 활동지에 어떤 이야기를 만들고 각 무대 면을 어떻게 꾸미고 싶은지 글과 그림으로 간단히 표현한다.

터널 그림책 만들기

① 무대 카드 만들기

■ 3장의 무대 카드에 원하는 모양의 무대 모양을 그리고 칼이나 가위를 사용하여 가운데를 오려낸다.

■ 칼이나 가위를 사용하기 어려운 연령의 어린이와 활동하는 경우 무대 카드의 중앙을 오려내고 제공한다.

② 기둥 카드 만들기

■ 2장의 기둥 카드를 각각 지그재그로 접어서 4면 병풍 기둥을 만든다.

■ 2장의 4면 병풍 기둥을 다시 각각 지그재그로 접어서 8면 병풍 기둥을 만든다.

③ 이야기 담고 배경 면 꾸미기

■ 중앙을 오려내지 않은 남은 1장의 무대 카드 뒷면에 그림책의 이야기나 만들어낸 새로운 이야기를 생각 모으기 활동지를 참고하여 적는다.

■ 이야기를 담은 무대 카드 앞면에 이야기의 배경 그림을 그리고 색칠하여 꾸민다.

④ 주인공 카드 만들기

■ 다양한 크기의 그림 카드에 이야기에 맞추어 주인공들의 모습이나 이야기의 중심 장면 또는 소품 등을 그리고 윤곽선을 따라 오린다.

⑤ 주인공 카드 붙이기

■ 가운데를 오려 낸 3장의 무대 카드의 적당한 위치에 만들어 놓은 주인공 카드를 풀칠하여 붙인다.

■ 각 무대마다 주인공 카드를 붙이는 위치와 높낮이를 다르게 하여 붙이도록 지도한다.

⑥ 1면 무대 카드 테두리 꾸미기

■ 주인공 카드를 붙이고 배경 그림을 그린 4장의 무대 카드 중 첫 번째 무대 카드 테두리의 적당한 위치에 제목을 쓰고 다양한 재료를 이용하여 아름답게 꾸민다.

⑦ 기둥 카드에 무대 카드 붙이기

■ 1개의 8면 병풍 기둥 카드 앞면에 풀칠하고 첫 번째 무대 카드를 맞추어 붙인다.

■ 나머지 무대 카드의 왼쪽 옆면에 1㎝ 정도로 풀칠하고 순서에 따라 3면, 5면, 7면에 붙인다.

■ 위와 같은 방법으로 다른 1개의 기둥 카드에 무대 카드의 오른쪽 옆면에 1㎝ 정도로 풀칠하여 붙인다.

■ 기둥 카드의 8면을 잘라 내거나 풀칠하여 무대 카드의 마지막 면 뒤에 붙인다.

❶ 기둥 카드 앞면, 3면, 5면, 7면에 풀칠하고 무대카드를 순서대로 붙인다.

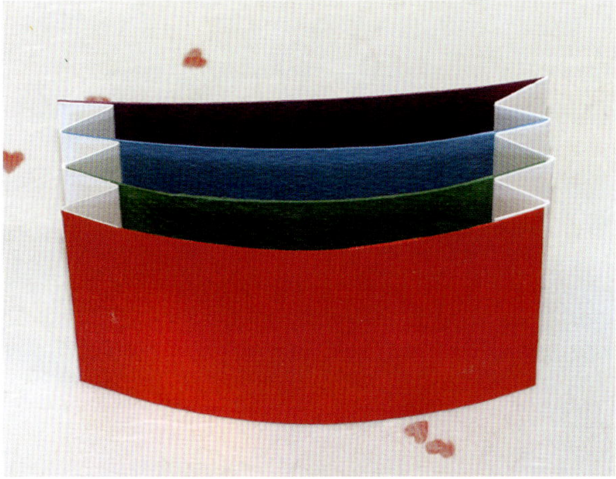

❷ 기둥 카드에 ❶과 같은 방법으로 무대 카드의 오른쪽 면을 붙인다.

소개하기 · 감상하기

■ 터널 그림책에 어떤 이야기를 담았는지 소개한다.

■ 주인공의 모습과 배경그림을 어떻게 표현하여 꾸몄는지 소개한다.

■ 등장하는 주인공들이 독특하거나 재미있는 작품을 알아본다.

■ 이야기 구조가 흥미진진한 작품을 알아본다.

■ 문제 해결 방법이 독창적이거나 엉뚱한 작품을 알아본다.

■ 무대 카드에 주인공 카드를 아름다운 구조로 꾸민 작품을 알아본다.

■ 무대 전체를 골고루 활용하고 입체적인 느낌이 잘 느껴지도록 표현한 작품을 알아본다.

■ 터널 그림책을 만들면서 어렵거나 힘들었던 점이 있었는지 이야기 나눈다.

■ 터널 그림책을 이용하여 할 수 있는 새로운 활동에 대하여 알아본다.

■ 교실의 한 공간을 마련하여 완성된 터널 그림책을 서로 감상할 수 있도록 전시한다.

Gallery

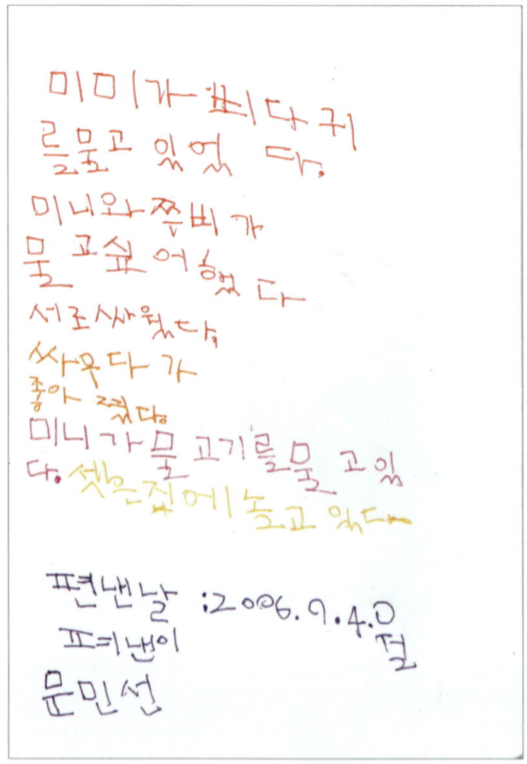
미미가 뼈다귀
를 물고 있었다.
미니와 쫑삐가
물고 싶어 했다
서로 싸웠다.
싸우다가
좋아졌다.
미니가 물고기를 물고 있
다. 셋은 집에 놓고 있다.

펴낸날 :2006.9.4.0월
펴낸이
문민선

문민선(만 7세). 내 꺼야. 135㎜×195㎜.

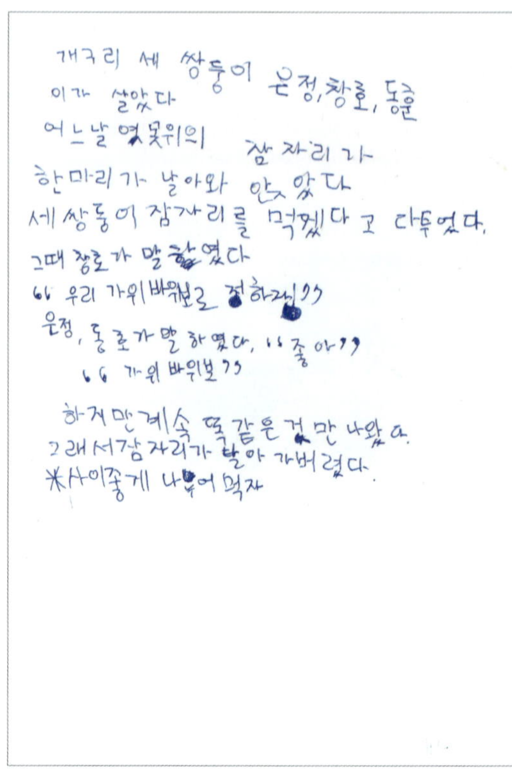
개구리 세 쌍둥이 운정, 창호, 동훈
이가 살았다
어느날 옛 못위의 잠자리가
한마리가 날아와 앉았다
세 쌍둥이 잠자리를 먹겠다고 다투었다.
그때 창호가 말했였다
"우리 가위바위보로 정하자"
운정, 동호가 말 하였다. "좋아"
"가위 바위보"
하지만 계속 똑같은 것만 나왔다.
그래서 잠자리가 날아 가버렸다.
※사이좋게 나누어 먹자

신민기(만 7세). 내 꺼야. 135㎜×195㎜.

CHAPTER 7

얼굴과 날개 Pop-up을 활용한 문해 활동

Literacy Activity through Face & Wings Pop-up Books

- 내가 화나면, 정말 정말 화나면…
- 개굴개굴 굴개굴개
- 나비 백과사전

내가 화나면, 정말 정말 화나면…

신대진 어린이집. 나. 270㎜×195㎜.
우리또래 어린이집. 박성진. 270㎜×195㎜.

활용도서

- 배빗 콜(2004). 쏘피가 화나면, 정말 정말 화나면…. 비룡소.

참고도서

- 노먼 메신저(2005). 상상하는 책. 웅진주니어.
- 사라 파넬리(2004). 신화 속 괴물. 보림.
- 엠마 데이먼(2005). 사람은 다 다르고 특별해. 미세기.
- 편집부(2004). 뭐야 뭐야 사람. 사계절.
- 키스 포크너(2001). 이 괴물딱지야. 미세기.
- 헤리엣 지퍼트(2005). 아빠 사용 설명서. 삼성출판사.

생각 모으기

Q. 얼굴을 표현할 때 입체적으로 나타낼 수 있는 신체 부위는 어디일까요?

A.

Q. 얼굴의 코 부분을 pop-up으로 만들 때 표현할 수 있는 다양한 코 모양을 그려보세요.

A.

Q. 얼굴의 입 부분을 pop-up으로 만들 때 표현할 수 있는 다양한 입 모양을 그려보세요.

A.

Q. 얼굴 pop-up을 만들 때 주의해야 할 점은 무엇일까요?

A.

자료 준비하기

- 수업용 얼굴 pop-up 책을 제작한다.
- 표지 카드 270㎜×195㎜ 1매, 얼굴 pop-up 카드 250㎜×175㎜ 1매, 속지 카드 115㎜×175㎜ 1매를 준비한다.
- 얼굴 Pop-up 생각 모으기(CD-ROM)를 A4 복사용지에 출력한다.
- 판권면 라벨 3108 · 3114 · 3116(CD-ROM)을 Formtec Label 3108 · 3114 · 3116 라벨용지에 출력한다.

도구 준비하기

- 연필
- 색연필
- 사인펜
- 색종이
- 모양 펀치
- 가위
- 핑킹가위
- 풀
- 스티커
- 인형눈
- 털실
- 리본
- 모루
- 머리끈
- 고무줄
- 본드
- 면봉
- 본드판
- 탁상거울
- 장식 재료

김보래(만 5세). 내 얼굴. 270㎜×195㎜.

활동하기에 앞서

- 얼굴 pop-up 책은 표지 카드와 pop-up 카드를 각각 준비하여 붙이는 방법을 사용하거나 한 장의 카드를 4면으로 접고 중심선을 뒤로 꺾어서 표지와 본문이 연결된 형태로 제작할 수 있다.
- 한 장의 카드로 표지와 본문을 만드는 경우 270㎜×390㎜ 1매를 준비하여 활동한다.
- 얼굴 pop-up은 코와 입 부분을 오리는 모양과 길이뿐만 아니라 접는 각도에 따라 얼굴의 형태와 분위기가 다르게 나타난다. 얼굴 pop-up 책 만들기 활동을 바로 시작하기 보다는 이면지를 사용하여 자유로이 오리고 접는 과정을 통해 나타나는 형태를 경험하고 다른 어린이들의 활동 결과물을 서로 탐색하여 어떤 차이점이 있는지, 왜 다른 형태로 나타났는지, 어떻게 자르고 접었을 때 얼굴 모습이 잘 나타났는지 등을 알아본 뒤 책 만들기 활동을 진행한다.
- 책 만들기 경험이 풍부한 어린이와 활동하는 경우 화가 날 때뿐만 아니라 행복할 때, 슬플 때, 기분이 좋을 때, 속상할 때와 같이 다양한 경험을 이야기 나누고 각각의 상황에 따른 얼굴 모양과 이야기를 여러 면의 얼굴 pop-up 책을 제작하여 담는다.
- 개별적으로 가정에서 작은 탁상거울을 가져와 다양한 상황에 따라 얼굴 표정을 지어보고 나타나는 특징을 관찰하며 얼굴 pop-up 책을 만들도록 지도한다.

그림책 읽고 생각 모으기

- 그림책을 소개하고 이야기를 들려준다.

■ 그림책의 이야기를 다 들려준 후 책의 앞표지부터 한 장씩 넘겨가며 화가 나는 경우는 언제인지, 화가 나면 어떻게 하는지, 화를 풀 수 있는 방법은 무엇인지에 대하여 이야기 나눈다.

Q. 이 그림책의 주인공은 누구니?
Q. 쏘피에게 어떤 일이 일어났니?
Q. 쏘피는 화가 났을 때 어떤 모습이었니?
Q. 화가 난 쏘피는 어떻게 했니?
Q. 쏘피는 어떻게 해서 화가 풀렸니?
Q. 소피가 집에 돌아왔을 때 가족들은 어떻게 해주었니?
Q. 너희들도 쏘피처럼 화가 난 적이 있었니?
Q. 언제 화가 나니?
Q. 화가 나면 어떻게 하니?
Q. 화가 났을 때 얼굴은 어떤 표정일까?
Q. 왜 얼굴 표정이 그렇게 나타날까?
Q. 어떻게 하면 화가 쉽게 가라앉을까?

얼굴 Pop-up 책 소개하고 생각 모으기

■ 수업용 얼굴 pop-up 책을 소개하고 어떻게 만들고 표현할 수 있는지 이야기 나눈다.

Q. 이 책을 펼치면 무엇이 나타나니?
Q. 코 모양을 어떻게 만들면 이렇게 튀어나와 보일까?
Q. 입 모양은 어떻게 만들면 이렇게 나타날까?
Q. 이 얼굴 모양에서 빠져있는 부분은 어느 곳일까?
Q. 얼굴 모양에서 없는 부분은 어떻게 나타낼 수 있을까?
Q. 이 책의 이름은 무엇이라고 부를 수 있을까?
Q. 이 얼굴 pop-up 책을 이용하여 어떤 이야기를 담을 수 있을까?
Q. 화가 난 얼굴 모습을 꾸미고 이야기는 어느 곳에 어떻게 적으면 좋을까?

■ 얼굴 Pop-up 생각 모으기(CD-ROM) 활동지에 주제에 따른 얼굴 모습과 이야기를 간단히 담는다.

얼굴 Pop-up 책 만들기

① 얼굴 pop-up 카드 접기

■ 얼굴 pop-up 카드를 반으로 접어서 2면 카드를 만든다.

② 얼굴 pop-up 만들기

■ 카드의 접은 면을 중심으로 원하는 형태로 코와 입 모양을 그리고 선을 따라 자른다.

- 자른 부분을 원하는 각도로 접고 다시 뒤로 꺾어서 접었다 편다.
- 카드를 펼쳐서 접었다 편 각 부분을 카드 안쪽으로 밀어 넣는다.

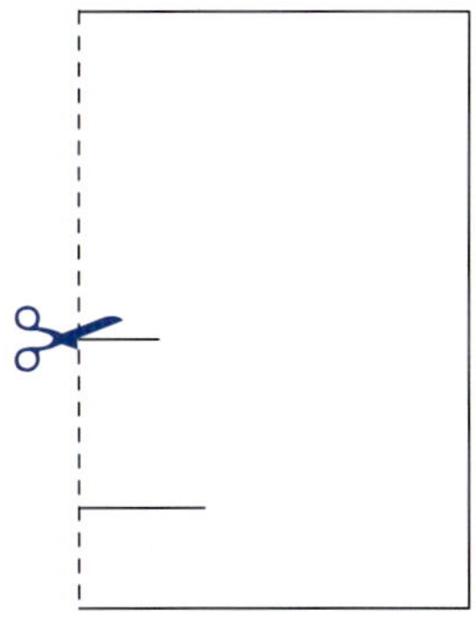

❶ 접은 면을 중심으로 코와 입 모양을 그리고 선을 따라 자른다.

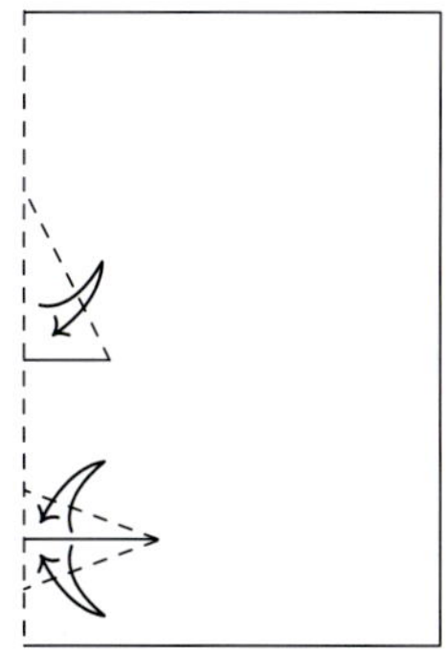

❷ 자른 부분을 원하는 각도로 접고 다시 뒤로 꺾어서 접었다 편다.

❸ 카드를 펼쳐서 접었다 펼친 각 부분을 카드 안으로 밀어 넣는다.

③ 얼굴 꾸미기

- 코와 입 pop-up 부분 외에 얼굴 모양에서 빠진 부분을 다양한 재료를 사용하여 원하는 형태로 꾸민다.
- 책상 위에 탁상 거울을 놓고 얼굴 표정과 각 부분을 탐색하며 표현하도록 격려한다.

④ 이야기 담기

- 어떤 상황의 얼굴 모습을 표현한 것인지, 언제 이런 얼굴 모습을 짓게 되는지, 이런 상황에서 어떤 이야기를 하게 되는지 등에 대하여 생각 모으기 활동지를 참고하여 적는다.

⑤ 표지 카드 접기

- 표지 카드를 반으로 접어서 2면 카드를 만든다.

⑥ 표지 꾸미기

- 표지 카드의 색깔이 짙은 색인 경우 속지 카드를 붙이고 표현한다.
- 표지 카드의 앞면에 제목, 지은이, 앞표지 그림, 출판사 명 등을 담는다.
- 표지 카드의 뒷면에 판권면을 꾸민다.
- 뒷표지는 판권면 라벨을 사용하여 꾸미도록 할 수 있다.
- 책 만들기 경험이 풍부한 어린이는 뒷표지 그림을 그리고 광고 문구나 중심 문구를 적도록 지도한다.

⑦ 표지 카드에 얼굴 pop-up 카드 붙이기(31쪽 참고)

- 완성된 얼굴 pop-up 카드 뒷면에 pop-up 부분을 제외하고 전체적으로 풀칠하여 표지 카드에 붙인다.

소개하기 · 감상하기

- 화난 얼굴 모습을 어떻게 꾸몄는지 소개한다.
- 언제 화가 나는지, 화가 나면 어떻게 하는지, 화를 어떻게 푸는지 등에 대하여 소개한다.
- 화난 얼굴 모습을 독특하거나 재미있게 표현한 작품을 알아본다.
- 화난 얼굴 표정을 잘 표현한 작품을 알아본다.
- 친구들은 언제 가장 많이 화가 나는지 알아본다.
- 화를 푸는 방법이 독특하거나 마음에 드는 작품을 알아본다.
- 얼굴 Pop-up 책을 만들면서 어렵거나 힘들었던 점이 있었는지 이야기 나눈다.
- 얼굴 Pop-up 책을 이용하여 할 수 있는 새로운 활동에 대하여 알아본다.
- 교실의 한 공간을 마련하여 완성된 내가 화나면, 정말 정말 화나면 책을 서로 감상할 수 있도록 전시한다.

Gallery

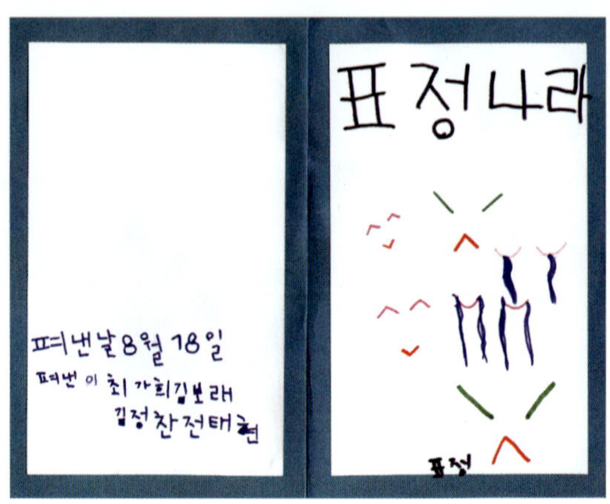

최가희 · 김정찬 · 전태현(만 5세). 표정 나라. 810㎜×195㎜.

개굴개굴 굴개굴개

강정숙. 개구리 왕족 이야기. 1080㎜×195㎜.

활용도서

- 키스 포크너(2001). 입이 큰 개구리. 미세기.

참고도서

- 김해원 글 · 심은숙 그림(2006). 청개구리야, 왜 울어? 삼성출판사.
- 미야니시 타츠야(2002). 개구리의 낮잠. 시공주니어.
- 심미아(1998). 굴개굴개 청개구리. 영교.
- 에이미 베켄(2006). 놀라운 개구리. 대교출판.
- 키무라 켄(2005). 999마리 개구리 형제의 이사. 더큰컴퍼니.
- 피에르 코뉘엘(2002). 파란 개구리 빨간 개구리. 중앙출판사.

생각 모으기

Q. 개구리의 얼굴 모습을 표현할 때 특징을 살려야 할 부분은 어디일까요?

A.

Q. 개구리의 입 부분을 pop-up으로 만들 때 표현할 수 있는 다양한 입 모양을 그려보세요.

A.

Q. 개구리의 눈 부분을 pop-up으로 만들 때 표현할 수 있는 다양한 눈 모양을 그려보세요.

A.

Q. 개구리 pop-up을 만들 때 주의해야 점은 무엇일까요?

A.

자료 준비하기

- 수업용 개구리 pop-up 책을 제작한다.
- 표지 카드 270mm×195mm 1매, 개구리 pop-up 카드 250mm×175mm 1매, 속지 카드 115mm×175mm 1매를 준비한다.
- 개구리 Pop-up 생각 모으기(CD-ROM)를 A4 복사용지에 출력한다.
- 판권면 라벨 3108 · 3114 · 3116(CD-ROM)을 Formtec Label 3108 · 3114 · 3116 라벨용지에 출력한다.

도구 준비하기

- 연필
- 색연필
- 사인펜
- 색종이
- 모양 펀치
- 가위
- 핑킹가위
- 풀
- 스티커
- 인형눈
- 털실
- 리본
- 모루
- 머리끈
- 고무줄
- 본드
- 면봉
- 본드판
- 장식 재료

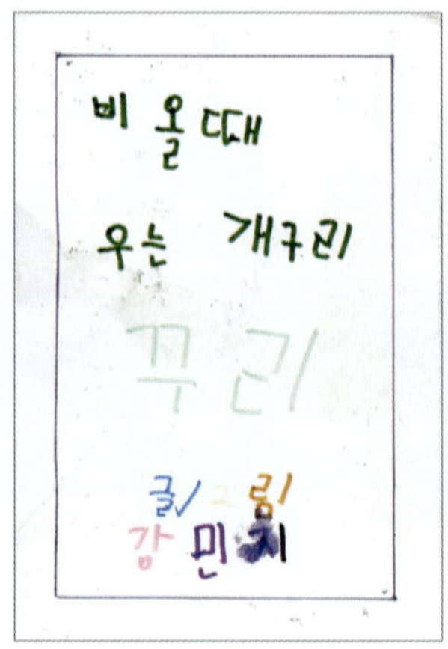

강민지(만 5세). 비 올 때 우는 개구리 꾸리. 270mm×195mm.

활동하기에 앞서

- 개구리 pop-up 책은 표지 카드와 pop-up 카드를 각각 준비하여 붙이는 방법을 사용하거나 한 장의 카드를 4면으로 접고 중심선을 뒤로 꺾어서 표지와 본문이 연결된 형태로 제작할 수 있다.
- 한 장의 카드로 표지와 본문을 만드는 경우 270mm×390mm 1매를 준비하여 활동한다.
- 개구리 pop-up은 눈과 입 부분을 오리는 길이와 모양, 접는 각도에 따라 개구리의 모습이 다르게 나타난다. 개구리 pop-up 책 만들기 활동을 바로 시작하기 보다는 이면지를 사용하여 자유로이 오리고 접는 과정을 통해 나타나는 형태를 경험하고 다른 어린이들의 활동 결과물을 서로 탐색하여 어떤 차이점이 있는지, 왜 다른 형태로 나타났는지, 어떻게 자르고 접었을 때 개구리의 모습이 잘 나타났는지 등을 알아본 뒤 책 만들기 활동을 진행한다.
- 개구리 pop-up 책은 개구리에 관한 과학책을 읽고 개구리의 성장과정과 생김새를 중심으로 과학적 사실을 설명하는 사전 형식으로 구성하거나 개구리를 주인공으로 주원문해(SWBS) 도표를 작성하여 새로운 줄거리를 지닌 이야기를 구성하도록 지도한다.
- 개구리의 생김새와 성장과정 등 과학적 사실을 전달하는 설명문 형식의 개구리 pop-up 책을 만드는 경우 개별적으로 개구리와 관련된 과학 도서를 가져와서 책을 참고하여 이야기를 담아가도록 지도한다.

그림책 읽고 생각 모으기

- 그림책을 소개하고 이야기를 들려준다.

- 그림책의 이야기를 다 들려준 후 책의 앞표지부터 한 장씩 넘겨가며 이야기에 대한 생각을 모은다.

Q. 이 그림책의 주인공은 누구니?
Q. 주인공 개구리는 어떻게 행동했니?
Q. 주인공 개구리에게 어떤 문제가 생겼니?
Q. 엄마 개구리는 아기 개구리에게 어떤 유언을 했니?
Q. 엄마 개구리의 유언을 듣고 아기 개구리는 어떻게 했니?
Q. 왜 엄마 개구리는 그런 유언을 했을까?
Q. 청개구리가 비가 내리면 우는 이유를 무엇이라고 생각하니?

개구리 Pop-up 책 소개하고 생각 모으기

- 수업용 개구리 pop-up 책을 소개하고 어떻게 만들고 표현할 수 있는지 이야기 나눈다.

Q. 이 책을 펼치면 무엇이 나타나니?
Q. 개구리의 어떤 부분을 pop-up으로 나타냈니?
Q. 개구리의 입 모양은 어떻게 만들면 이렇게 나타날까?
Q. 개구리의 모습에서 빠져있는 부분은 어느 곳일까?
Q. 개구리의 모습에서 없는 부분은 어떻게 나타낼 수 있을까?
Q. 이 책의 이름은 무엇이라고 부를 수 있을까?
Q. 이 개구리 pop-up 책을 이용하여 어떤 이야기를 담을 수 있을까?
Q. 개구리의 모습을 꾸미고 이야기는 어느 곳에 어떻게 적으면 좋을까?

- 개구리 Pop-up 생각 모으기(CD-ROM) 활동지에 주제에 따른 얼굴 모습과 이야기를 간단히 담는다.

개구리 Pop-up 책 만들기

① 개구리 pop-up 카드 접기

- 개구리 pop-up 카드를 반으로 접어서 2면 카드를 만든다.

② 개구리 pop-up 만들기

- 카드의 접은 면을 중심으로 입 모양을 그리고 선을 따라 자른다.
- 입 모양을 자른 부분을 위 아래로 90˚ 각도로 접고 다시 뒤로 꺾어서 접었다 편다.
- 카드를 펼쳐서 접었다 편 각 부분을 카드 안쪽으로 밀어 넣는다.
- 입 모양의 윗부분 중앙에 눈 모양을 그리고 선을 따라 자른다.
- 눈 모양을 자른 부분을 위 아래로 90˚ 각도로 접고 다시 뒤로 꺾어서 접었다 편다.
- 카드를 펼쳐서 접었다 편 각 부분을 카드 안쪽으로 밀어 넣는다.

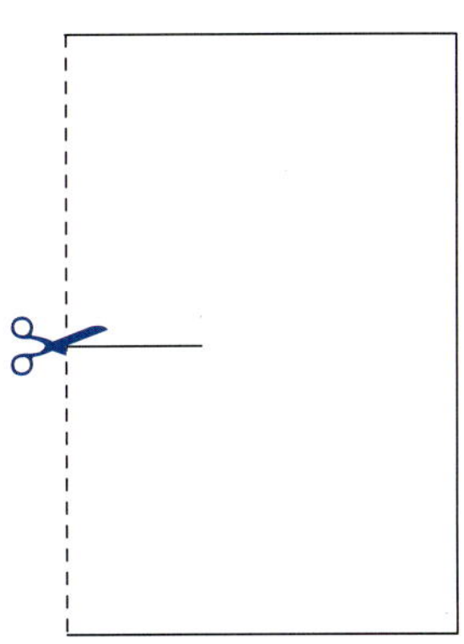

❶ 접은 면을 중심으로 입 모양을 그리고 선을 따라 자른다.

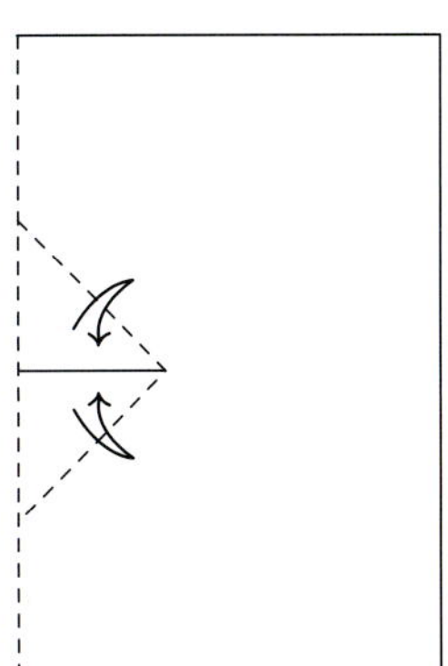

❷ 자른 부분을 위 아래로 90˚ 각도로 접고 다시 뒤로 꺾어서 접었다 편다.

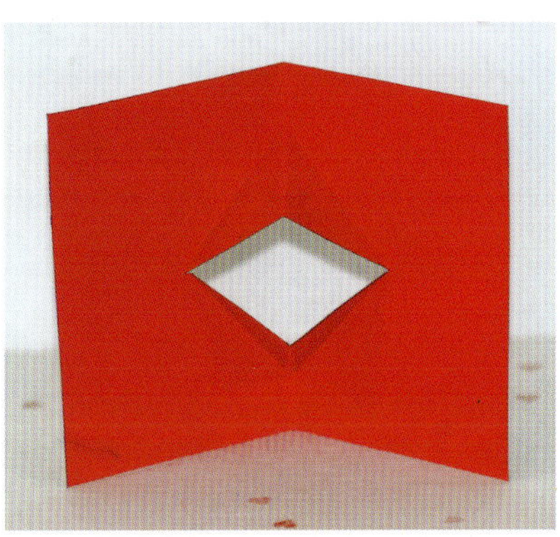

❸ 카드를 펼쳐서 접었다 편 각 부분을 카드 안으로 밀어 넣는다.

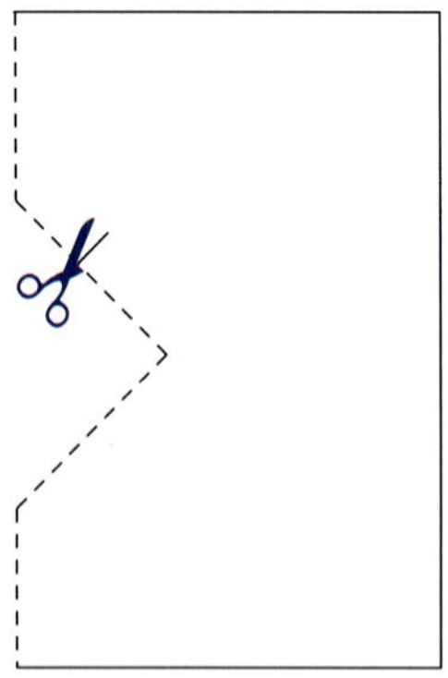

❹ 입 모양의 윗부분 중앙에 눈 모양을 그리고 선을 따라 자른다.

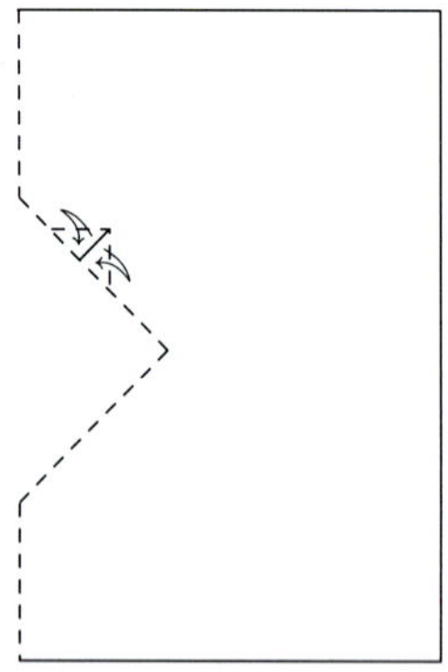

❺ 자른 부분을 위 아래로 90˚ 각도로 접고 다시 뒤로 꺾어서 접었다 편다.

❻ 카드를 펼쳐서 접었다 편 각 부분을 카드 안으로 밀어 넣는다.

③ 개구리 얼굴 꾸미기

- 코와 입 pop-up 부분 외에 개구리의 얼굴 모양에서 빠진 부분을 다양한 재료를 사용하여 원하는 형태로 꾸민다.

④ 이야기 담기

- 개구리 얼굴 모습을 어떻게 표현할 것인지, 개구리에 대하여 어떤 이야기를 하고 싶은지, 개구리에 대하여 알고 있는 것은 무엇인지, 무엇을 알고 싶은지 등에 대하여 생각 모으기 활동지를 참고하여 적는다.

⑤ 표지 카드 접기

- 표지 카드를 반으로 접어서 2면 카드를 만든다.

⑥ 표지 꾸미기

- 표지 카드의 색깔이 짙은 색인 경우 속지 카드를 붙이고 표현한다.
- 표지 카드의 앞면에 제목, 지은이, 앞표지 그림, 출판사 명 등을 담는다.
- 표지 카드의 뒷면에 판권면을 꾸민다.
- 뒷표지는 판권면 라벨을 사용하여 꾸미도록 할 수 있다.
- 책 만들기 경험이 풍부한 어린이는 뒷표지에 뒷표지 그림을 그리고 광고 문구나 중심 문구를 적도록 지도한다.

⑦ 표지 카드에 개구리 pop-up 카드 붙이기(31쪽 참고)

- 완성된 개구리 pop-up 카드 뒷면에 pop-up 부분을 제외하고 전체적으로 풀칠하여 표지 카드에 붙인다.

소개하기 · 감상하기

- 개구리의 모습을 어떻게 꾸몄는지 소개한다.
- 개구리에 관하여 어떤 이야기를 담았는지 소개한다.
- 개구리의 모습을 독특하거나 재미있게 표현한 작품을 알아본다.
- 이야기를 아름답게 표현한 작품을 알아본다.
- 개구리에 대한 설명이 다양하거나 내용이 풍부한 책을 알아본다.
- 청개구리가 비가 오면 우는 이유에 대한 개별적인 생각을 알아본다.
- 개구리 Pop-up 책을 만들면서 어렵거나 힘들었던 점이 있었는지 이야기 나눈다.
- 개구리 Pop-up 책을 이용하여 할 수 있는 새로운 활동에 대하여 알아본다.
- 교실의 한 공간을 마련하여 완성된 개굴개굴 굴개굴개 책을 서로 감상할 수 있도록 전시한다.

Gallery

남준영(만 5세). 어린이 자연관찰 개구리. 270㎜×195㎜.

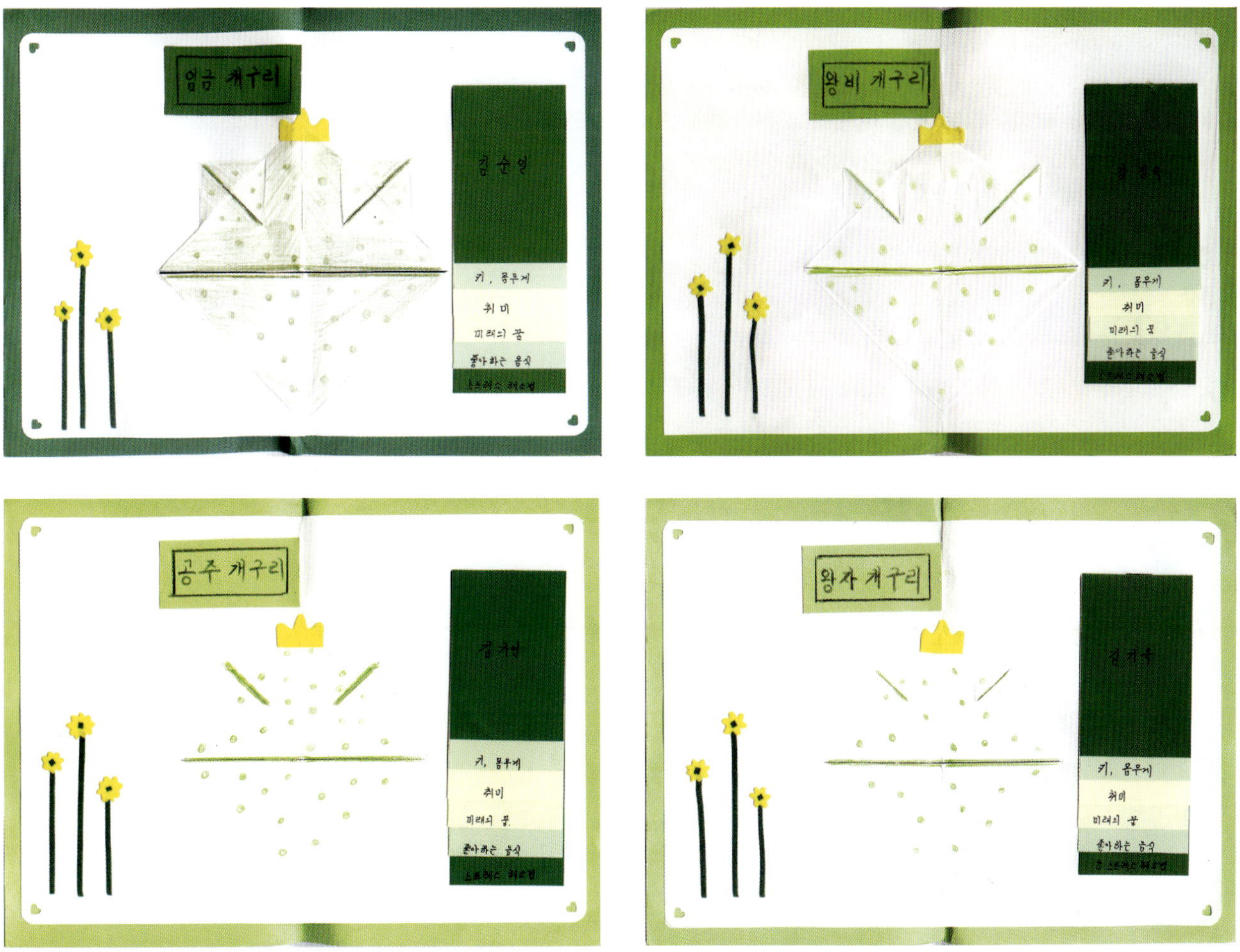

강정숙. 개구리 왕족 이야기. 1080㎜×195㎜.

나비 백과사전

Egg To Butterfly. 2003. 350㎜×270㎜.

활용도서

- 끌로드 드라포스 갈리마르 출판사 글 · 엘리아도르 그림(1991). 나비. 꼬마샘터.

참고도서

- 모니카 랑에(2004). 내가 보이니? 시공주니어.
- 에릭 칼(2005). 아주 바쁜 거미. 몬테소리CM.
- 에릭 칼(1998). 배고픈 애벌레. 한국몬테소리.
- 에릭 칼(2005). 퉁명스런 무당벌레. CM베이비.
- 이름가르트 루흐트(2001). 애벌레의 모험. 풀빛.
- 키스 포크너 글 · 스테판 홈즈 그림(2001). 너는 누구니? 미세기.

생각 모으기

Q. 다양한 모양의 나비 날개를 그려보세요.

A.

Q. 나비 날개를 입체적으로 움직이게 할 수 있는 방법을 적어보세요.

A.

Q. 나비 pop-up을 만들 때 주의해야 점은 무엇일까요?

A.

Q. 나비 pop-up 책을 이용하여 어떤 활동을 할 수 있을까요?

A.

자료 준비하기

- 수업용 나비 pop-up 책을 제작한다.
- 표지 카드 390㎜×270㎜ 1매, 날개 카드 350㎜×230㎜ 1매, 속지 카드 175㎜×250㎜ 1매를 준비한다.
- 나비 백과사전 생각 모으기(CD-ROM)를 A4 복사용지에 출력한다.
- 다양한 모양의 나비 날개 모양 본(CD-ROM)을 제작한다.
- 판권면 라벨 3108 · 3114 · 3116(CD-ROM)을 Formtec Label 3108 · 3114 · 3116 라벨용지에 출력한다.

도구 준비하기

- 연필
- 색연필
- 사인펜
- 색종이
- 모양 펀치
- 가위
- 핑킹가위
- 풀
- 물감
- 스티커
- 털실
- 인형눈
- 모루
- 스팽글
- 본드
- 면봉
- 본드판
- 신문지
- 건조대

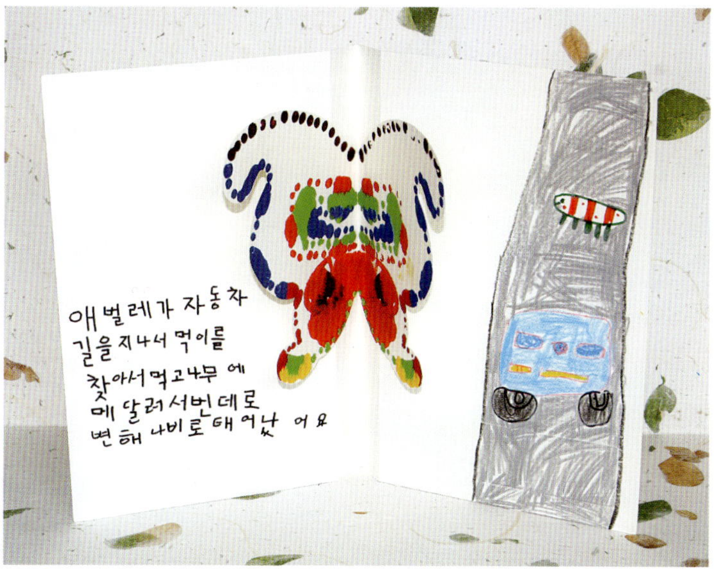

나예슬(만 4세). 나비의 모험. 390㎜×270㎜.

활동하기에 앞서

- 활동에 참여하는 어린이들의 발달 수준에 따라 나비 날개 모양 본을 제공하여 날개를 만들거나 스스로 원하는 모양의 날개를 그려서 만들도록 지도한다.
- 나비 날개 모양 본을 제공하는 경우 다양한 형태의 모양 본을 제작하여 제공한다.
- 나비 날개 모양 본의 크기는 날개 카드에 맞추어 적절한 크기로 확대 복사하여 제작한다.
- 물감을 이용하여 데칼코마니 방법으로 나비 날개를 꾸미면 날개의 화려한 무늬를 쉽게 표현할 수 있다.
- 나비 날개를 데칼코마니 방법으로 꾸미는 경우 물감이 마르고 난 후 이야기를 담을 수 있으므로 이틀에 걸쳐 활동을 진행한다.
- 나비 pop-up 책은 나비에 관한 과학책을 읽고 나비의 성장과정과 생김새를 중심으로 과학적 사실을 설명하는 사전 형식으로 구성하거나 나비를 주인공으로 주원문해(SWBS) 도표를 작성하여 새로운 이야기를 구성하도록 지도한다.
- 시중에서 판매되는 나비 알을 구입하여 알에서 나비가 되기까지의 성장과정을 관찰하고 변화하는 과정을 본문에 담고 나비가 되었을 때 생김새와 날개 무늬를 날개 카드에 표현하도록 지도한다.

그림책 읽고 생각 모으기

- 그림책을 소개하고 이야기를 들려준다.
- 그림책의 이야기를 다 들려준 후 책의 앞표지부터 한 장씩 넘겨가며 나비의 성장 과정과 날개의 다양한 모습에 대하여 이야기 나눈다.

Q. 나비는 알을 어디에 낳을까?
Q. 나비는 한 번에 몇 개의 알을 낳을까?
Q. 나비의 알은 어떤 모양일까?
Q. 알에서 어떤 과정을 거쳐 나비가 되었니?
Q. 알에서 깨어난 애벌레는 무엇을 먹고 살까?
Q. 애벌레는 나비가 될 때까지 어떤 집을 짓고 기다릴까?
Q. 고치 속에서 애벌레에게 어떤 변화가 일어날까?
Q. 애벌레는 고치 안에서 무엇을 먹고 자랄까?
Q. 고치에서 빠져나온 나비는 무엇을 먹고 살까?
Q. 나비의 몸은 어떤 구조로 이루어져 있니?
Q. 날개는 몇 쌍으로 이루어져 있니?
Q. 꿀은 무엇으로 빨아먹을까?
Q. 나비는 어떤 꽃을 좋아할까?
Q. 나비의 날개에는 왜 무늬가 있을까?
Q. 만약 내가 나비가 된다면 어떤 무늬의 날개를 갖고 싶니?

나비 Pop-up 책 소개하고 생각 모으기

- 수업용 나비 pop-up 책을 소개하고 어떻게 만들고 표현할 수 있는지 이야기 나눈다.

Q. 이 책을 펼치면 무엇이 튀어 오르니?
Q. 무엇을 움직이면 나비의 날개가 팔랑거리니?
Q. 날개가 팔랑거리니까 어떤 느낌이 드니?
Q. 왜 표지를 잡아당기면 날개가 팔랑거리는 것일까?
Q. 표지는 어떻게 만든 것일까?
Q. 나비의 날개는 어떻게 만들어 붙인 것일까?
Q. 표지에 나비 날개를 붙일 때 어떤 점을 주의해야 할까?
Q. 나비의 날개는 어떻게 꾸밀 수 있을까?
Q. 나비의 날개를 아름답게 꾸밀 수 있는 방법은 무엇일까?
Q. 나비의 날개 외의 부분은 어떻게 표현할 수 있을까?
Q. 나비 pop-up을 이용하여 어떤 이야기를 담을 수 있을까?

- 나비 백과사전 생각 모으기(CD-ROM) 활동지에 활동 유형에 따라 담고자 하는 이야기를 간단히 적는다.
- 나비의 성장 과정을 관찰하고 이를 표현하는 경우 성장하는 과정을 글과 그림으로 표현하고 관찰이 완료된 후에 관찰일지를 참고하여 나비 Pop-up 책을 만들도록 지도한다.

나비 Pop-up 책 만들기

① 날개 카드 접기

- 날개 카드를 반으로 접어서 2면 카드를 만든다.

② 나비 날개 만들기

- 반으로 접은 날개 카드의 접은 면을 중심으로 원하는 형태의 나비 날개 모양 본을 올려놓고 본뜬다.
- 본 뜬 선을 따라 반으로 접은 두 겹의 날개 카드를 동시에 오린다.
- 어린이의 발달 수준에 따라 모양 본을 사용하지 않고 스스로 원하는 모양의 나비 날개를 그려서 오리도록 할 수 있다.
- 어린이 스스로 나비 날개를 그리고 오리는 경우 날개 크기가 너무 작으면 아름다운 책을 만들기 어려우므로 날개 카드에 가득 차게 그리도록 지도한다.

③ 나비 날개 꾸미기
- 바닥에 신문지를 깔아 놓는다.
- 신문지 위에 오려 낸 날개 카드를 펼쳐 놓고 카드의 한쪽 면에 원하는 형태의 무늬가 나타날 수 있도록 다양한 색깔의 물감을 붓이나 면봉에 듬뿍 찍어 바르거나 직접 물감을 짜서 떨어뜨린다.
- 물감을 떨어뜨리지 않은 반대면의 날개 카드를 물감을 떨어뜨린 날개 카드 위로 덮는다.
- 반으로 접은 날개 카드 위에 이면지나 신문지를 올려놓고 손바닥으로 골고루 눌러준다.
- 이면지나 신문지를 걷어내고 반으로 접은 날개 카드를 펼쳐서 건조대에 걸어놓고 물감을 말린다.
- 물감을 사용하여 데칼코마니 방법을 사용하지 않고 스펀지 붓 그림, 종이 구겨 찍기, 점찍어 꾸미기, 마블링, 거품그림, 손바닥 물감 찍기 등의 방법으로 날개 카드에 무늬를 만들 수 있다.
- 물감을 사용하는데 어려움을 느끼는 경우 크레파스, 색연필, 사인펜 등을 사용하여 꾸미도록 한다.

④ 표지 카드 접기
- 표지 카드를 반으로 접어서 2면 카드를 만든다.
- 반으로 접은 표지 카드의 연결된 면을 2㎝ 정도의 폭으로 접었다 펼치고 다시 반대 방향으로 접었다 펼친다.
- 접었다 펼친 부분을 뒤로 꺾어서 다시 한번 눌러준다.

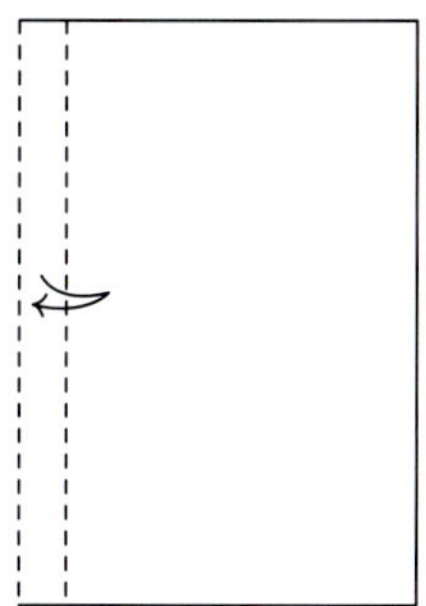

❶ 표지 카드를 반으로 접어서 2면 카드를 만든다.
❷ 연결된 면을 2㎝ 정도의 폭으로 접었다 펼친다.

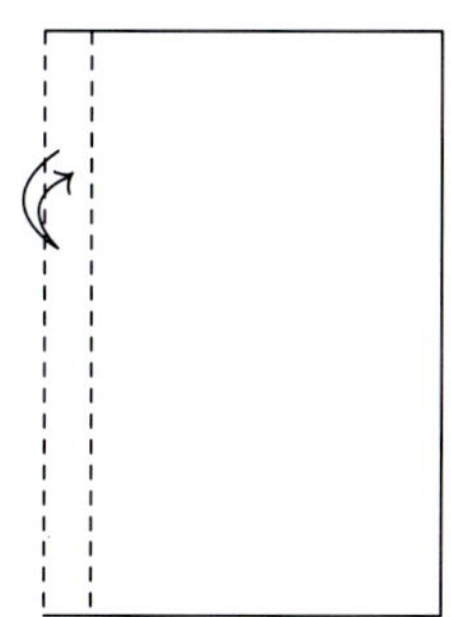

❸ 접었다 펼친 부분을 다시 뒤로 접었다 펼친다.
❹ 카드를 펼치고 접은 부분을 뒤로 꺾어서 다시 한번 정확하게 눌렀다 펼친다.

⑤ 표지 꾸미기
- 표지 카드의 색깔이 짙은 색인 경우 속지 카드를 붙이고 표현한다.
- 표지 카드의 앞면에 제목, 지은이, 앞표지 그림, 출판사 명 등을 담는다.
- 표지 카드의 뒷면에 판권면을 꾸민다.
- 뒷표지는 판권면 라벨을 사용하여 꾸미도록 할 수 있다.
- 책 만들기 경험이 풍부한 어린이는 뒷표지 그림을 그리고 광고 문구나 중심 문구를 적도록 지도한다.

⑥ 표지 카드에 날개 카드 붙이기
- 날개 카드를 펼쳐서 뒤집어 놓고 중심선의 양쪽으로 2㎝ 정도의 넓이만큼 풀칠한다.
- 표지 카드를 펼치고 풀칠 한 날개 카드의 중심선을 표지 카드의 중심선에 맞추어 붙인다.
- 날개 카드를 붙이고 표지 카드의 접은 선을 뒤로 꺾어서 다시 한번 눌러 접어주어야 날개의 움직임이 잘 나타난다.

❶ 날개카드 뒷면의 중심선 양쪽으로 2㎝ 정도 풀칠하고 표지카드의 중심선에 맞추어 붙인다.

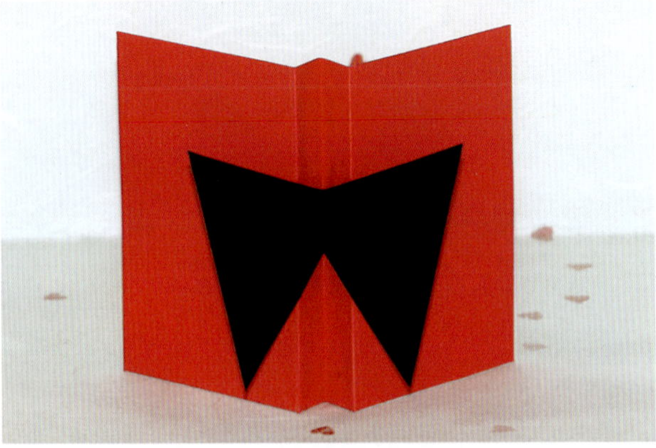

❷ 표지카드의 접은 선을 다시 한 번 뒤로 꺾어서 눌러 접었다가 펴준다.

⑦ 나비 몸체 꾸미기

- 날개를 붙인 표지 카드를 펼치고 나비 날개 외의 각 부분을 그리거나 장식하여 꾸미고 명칭을 적는다.
- 나비의 정확한 생김새를 표현하고 싶어하는 경우 나비에 관한 과학책을 보고 그리도록 지도한다.

⑧ 이야기 담기

- 날개를 붙인 표지 카드 안쪽 면에 생각 모으기를 통해 이야기 나눈 내용을 중심으로 생각 모으기 활동지를 참고하여 이야기를 담는다.

소개하기 · 감상하기

- 나비 날개를 어떤 모양으로 만들었는지 소개한다.
- 나비의 생김새를 어떻게 표현했는지 소개한다.
- 나비 날개 책에 어떤 이야기를 담았는지 소개한다.
- 이야기의 구성이 독특하거나 재미있는 작품을 알아본다.
- 나비의 모습을 아름답거나 독특하게 표현한 작품을 알아본다.
- 나비 날개의 움직임이 잘 나타나는 작품을 알아본다.
- 나비 날개의 움직임이 잘 나타나지 않는 경우 어떻게 하면 될지 알아본다.
- 나비 Pop-up 책을 만들면서 어렵거나 힘들었던 점이 있었는지 이야기 나눈다.
- 나비 Pop-up 책을 이용하여 할 수 있는 새로운 활동에 대하여 알아본다.
- 교실의 한 공간을 마련하여 완성된 나비 과학앨범을 서로 감상할 수 있도록 전시한다.

Gallery

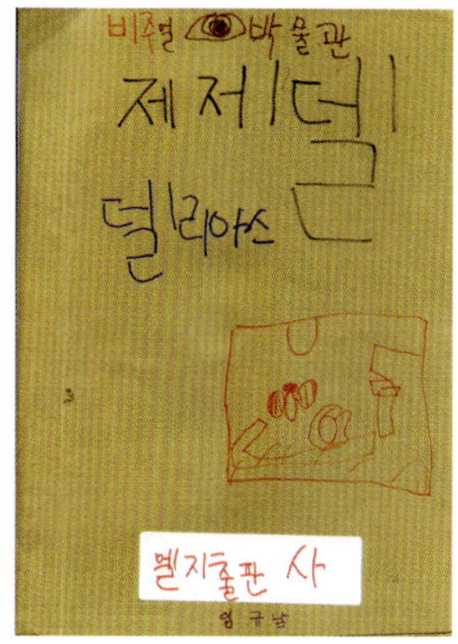

임규남(만 5세). 제제델 델리아스. 390㎜×270㎜.

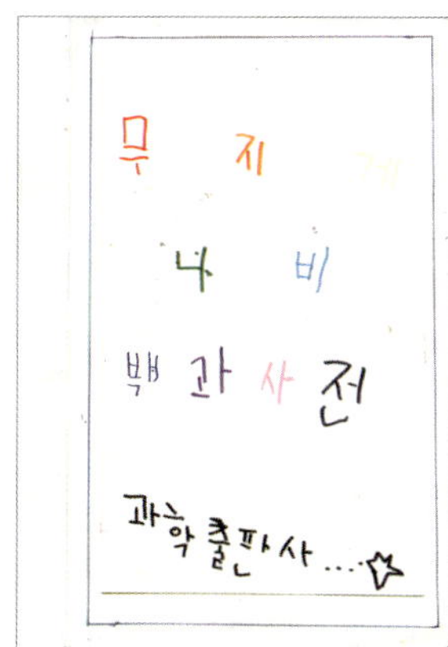

강민지(만 5세). 무지개나비 백과사전. 390㎜×270㎜.

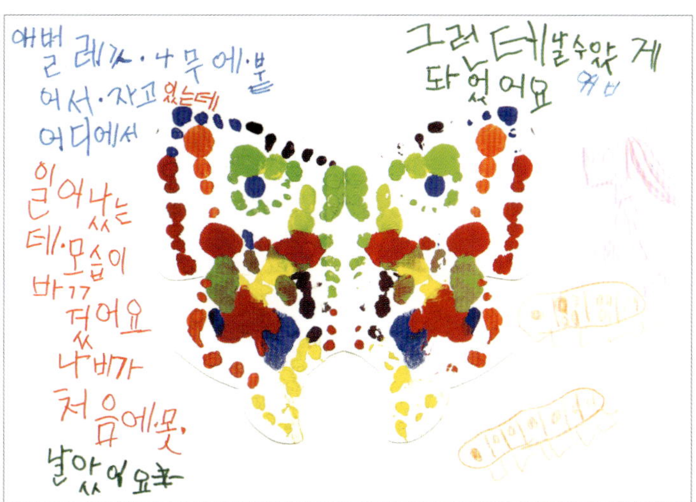

김보래(만 4세). 애벌레 꿈. 390㎜×270㎜.

Gallery

The Dream of Caterpillar. 2004. 300㎜×240㎜.

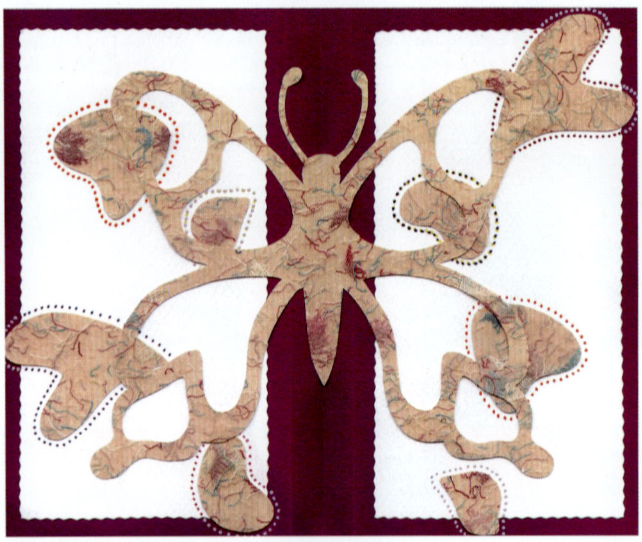

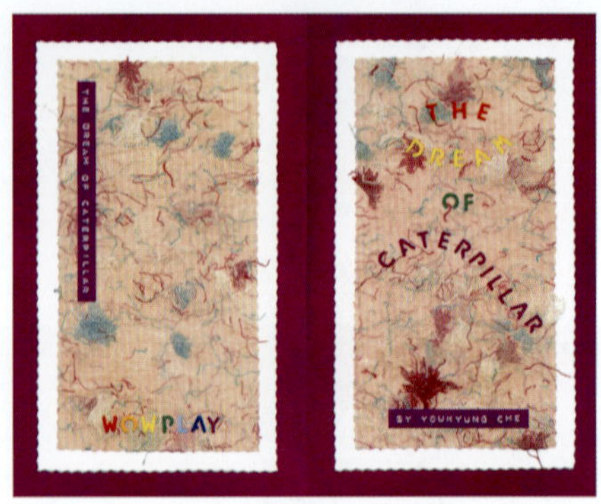

Waiting for Wings. 2003. 270㎜×195㎜.

Egg To Butterfly. 2003. 350㎜×270㎜.

CHAPTER 8

특별한 책을 활용한 문해 활동

Literacy Activity through Objet Books

- 나무의 시
- 나의 솜씨 주머니
- 손바닥으로 그리는 바닷속 세상
- 지그재그 말놀이

나무의 시

The Triangle French Door Diary. 2004. 300㎜×300㎜

참고도서

- 제니스 메이 우드리 글 · 마르크 시몽 그림(1997). 나무는 좋다. 시공주니어.

참고도서

- 고미 타로(2006). 고미 타로의 사계절 그림책 세트. 미래M&B.
- 김한수(2006). 즐거운 비. 한솔교육.
- 로렌 차일드(2004). 넌 어느 별에 살고 있니? 국민서관.
- 엘라 마리(1996). 나무. 시공주니어.
- 엘레 오노레 슈미트(1997). 물의 여행. 비룡소.
- 프랭크 애시(1996). 물 이야기. 보림.

생각 모으기

Q. 삼각 주머니 접기를 이용하여 만들 수 있는 책 형태를 그려보세요.

A.

Q. 삼각 주머니와 병풍책을 이용하여 만들 수 있는 형태를 그려보세요.

A.

Q. 삼각 주머니와 병풍책을 연결하여 나무 모양을 만들 수 있는 방법을 적어보세요.

A.

Q. 삼각 주머니를 전시할 수 있는 다양한 방법을 적어보세요.

A.

자료 준비하기

- 수업용 나무 책을 제작한다.
- 나뭇잎 카드 390㎜×390㎜ 1매, 나무 기둥 카드 390㎜×300㎜ 1매, 이야기 카드 370㎜×370㎜ 1매, 제목 카드 180㎜×80㎜ 4매를 준비한다.
- 나무의 시 생각 모으기(CD-ROM)를 A4 복사용지에 출력한다.

도구 준비하기

- 연필
- 색연필
- 사인펜
- 색종이
- 모양 펀치
- 낚시 줄
- 가위
- 핑킹가위
- 풀
- 투명 테이프
- 스티커
- 본드
- 면봉
- 본드판
- 장식 재료

김보래 · 김정찬 · 신현준 · 최가희(만 4, 5세).
나무의 노래. 390㎜×300㎜.

신혜민(만 7세). 물 동시집. 300㎜×300㎜.
신현호(만 7세). 물 이야기. 300㎜×300㎜.

활동하기에 앞서

- 나무 책은 만들고자 하는 나무의 크기에 따라 보다 크거나 작은 종이를 준비하여 제공한다.
- 나무 책을 모둠으로 만드는 경우 교사가 나무 책을 제작하여 소개하고, 개별적으로 만드는 경우 어린이 스스로 나무 책을 접도록 지도한다.
- 모둠책으로 제작하는 경우 나뭇잎 카드 크기를 되도록 크게(390㎜×390㎜) 제작하고 개별적으로 제작하는 경우 작은 크기(250㎜×250㎜ 또는 300㎜×300㎜)로 접도록 지도한다.
- 정사각형 모양의 이야기 카드는 양 대각선 방향으로 오려서 이등변 삼각형 모양으로 제공한다.

그림책 읽고 생각 모으기

- 참고도서 중 한 권을 선택하여 읽거나 나무와 관련된 프로젝트의 진행에 따라 알아보고자 하는 주제에 관하여 이야기 나눈다.

Q. 내가 알고 있는 나무 이름은 어떤 것들이 있니?

Q. 여러 가지 나무들의 어떤 점을 보고 이름을 알 수 있니?

Q. 집에서 기르고 있는 나무가 있니?

Q. 나무는 어떤 구조로 이루어져 있을까?

Q. 나무가 자라는데 필요한 것들은 무엇일까?

Q. 나무가 우리에게 주는 이로움은 무엇일까?

Q. 만일 나무가 없다면 어떤 문제가 생길까?
Q. 나무가 잘 자라도록 우리가 할 수 있는 것은 무엇일까?

나무 책 소개하고 생각 모으기

- 수업용 나무 책을 소개하고 어떻게 만들고 무엇을 표현할 수 있는지 이야기 나눈다.

Q. 책은 어떤 모양으로 이루어져 있을까?
Q. 책을 펼치면 그림과 글을 담는 면은 어떤 모양으로 이루어져 있니?
Q. 네모 모양 외에 다른 모양으로 책을 만들려면 어떤 모양으로 만들 수 있을까?
Q. 이것은 무엇을 닮았니?
Q. 나무 모양을 이용하여 책을 만들 수 있을까?
Q. 이 책의 이름은 무엇이라고 지을 수 있을까?
Q. 나무 책은 어떻게 만든 것일까?
Q. 나무 책의 잎 모양은 어떻게 접어서 만든 것일까?
Q. 나무 책의 기둥 부분은 어떻게 접어서 만든 것일까?
Q. 나무의 잎과 기둥은 어떻게 연결할 수 있을까?
Q. 나무 모양의 책에 어떤 이야기를 담을 수 있을까?
Q. 나뭇잎에 어떤 이야기를 담을 수 있을까?
Q. 나무 기둥에는 무엇을 표현하면 좋을까?

- 나무 생각 모으기(CD-ROM) 활동지에 주제에 따라 이야기 나눈 내용을 간단히 담는다.

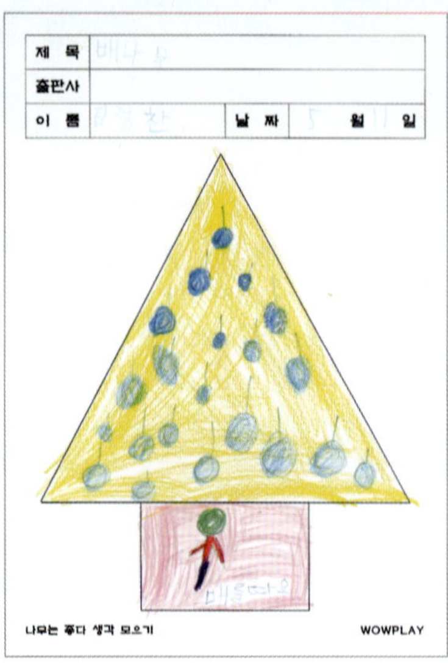

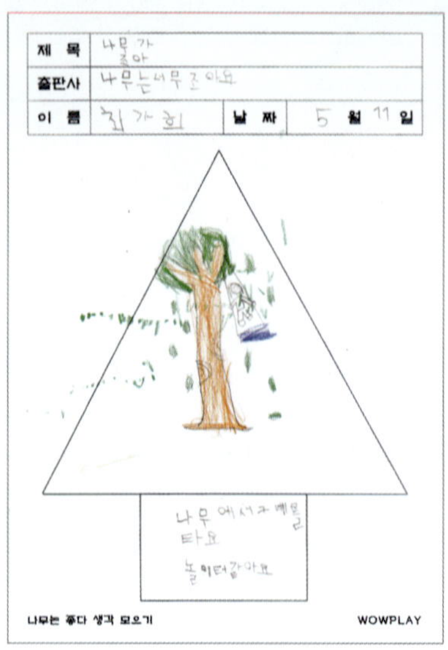

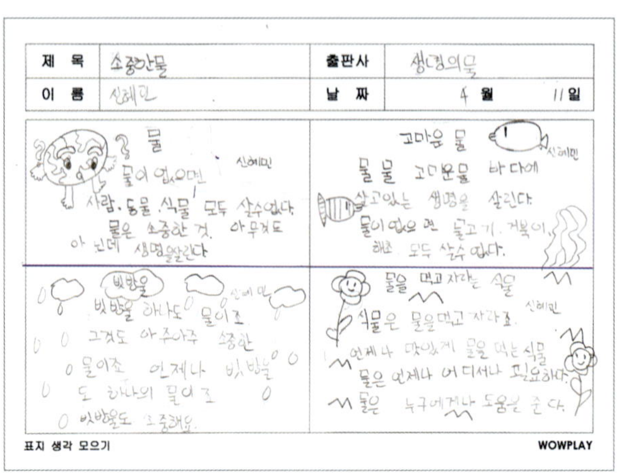

나무 책 만들기

① 나뭇잎 만들기

- 나뭇잎 카드를 아래와 같이 접어서 삼각주머니를 접는다.

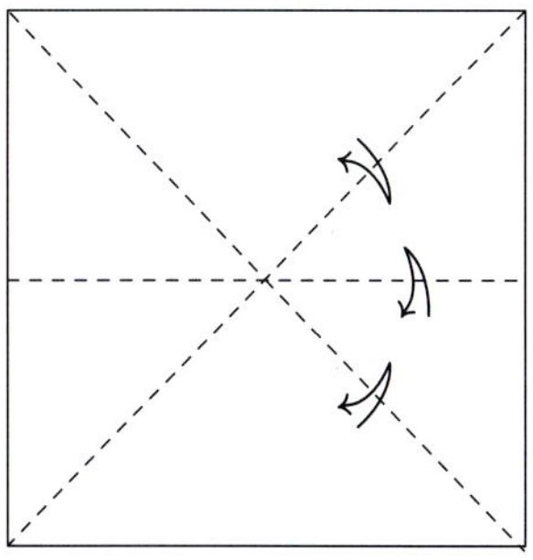

❶ 점선과 같이 접었다 펼친다.

❷ 점선을 따라 다시 반으로 접고 대각선을 따라 양 날개를 안으로 접어 넣는다.

❸ 삼각 주머니의 각 날개를 반대 방향으로 꺾어 접어서 균형을 맞춘다.

② 나무 기둥 만들기

- 나무 기둥 카드를 아래와 같이 접어서 십자 날개를 만든다.
- 십자 날개의 열려진 부분을 풀칠하여 각 날개 면이 떨어지지 않도록 붙인다.

❶ 십자 날개책을 접는다.

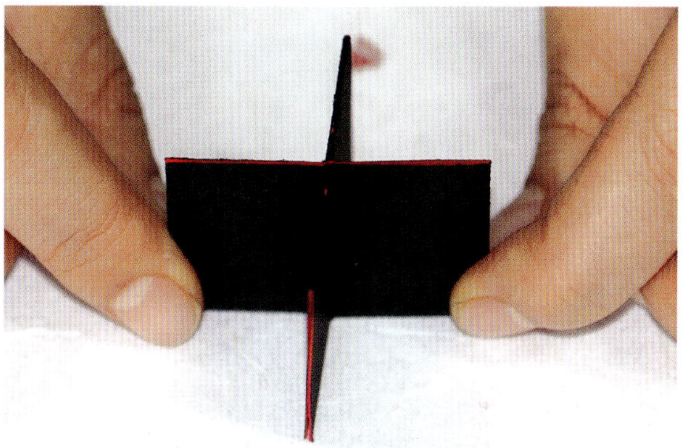

❷ 십자 모양의 날개 안쪽 면에 풀칠하여 각 날개가 떨어지지 않도록 붙인다.

③ 나무 잎과 기둥 연결하기

- 나무 기둥의 각 날개 윗부분에 풀칠하여 삼각 주머니의 각 날개 안쪽에 맞추어 끼워 넣고 붙인다.

❶ 십자 날개의 윗부분에 풀칠하고 날개에 맞추어 끼워 넣는다.

❷ 나무의 잎과 기둥을 십자 형태로 맞추어 세운다.

④ 이등변 삼각형 이야기 카드 만들기

- 정사각형의 이야기 카드를 대각선 방향으로 접었다 펼친다.
- 점선을 따라 잘라서 4매의 이등변 삼각형을 만든다. 이야기 카드는 교사가 잘라서 제공한다.

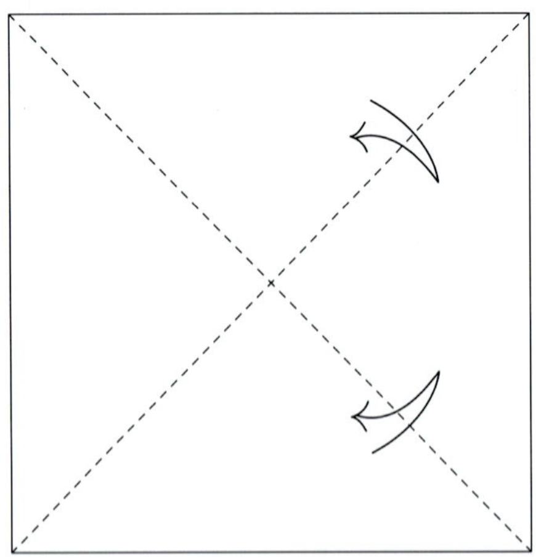

❶ 정사각형의 이야기 카드를 대각선으로 접었다 펼친다.

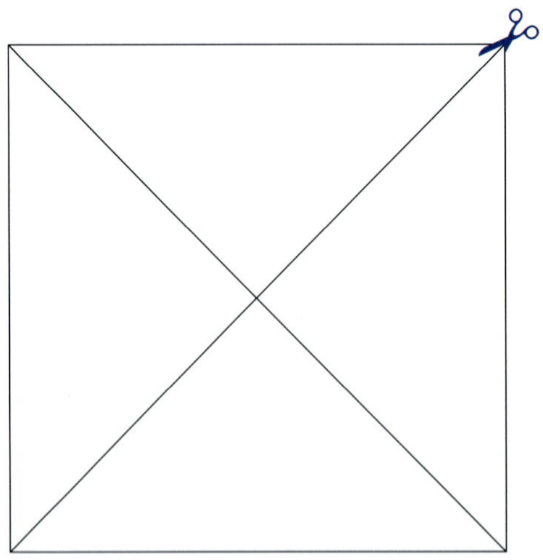

❷ 점선을 따라 잘라서 4매의 이등변삼각형 카드를 만든다.

⑤ 이야기 담기

- 정사각형의 이야기 카드를 대각선 방향으로 잘라서 이등변 삼각형 카드 4매를 만들어 제공한다.
- 삼각형 모양의 이야기 카드에 생각 모으기 활동지를 참고하여 나무와 관련된 이야기 또는 동시를 글과 그림으로 담는다.

⑥ 제목 카드 만들기

- 제목 카드에 그림에 대한 이야기 또는 동시 제목, 지은이, 출판사 명 등을 담는다.
- 개별적으로 나무 책을 만든 경우 4장의 이야기 카드에 각각 그림과 관련된 이야기를 적고 제목 카드 중 한 면에 제목, 지은이, 출판사를 적도록 지도한다.

⑦ 제목 카드와 이야기 카드 붙이기

- 완성한 제목 카드와 이야기 카드 뒷면에 풀칠하여 각각 한 면씩 돌아가며 나무 책에 붙인다.
- 필요한 경우 책의 각 면에 쪽 수를 적도록 지도한다.

소개하기 · 감상하기

- 나무 책에 어떤 이야기를 담았는지 소개한다.
- 나무와 관련하여 독특하거나 재미있는 생각을 표현한 작품을 알아본다.
- 나무 책을 아름답게 표현한 작품을 알아본다.
- 나무를 위하여 실천할 수 있는 것에는 무엇이 있었는지 알아본다.
- 나무 책을 어떤 순서로 읽어갈 수 있을지 알아본다.
- 나무 책을 전시할 수 있는 다양한 방법에 대하여 알아본다.
- 나무 책을 만들면서 어렵거나 힘들었던 점이 있었는지 이야기 나눈다.
- 나무 책을 이용하여 할 수 있는 새로운 활동에 대하여 알아본다.
- 교실의 한 공간을 마련하여 완성된 나무의 시를 서로 감상할 수 있도록 전시한다.

Gallery

신현준(만 6세). 나의 라임오렌지나무.

김정찬(만 5세). 멋진 나무.

최가희(만 5세). 나무가 좋아.

김보래(만 5세). 과일 나무.

Gallery

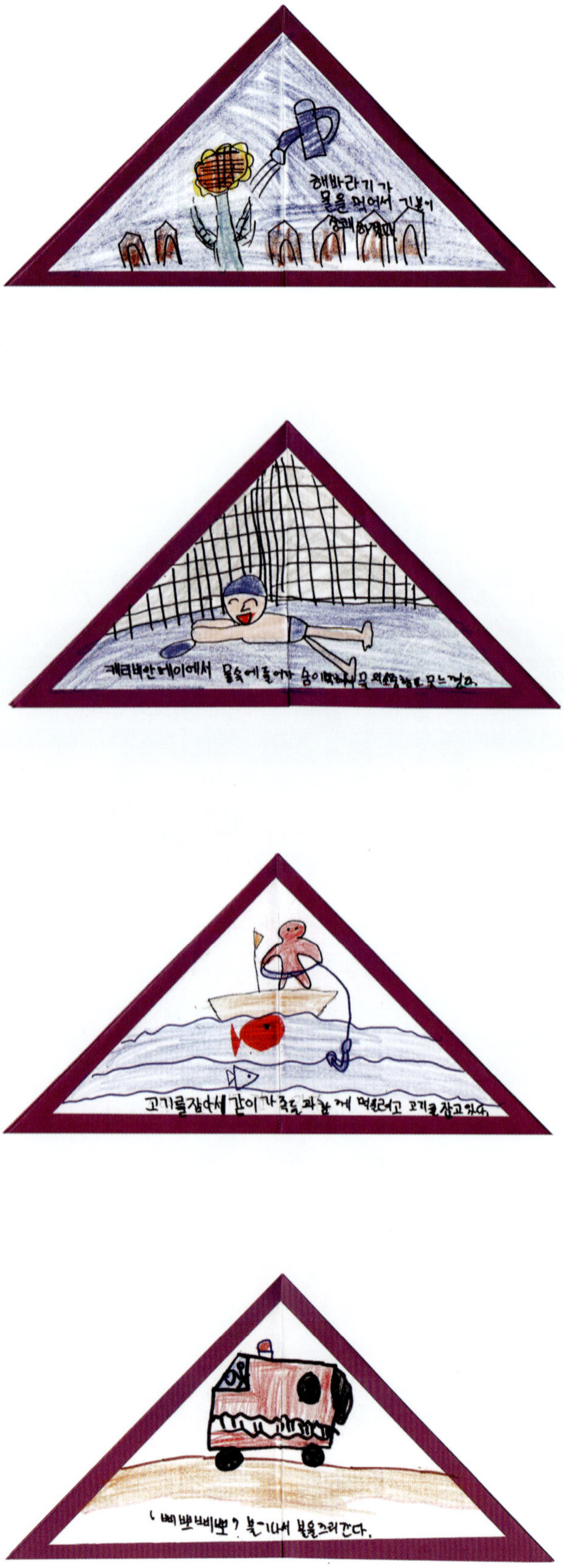

최찬희(만 7세). WATER. 300㎜×300㎜.

신민기(만 7세). 물의 소중함. 300㎜×300㎜.

나의 솜씨 주머니

주머니 꽃. 2003. 200㎜×200㎜.

활용도서

- 패트릭 맥도넬(2006). 아트. 지경사.

참고도서

- 고미 타로(1990). 그림으로 생각 키우기1. 창해.
- 고미 타로(1992). 그림으로 생각 키우기2. 창해.
- 에바 헬러(2004). 감자야 그림 그리자. 달리.
- 엘리자베트 보르헤르스(2004). 파울의 미술시간. 풀빛.
- 파스칼 에스텔롱(2006). 창의적인 그림 그리기. 베틀북.
- B. 바움부쉬(2002). 하늘. 비룡소.

생각 모으기

Q. 사각주머니 접기(꽃 접기)를 이용하여 할 수 있는 활동을 적어보세요.

A.

Q. 사각주머니를 연결하여 만들 수 있는 모양을 적어보세요.

A.

Q. 사각주머니에 표지를 붙일 수 있는 방법을 적어보세요.

A.

Q. 병풍책에 사각주머니를 붙여서 꾸밀 수 있는 방법을 적어보세요.

A.

자료 준비하기

- 수업용 사각주머니 날개책을 제작한다.
- 사각주머니 카드 250㎜×250㎜ 4매~8매, 표지 카드 115㎜×115㎜ 2매를 준비한다.
- 판권면 라벨 3105 · 3112(CD-ROM)를 Formtec Label 3105 · 3112 라벨용지에 출력한다.

도구 준비하기

- 연필
- 색연필
- 사인펜
- 색종이
- 모양 펀치
- 물감
- 붓
- 스펀지 붓
- 가위
- 구슬
- 빨대
- 실
- 핑킹가위
- 물감통
- 풀
- 본드
- 면봉
- 본드판
- 장식 재료
- 리본 끈
- 접착펠트

쑥쑥이어린이집 친구들(만 3세). 크레파스와 물감이 만나서 친구가 되었어요. 250㎜×250㎜.

쑥쑥이어린이집 친구들(만 3세). 실그림: 나는 무엇일까요? 200㎜×200㎜.

활동하기에 앞서

- 사각주머니 날개책에 활용하는 조형미술 활동은 교육 단원이나 주제에 따라 교사가 선정하여 활동한다.

예) 구슬그림, 실그림, 데칼코마니, 점그림, 선그림, 스펀지 붓 그림, 종이 구겨 찍기, 입술그림, 지문그림, 손바닥 찍기, 발바닥 찍기, 색풀 그림, 물감 직조그림, 물감불기, 물감 흘리기, 안개그림, 표백그림, 거품그림, 모양종이 구성하기, 모양 스티커 구성하기, 종이 찢어 구성하기, 색종이 접어 붙이기, 촛농그림, 스크래치, 베껴 그리기 등

- 일주일에 한 가지 또는 두 가지 유형의 조형미술 활동을 진행하고 4주간의 작품 카드를 사각주머니로 접어서 연결하여 붙이면 개별적인 4면 또는 8면 사각주머니 날개책이 만들어진다.
- 학급 전체 어린이들이 활동한 작품을 모아서 모둠책을 제작할 수 있다. 모둠으로 만든 사각주머니 날개책은 학급의 생일잔치 또는 축하할 일이 있을 때 어린이들이 다함께 참여하여 친구에게 해 주고 싶은 이야기나 그림을 그려서 선물한다.
- 사각주머니 카드는 만들고자 하는 책의 크기 또는 조형미술 활동 유형에 따라 제시된 크기보다 크거나 작은 종이(150㎜×150㎜ · 200㎜×200㎜ · 250㎜×250㎜ · 300㎜×300 · 350㎜×350㎜ · 390㎜×390㎜)를 준비하여 활동한다.
- 사각주머니 접기를 활용하여 미술활동을 진행하는 경우 사용하는 종이는 뉴칼라(128g)를 사용하기 보다는 켄트지(200g)를 사용하여 활동하는 것이 적절하다.
- 켄트지를 사용하여 활동하는 경우 어린 연령의 어린이는 두꺼운 종이를 접는데 어려움을 느낄 수 있으므로 교사가 접어서 제공한다.
- 사각주머니 날개책은 조형 미술 활동 외에 그림 동시책, 그림 일기책, 주말 지낸 이야기책, 낱말 모음책, 단어 입양책 등으로 활용한다.

사각주머니 날개책 소개하고 생각 모으기

- 수업용 사각주머니 날개책을 소개하고 어떻게 만들고 무엇을 표현할 수 있는지 이야기 나눈다.

Q. 이 책은 어떤 모양이니?
Q. 이 책을 펼치면 어떤 모양이 될까?
Q. 책을 펼치기 전의 모양과 펼쳤을 때 모양이 어떻게 다르니?
Q. 이 책을 펼칠 때 어떤 것이 생각나니?
Q. 이 책의 이름은 무엇이라고 지을 수 있을까?
Q. 이 책은 어떻게 만든 것일까?
Q. 이렇게 접는 방법을 무엇이라고 할까?
Q. 정사각형 종이를 이용하여 어떤 활동을 할 수 있을까?
Q. 언제 정사각형 종이를 사각주머니로 접어야 할까?
Q. 내가 표현한 그림의 이야기는 어디에 적으면 좋을까?
Q. 사각주머니 카드를 어떻게 연결하여 붙이면 꽃 모양처럼 펼쳐질까?

사각주머니 날개책 만들기

① 조형미술 활동하기

- 활동을 시작하기 전에 카드 뒷면 하단에 이름과 날짜를 적는다.
- 매주 1~2회씩 학급의 교육 단원이나 주제와 관련된 조형미술 활동을 사각주머니 카드를 이용하여 활동한다.
- 물감이나 잉크를 사용한 조형미술 활동인 경우 건조대에서 말린 후 원하는 곳에 그림에 대한 느낌이나 이야기를 적도록 지도한다.
- 건조대에서 말린 종이는 물감이 마르는 과정에서 구김이 생길 수 있으므로 사각 주머니로 접기 이전에 두꺼운 책이나 잡지 사이에 끼워서 사용하도록 지도한다.
- 스스로 글을 쓰기 어려워하는 경우 교사가 이야기를 받아 적어준다.

② 사각주머니 접기

- 조형미술 활동을 마친 사각주머니 카드를 아래와 같이 접는다.

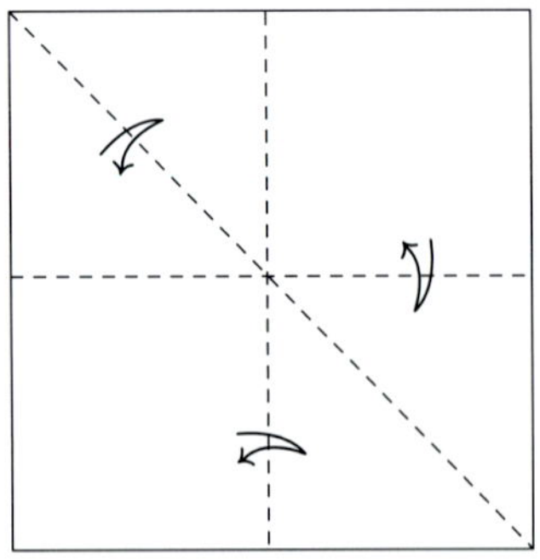

❶ 점선과 같이 접었다 펼친다.

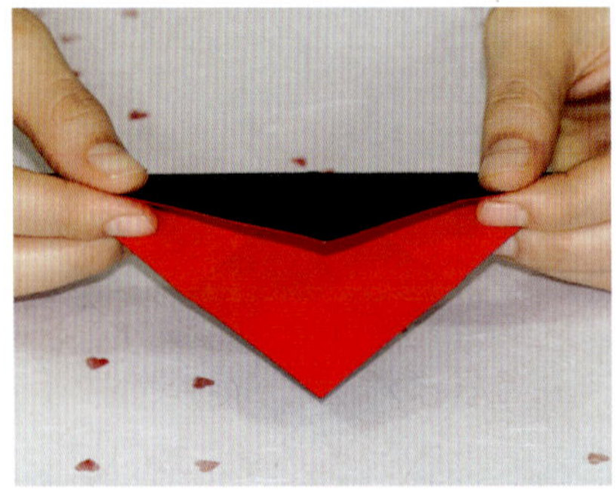

❷ 대각선으로 접은 점선을 따라 다시 사선으로 접어서 삼각형을 만든다.

❸ 대각선의 양 끝부분을 접은 선을 따라 안쪽으로 접어 넣어서 네모를 만든다.

③ 사각주머니 연결하기

- 사각주머니 카드의 한쪽 면에 풀칠하고 같은 방향으로 다른 사각주머니 카드를 붙인다.
- 위와 같은 방법을 반복하여 모든 사각주머니 카드를 연결한다.

④ 표지에 끈 달기

- 활동 유형이나 어린이들이 원하는 경우 앞표지와 뒷표지에 리본 끈을 연결하여 끈을 달 수 있다.
- 사용하는 리본 끈은 너무 넓거나 얇은 것 보다는 1㎝~1.5㎝ 정도의 넓이의 끈을 사용하는 것이 적절하나, 책의 크기에 따라 보다 넓거나 얇은 끈을 사용할 수 있다.
- 끈을 부착하는 경우 접착펠트를 원하는 모양으로 2개씩 오려서 앞뒷면에 붙이도록 지도한다.
- 끈을 부착할 때 너무 당겨서 붙이면 책을 펼칠 때 어려움이 있을 수 있으므로 책등 부분에 여유분을 남겨두고 붙이도록 지도한다.
- 표지에 끈을 다는 보다 자세한 방법은 124쪽과 『책 만들기를 통한 창의적 언어교육Ⅱ(최유경 저)』 10쪽~24쪽을 참고한다.

⑤ 표지 꾸미기

- 표지 카드의 색깔이 짙은 색인 경우 속지 카드를 붙이고 표현한다.
- 표지 카드의 앞면에 제목, 지은이, 앞표지 그림, 출판사 명 등을 담는다.
- 표지 카드의 뒷면에 판권면을 꾸민다.
- 뒷표지는 판권면 라벨을 사용하여 꾸미도록 할 수 있다.
- 책 만들기 경험이 풍부한 어린이는 뒷표지에 뒷표지 그림을 그리고 광고 문구나 중심 문구를 적도록 지도한다.

⑥ 표지 카드 붙이기

- 완성한 표지 카드 뒷면에 풀칠하여 사각주머니 날개책 앞뒷면에 붙인다.

소개하기 · 감상하기

- 사각주머니 카드를 이용하여 어떤 조형미술 활동을 했는지 소개한다.
- 다양한 조형미술 활동 중에 특별히 재미있었거나 즐거웠던 활동을 소개한다.
- 각각의 조형미술 활동 작품 중에 가장 마음에 드는 작품을 알아본다.
- 조형미술 작품을 이용하여 새롭게 꾸밀 수 있는 방법에 대하여 알아본다.
- 조형미술 작품과 이야기가 재미있거나 아름다운 작품을 알아본다.
- 사각주머니 날개책을 전시할 수 있는 다양한 방법에 대하여 알아본다.
- 사각주머니 날개책을 만들면서 어렵거나 힘들었던 점이 있었는지 이야기 나눈다.
- 사각주머니 날개책을 이용하여 할 수 있는 새로운 활동에 대하여 알아본다.
- 교실의 한 공간을 마련하여 완성된 나의 솜씨 주머니를 서로 감상할 수 있도록 전시한다.

Gallery

권혁민

김재희

여승엽

이유진

유승원

나지원

전 진

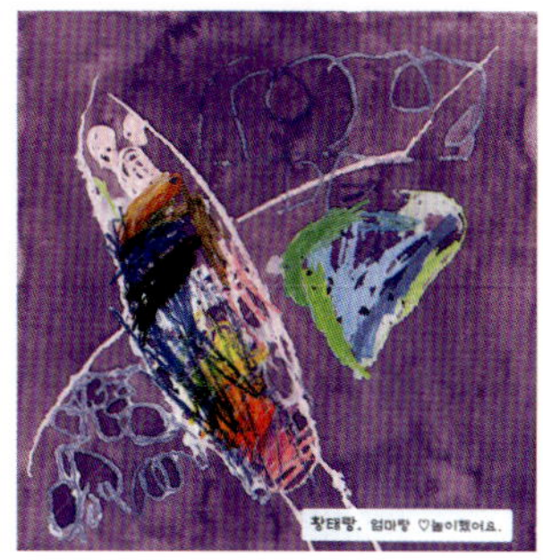
황태랑

쑥쑥이어린이집 친구들(만 3세). 크레파스와 물감이 만나서 친구가 되었어요. 250㎜×250㎜.

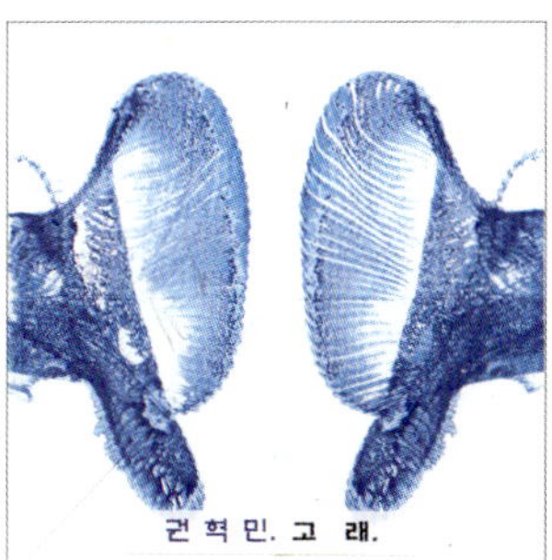

권혁민

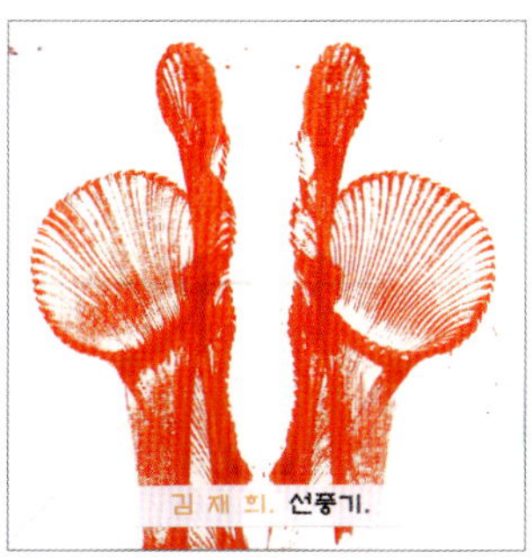

김재희

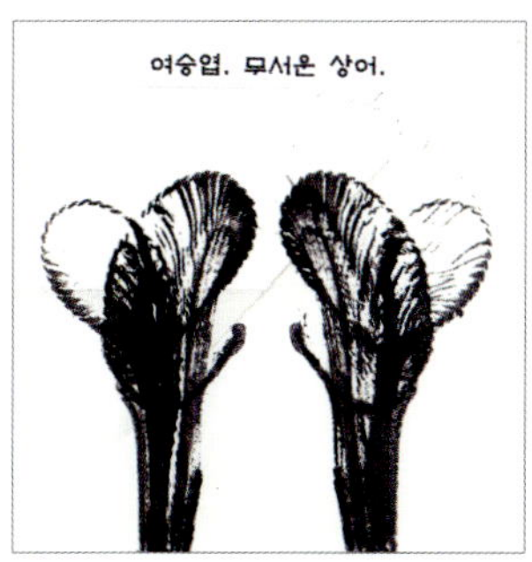

여승엽

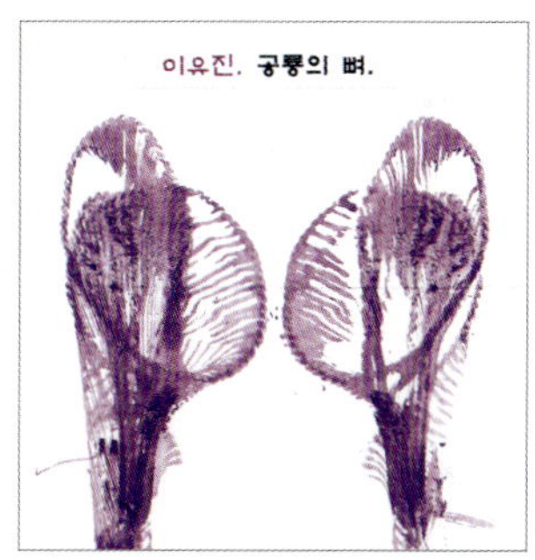

이유진

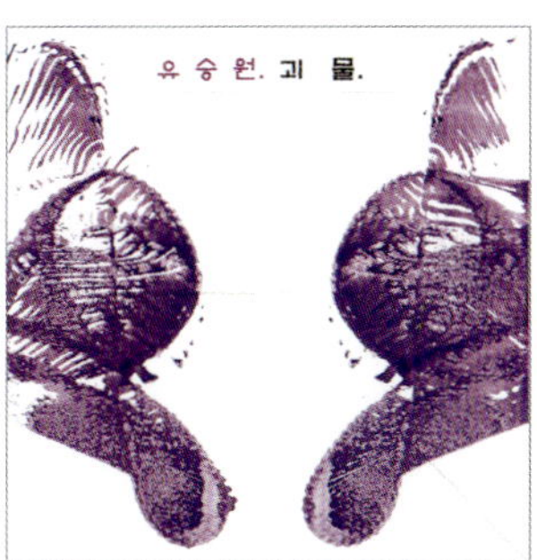

유승원

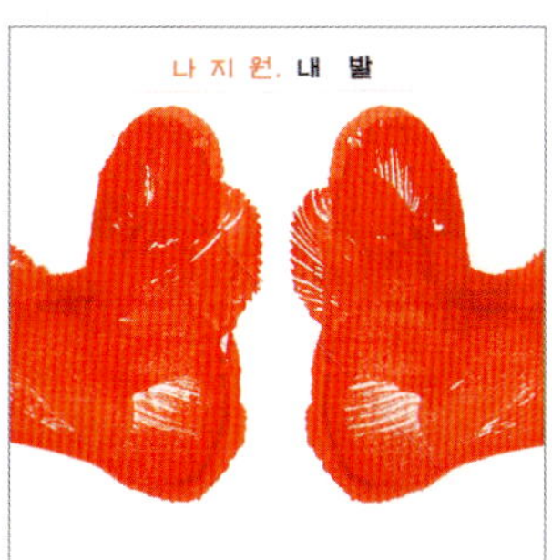

나지원

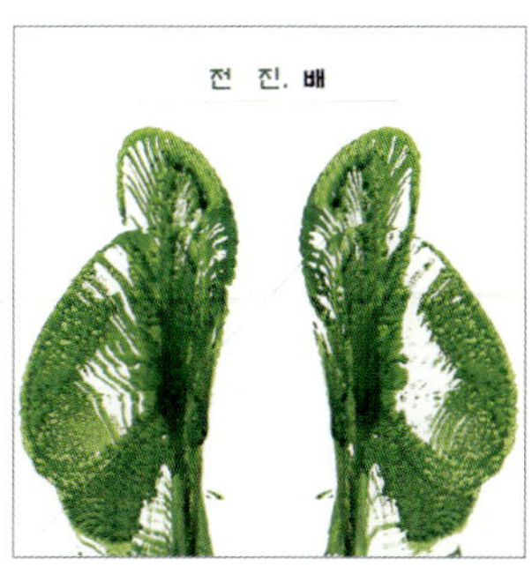

전 진

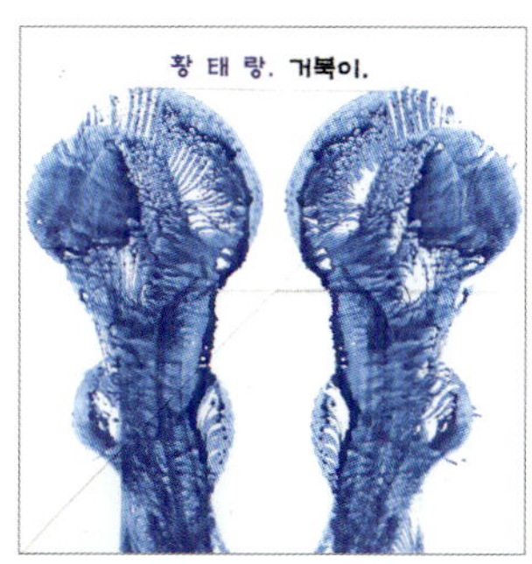

황태랑

쑥쑥이어린이집 친구들(만 3세). 실그림: 나는 무엇일까요? 200㎜×200㎜.

Gallery

사계절. 2003. 580㎜×135㎜.

주머니 속 ㄱㄴㄷ. 2004. 1950㎜×130㎜.

손바닥으로 그리는 바닷속 세상

The Parade of Colors. 2004. 3000㎜×250㎜

활용도서

- 한태희(2004). 손바닥 물고기. 비룡소.

참고도서

- 공주형(2006). 색깔 없는 세상은 너무 심심해. 토토북.
- 에바 헬러(2004). 감자야 그림 그리자. 달리.
- 정순희(2005). 누구야. 창비.
- 패트릭 맥도넬(2006). 아트. 지경사.
- 한태희(2002). 손바닥 동물원. 예림당.
- 한태희(2002). 손바닥 놀이공원. 예림당.

생각 모으기

Q. 삼각 주머니를 변형하여 만들 수 있는 pop-up을 그려보세요.

A.

Q. 삼각 주머니를 이용하여 오각주머니를 접어보세요.

A.

Q. 오각 주머니 날개책을 이용하여 할 수 있는 활동을 적어보세요.

A.

Q. 오각주머니를 연결하여 만들 수 있는 다양한 형태의 책을 그려보세요.

A.

자료 준비하기

- 수업용 오각주머니 날개책을 제작한다.
- 오각주머니 카드 300㎜×300㎜ 1매, 표지 카드 130㎜×130㎜ 1매를 준비한다.
- 손바닥 물고기 생각 모으기 · 손바닥 그림 생각 모으기(CD-ROM)를 A4 복사용지에 출력한다.
- 판권면 라벨 3108 · 3114 · 3116(CD-ROM)을 Formtec Label 3108 · 3114 · 3116 라벨용지에 출력한다.

도구 준비하기

- 연필
- 색연필
- 사인펜
- 색종이
- 모양 펀치
- 가위
- 핑킹가위
- 풀
- 물감
- 물감 접시
- 스티커
- 본드
- 면봉
- 본드판
- 장식 재료

꿈꾸는 아이들어린이집 친구들(만 5세). 손바닥 물고기. 1200㎜×300㎜.

문승혜(만 5세). 물고기 나라. 300㎜×300㎜.

활동하기에 앞서

- 오각주머니 카드는 만들고자 하는 책의 크기 또는 조형미술 활동 유형에 따라 제시된 크기보다 크거나 작은 종이를 준비하여 활동한다.

- 4면~8면 오각주머니 날개책이나 오각주머니 병풍책을 이용하여 새로운 주제의 손바닥 그림책을 만들어 보도록 지도한다.
  예) 손바닥 새, 손바닥 곤충, 손바닥 놀이터, 손바닥 꽃동산, 손바닥 수목원, 손바닥 장난감, 손바닥 가족, 손바닥 미술관, 손바닥 궁전, 손바닥 교통기관, 손바닥 인형 등.
- 오각주머니 카드에 손바닥 찍기 활동뿐만 아니라 일주일에 한 가지 또는 두 가지 유형의 조형미술 활동을 꾸준히 진행하고 4주간의 작품을 오각주머니 카드로 접어서 연결하여 붙이면 개별적인 4면 또는 8면 오각주머니 날개책이 만들어진다.
- 학급 전체 어린이들이 활동한 작품을 모아서 모둠책을 제작할 수 있다. 모둠으로 만든 오각주머니 날개책은 학급의 생일잔치 또는 축하할 일이 있을 때 어린이들이 다함께 참여하여 친구에게 해 주고 싶은 이야기나 그림을 그려서 선물한다.
- 오각주머니 날개책은 사각주머니 날개책과 마찬가지로 조형미술 활동 외에 그림 동시책, 그림 일기책, 주말 지낸 이야기책, 낱말 모음책, 단어 입양책 등으로 다양하게 활용한다.

그림책 읽고 생각 모으기

- 그림책을 소개하고 이야기를 들려준다.
- 그림책의 이야기를 다 들려준 후 책의 앞표지부터 한 장씩 넘겨가며 손바닥을 이용하여 어떤 물고기들을 만들었는지, 어떤 모양의 물고기를 만들 수 있는지 이야기 나눈다.

Q. 이 그림책의 제목은 무엇이니?
Q. 등장하는 주인공들은 무엇으로 만들어졌니?
Q. 손바닥을 이용하여 어떤 물고기들을 만들었니?
Q. 손바닥을 이용하여 물고기 외에 또 무엇을 나타냈니?
Q. 손바닥을 이용하여 어떤 모양의 물고기를 만들 수 있을까?
Q. 손바닥을 이용하여 물고기 외에 또 무엇을 만들 수 있을까?
Q. 손바닥을 어떻게 찍고 꾸미면 원하는 것을 나타낼 수 있을까?

오각주머니 날개책 소개하고 생각 모으기

- 수업용 오각주머니 날개책을 소개하고 어떻게 만들고 무엇을 표현할 수 있는지 이야기 나눈다.

Q. 이 책은 어떤 모양이니?
Q. 이 책을 펼치면 무엇이 나타날까?
Q. 책을 펼쳤을 때 무엇이 나타났니?
Q. 책을 펼치기 전의 모양과 펼쳤을 때 모양이 어떻게 다르니?
Q. 이 책을 펼칠 때 무엇이 생각났니?
Q. 이 책의 이름은 무엇이라고 지을 수 있을까?
Q. 이 책은 어떻게 만든 것일까?
Q. 이렇게 접는 방법을 무엇이라고 할까?
Q. 정사각형 종이를 이용하여 어떤 활동을 할 수 있을까?
Q. 카드에 손바닥 물감 찍기를 이용하여 무엇을 나타낼 수 있을까?
Q. 손바닥 물감 찍기로 무엇을 만들고 싶니?
Q. 무엇을 한 후에 정사각형 카드를 오각주머니로 접어야 할까?
Q. 내가 표현한 손바닥 그림의 이야기는 어디에 적으면 좋을까?
Q. 오각주머니 날개책에 표지 카드는 어떻게 붙여야 할까?
Q. 오각주머니 카드를 연결할 수 있는 또 다른 방법은 무엇일까?

- 손바닥 물고기 생각 모으기 또는 손바닥 그림 생각 모으기(CD-ROM) 활동지에 손바닥 모양을 이용하여 표현하고 싶은 것이 무엇인지 생각하고 손바닥 그림과 글을 간단히 담는다.

오각주머니 날개책 만들기

① 조형미술 활동하기

- 활동을 시작하기 전에 카드 뒷면 하단에 이름과 날짜를 적는다.
- 4면~8면 오각주머니 날개책이나 오각주머니 병풍책을 만드는 경우 하루에 한 장 또는 2장씩 4~5일에 걸쳐 손바닥 물감 찍기 활동을 진행한다.
- 물감이나 잉크를 사용한 조형미술 활동인 경우 건조대에서 말린 후 손바닥 모양을 이용하여 원하는 모양으로 꾸미고 그림에 대한 느낌이나 이야기를 적도록 지도한다.
- 스스로 글을 쓰기 어려워하는 경우 교사가 이야기를 받아 적어준다.

② 오각주머니 카드 접기

- 조형미술 활동을 마친 오각주머니 카드를 아래와 같이 접는다.

❶ 삼각주머니를 접는다(159쪽 참고).

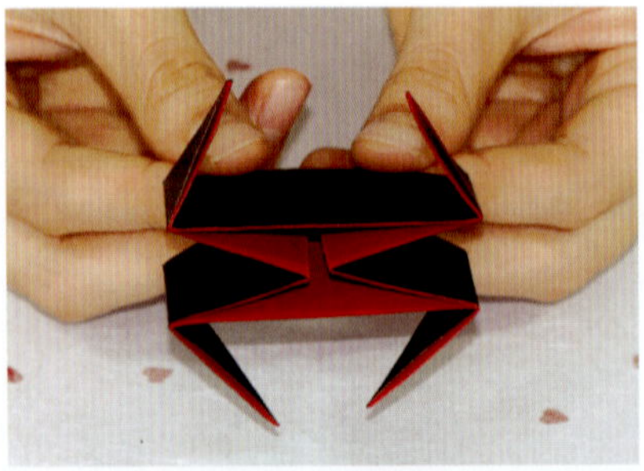

❷ 삼각주머니의 양 날개를 각각 중심선을 향해 마주 접었다 펼친다.

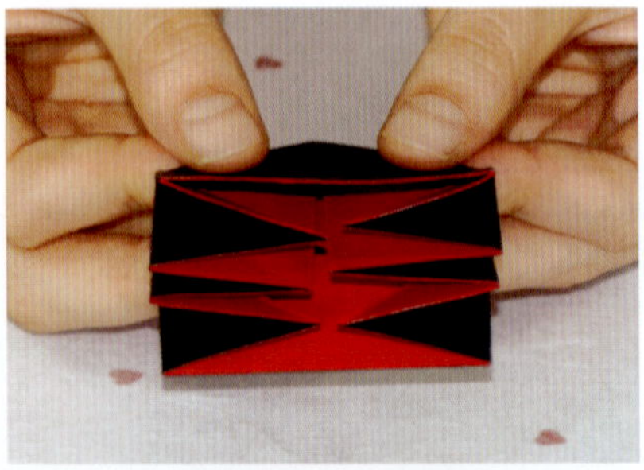

❸ 접었다 펼친 각 날개 부분을 카드 안쪽으로 꺾어서 밀어 넣는다.

③ 표지 카드 접기

- 표지 카드를 반으로 접어서 2면 카드를 만든다.

④ 표지 꾸미기

- 표지 카드의 색깔이 짙은 색인 경우 속지 카드를 붙이고 표현한다.
- 표지 카드의 앞면에 제목, 지은이, 앞표지 그림, 출판사 명 등을 담는다.
- 표지 카드의 뒷면에 판권면을 꾸민다.
- 뒷표지는 판권면 라벨을 사용하여 꾸미도록 할 수 있다.
- 책 만들기 경험이 풍부한 어린이는 뒷표지 그림을 그리고 광고 문구나 중심 문구를 적도록 지도한다.

⑤ 표지 카드에 오각주머니 카드 붙이기

- 오각주머니 카드 앞뒷면에 풀칠하여 표지 카드 중앙에 붙인다.

소개하기 · 감상하기

- 오각주머니 카드를 이용하여 어떤 조형미술 활동을 했는지 소개한다.
- 손바닥 물감 찍기를 이용하여 무엇을 표현했는지 소개한다.
- 손바닥 물감 찍기를 이용하여 어떤 이야기를 만들었는지 소개한다.
- 손바닥 물감 찍기를 이용하여 독특하거나 재미있게 표현한 작품을 알아본다.
- 손바닥 물감 찍기를 이용하여 꾸민 이야기가 아름답거나 특이한 작품을 알아본다.
- 오각주머니 카드책을 전시할 수 있는 다양한 방법에 대하여 알아본다.
- 오각주머니 카드책을 이용하여 할 수 있는 새로운 활동에 대하여 알아본다.
- 오각주머니 카드책을 만들면서 어렵거나 힘들었던 점이 있었는지 이야기 나눈다.
- 교실의 한 공간을 마련하여 완성된 손바닥으로 그리는 바닷속 세상을 서로 감상할 수 있도록 전시한다.

Gallery

전태현 · 최가희 · 김보래 · 김정찬(만 5세). 손바닥 물고기. 1080㎜×270㎜.

The Explosion Pages Book. 108㎜×195㎜.

아이빌리어린이집 친구들(만 3세). 구슬그림. 200㎜×200㎜.

지그재그 이야기

Wild Animal Book. 2005. 880㎜×180㎜.

활용도서

- 최승호 시 · 윤정주 그림(2005). 최승호 시인의 말놀이 동시집. 비룡소.

참고도서

- 마거릿 와이즈 브라운(2003). 난 벌레가 좋아. 보림.
- 에릭 칼(2006). 수수께끼 생일 편지. 더큰컴퍼니.
- 이은경 글 · 박윤지 그림(2006). 동물ㄱㄴㄷ. 배영교육.
- 최숙희(2006). 알 알이 123. 아이즐.
- 허은미 구성 · 곽선영 그림(2006). 말놀이 쫑쫑. 비룡소.

생각 모으기

Q. 다단 병풍책을 활용하여 할 수 있는 활동을 적어보세요.

A.

Q. 다단 병풍책을 변형하여 만들 수 있는 형태의 책을 그려보세요.

A.

Q. 직조 짜기를 활용하여 만들 수 있는 형태의 책을 그려보세요.

A.

Q. 다단 병풍책과 직조 짜기를 활용하여 만들 수 있는 형태의 책을 그려보세요.

A.

Q. 다단 병풍책과 직조 짜기를 활용하여 만든 책을 이용하여 할 수 있는 문해 활동을 적어보세요.

A.

자료 준비하기

- 수업용 직조 병풍책을 제작한다.
- 병풍 카드 600㎜×150㎜ 1매 또는 600㎜×195㎜ 1매, 직조 카드 74㎜×150㎜ 6매 또는 74㎜×195㎜ 6매, 속지 카드 65㎜×140㎜ 4매 또는 65㎜×185㎜ 4매를 준비한다.
- 병풍 카드 960㎜×195㎜ 1매, 직조 카드 114㎜×195㎜ 6매, 속지 카드 85㎜×185㎜ 4매를 준비한다.
- 낱말 놀이 라벨 3105(CD-ROM)를 Formtec Label 3105 라벨용지에 컬러 출력한다.
- 나의 이야기 라벨 3108 · 3114(CD-ROM)를 Formtec Label 3108 · 3114 라벨용지에 컬러 출력한다.
- 직조 병풍책 생각 모으기와 동시 짓기 생각 모으기(CD-ROM)를 A4 복사용지에 출력한다.

도구 준비하기

- 연필
- 색연필
- 사인펜
- 색종이
- 모양 펀치
- 가위
- 핑킹가위
- 풀
- 스티커
- 본드
- 면봉
- 본드판
- 장식 재료

신현준(만 6세). 현준이의 생각책. 720㎜×195㎜.

김보래(만 5세). 보래의 이야기. 720㎜×195㎜.

전태현(만 5세). 하늘 땅 물에 사는 동물들. 450㎜×150㎜.

김정찬(만 5세). 재미있는 한글놀이. 450㎜×195㎜.

활동하기에 앞서

- 직조 병풍책은 활동 유형에 따라 3단에서 7단까지 자유롭게 단을 나누어 만든다.
- 3단 직조 병풍책을 만드는 경우 병풍 카드 800mm×150mm 1매, 직조 카드 74mm×150mm 6매, 속지 카드 65mm×140mm 2매를 준비하여 제작한다.
- 4단 직조 병풍책을 만드는 경우 병풍 카드 800mm×195mm 1매, 직조 카드 74mm×195mm 6매, 속지 카드 65mm×185mm 2매를 준비하여 제작한다.
- 5단에서 7단까지의 직조 병풍책을 만드는 경우 4단 직조 병풍책을 제작할 때 사용한 크기의 카드를 이용하여 단의 높이를 줄여서 제작하거나 높이가 높은 크기의 카드를 준비하여 제작한다.
- 직조 병풍책은 다단의 높이를 일정하게 자르는 방법과 달리 활동 유형이나 이야기 내용에 따라 각 단의 높낮이를 다르게 오려서 활용한다.
- 직조 병풍책은 다양한 유형의 낱말 놀이와 동시 짓기를 위한 책으로 활용하거나 일정한 주제를 정하여 알고 있는 것이나 알아보고 싶은 것들을 표현하도록 지도한다.
- 직조 병풍책은 책을 펼쳤을 때 나타나는 면의 수와 책을 덮고 한 면씩 넘길 때 나타나는 면의 수가 다른 독특한 구조적 특징을 지닌 책이다. 따라서 책을 만들고 글을 적을 때 책을 펼쳐놓고 적으면 숨어있는 면에는 글을 담을 수 없게 되므로 책을 덮어 놓은 상태에서 한 면씩 넘겨가며 적어나가도록 지도한다.
- 활동에 참여하는 어린이들의 책 만들기 경험에 따라 낱말 놀이 라벨 3105(CD-ROM)를 출력하여 제공하고 이를 활용하여 이야기를 쓰도록 지도한다.
- 낱말 놀이 라벨 3105(CD-ROM)은 활동 유형에 따라 원하는 라벨을 출력하여 사용한다.
- 병풍 카드와 직조 카드의 색깔이 짙은 색인 경우 각각의 단에 Formtec Label 3105 라벨용지를 붙이고 글을 쓰도록 지도한다.
- 신현준과 김보래의 작품과 같은 유형의 책을 만들고자 하는 경우 Formtec Label 3108과 3114 라벨용지를 사용한다.
- 앞표지와 뒷표지에 사용하는 속지 카드와 1면과 8면에 헌정사와 광고 문구를 담기 위한 속지 카드는 크기를 다르게 제작하여 제공한다.

동시 그림책 읽고 생각 모으기

- 동시 그림책을 소개하고 동시를 읊어준다.
- 동시를 읊고 난 후 동시의 낱말을 바꾸어 새로운 동시를 지어볼 수 있는 방법에 대하여 이야기 나눈다.

Q. 이 동시는 어떤 규칙이 있니?
Q. 이 동시의 규칙에 따라 낱말을 바꾸어 볼 수 있을까?
Q. 이 동시의 낱말을 어떻게 바꾸어 볼 수 을까?
Q. 이 동시에 새로운 규칙을 만들어 볼 수 있을까?
Q. 어떤 규칙에 따라 동시를 지어볼 수 있을까?

- 어린이들이 새로이 만든 규칙에 따라 동시를 지어보고 동시 생각 모으기(CD-ROM) 활동지에 받아 적은 후 벽면에 붙여서 자유로이 읽어볼 수 있도록 격려한다.

직조 병풍책 소개하고 생각 모으기

- 수업용 직조 병풍책을 소개하고 어떻게 만들고 무엇을 표현하게 되는지 이야기 나눈다.

Q. 이 책은 어떤 점이 특별해 보이니?
Q. 이 책은 어떻게 만들었을까?
Q. 병풍책을 어떻게 오려서 단을 만들었을까?
Q. 종이를 어떻게 끼어 넣으면 이런 패턴이 나타날까?
Q. 이렇게 종이를 지그재그로 끼어 넣어서 패턴을 만드는 방법을 무엇이라고 할까?
Q. 책을 펼쳤을 때 몇 면으로 구성되어 있니?
Q. 책을 덮고 한 면씩 넘기면 몇 면이 나타났니?

Q. 왜 책을 펼쳤을 때와 책을 덮고 한 면씩 넘길 때 나타나는 면이 다를까?

Q. 이 책의 이름은 무엇이라고 지을 수 있을까?

Q. 3단 또는 4단 직조 병풍책을 이용하여 어떤 이야기를 담을 수 있을까?

Q. 직조 병풍책에 글을 쓸 때 어떤 점을 주의해야 할까?

Q. 왜 책을 덮고 한 면씩 넘겨가며 글을 적어야 할까?

Q. 직조 병풍책의 1면과 8면에는 어떤 이야기를 담으면 좋을까?

- 직조 병풍책 생각 모으기 활동지에 활동 유형에 따라 담고자 하는 이야기를 간단히 적는다.
- 어린이들이 스스로 주제를 정하기 어려워하는 경우 주제가 적힌 생각 모으기 활동지를 제공한다.

직조 병풍책 만들기

① 8면 병풍책 만들기

- 병풍 카드를 지그재그로 접어서 4면 병풍책을 만든다.
- 4면 병풍책을 다시 지그재그로 접어서 8면 병풍책을 만든다.

② 다단 병풍책 만들기

- 8면 병풍책을 펼쳐 다시 반으로 접고 연결된 면에서부터 1면과 8면을 제외하고 2면부터 7면까지 원하는 다단으로 자른다.
- 활동 유형이나 이야기 내용에 따라 다단의 높낮이를 각각 다르게 자른다.

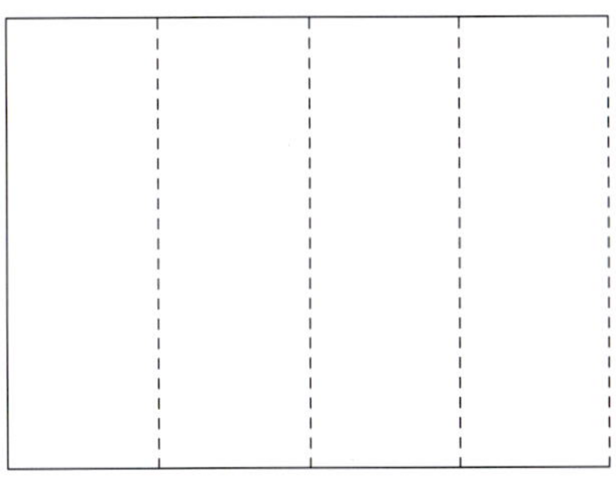

❶ 8면 병풍책을 펼쳐서 절반으로 접는다.

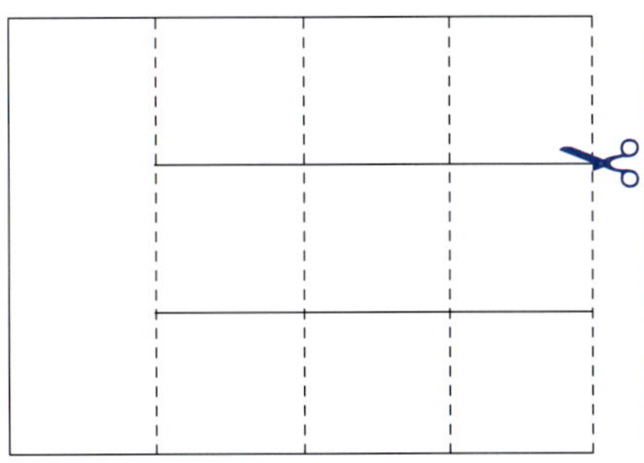

❷-1 연결된 면에서부터 1면과 8면을 제외하고 나머지 면들을 3단으로 자른다.

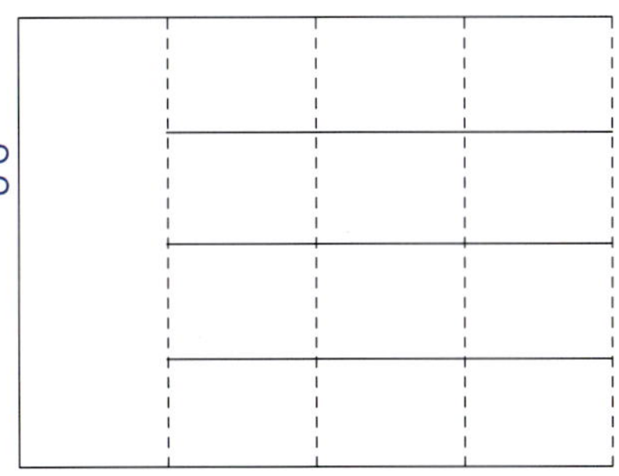

❷-2 연결된 면에서부터 1면과 8면을 제외하고 나머지 면들을 4단으로 자른다.

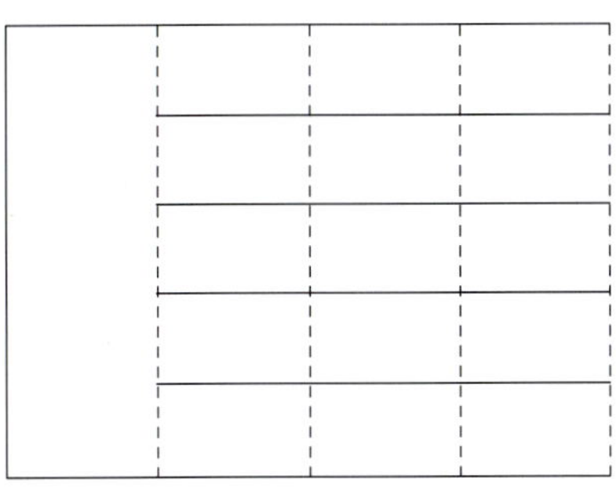

❷-3 연결된 면에서부터 1면과 8면을 제외하고 나머지 면들을 5단으로 자른다.

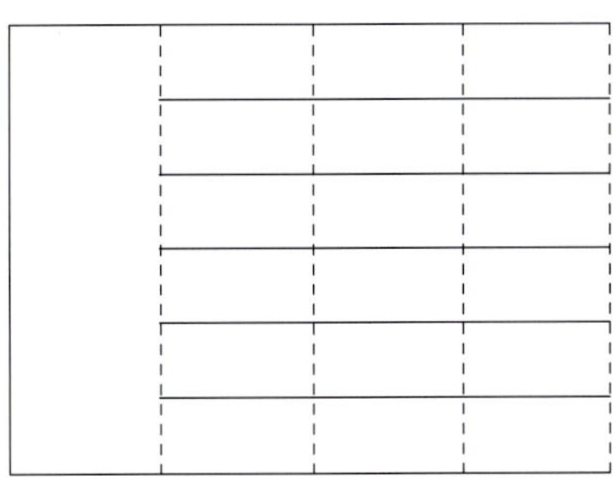

❷-4 연결된 면에서부터 1면과 8면을 제외하고 나머지 면들을 6단으로 자른다.

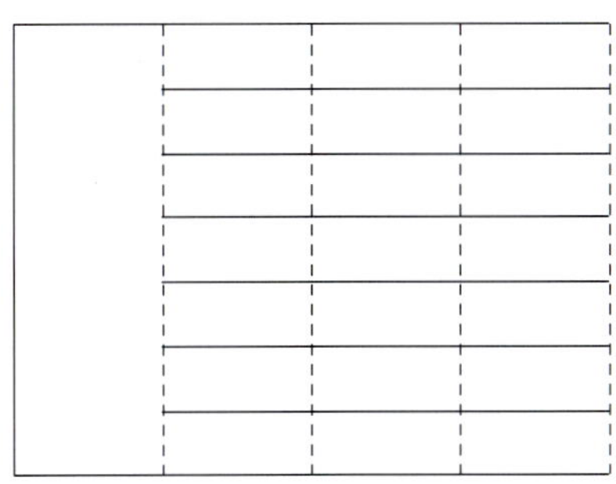

❷-5 연결된 면에서부터 1면과 8면을 제외하고 나머지 면들을 7단으로 자른다.

③ 직조 카드 끼우기

- 다단으로 자른 8면 병풍책의 2면부터 7면까지 직조 카드를 차례로 지그재그로 끼워 넣는다.

❶ 2면에 직조 카드를 지그재그로 끼워 넣는다.

❷ 3면에 2면과 반대 방향으로 직조 카드를 지그재그로 끼워 넣는다..

❸ 같은 방법으로 반복하여 나머지 면에 직조 카드를 지그재그로 끼워 넣는다.

④ 주제 담기

- 직조 카드를 끼운 8면 병풍책을 덮고 첫 장을 펼쳐서 2면의 각 단에 담고자 하는 이야기의 주제를 정하여 적는다.
- 라벨을 사용하는 경우 각각의 라벨을 떼어서 차례로 붙인다.

⑤ 이야기 담기

- 8면 직조 병풍책을 한 면씩 넘겨가며 2면에 적은 주제에 따라 나머지 11면의 각 단에 직조 병풍책 생각 모으기 활동지를 참고하여 적는다.

⑥ 표지 꾸미기

- 표지 카드의 색깔이 짙은 색인 경우 속지 카드를 붙이고 표현한다.
- 표지 카드의 앞면에 제목, 지은이, 앞표지 그림, 출판사 명 등을 담는다.
- 표지 카드의 뒷면에 판권면을 꾸민다.
- 뒷표지는 판권면 라벨을 사용하여 꾸미도록 할 수 있다.
- 책 만들기 경험이 풍부한 어린이는 뒷표지 그림을 그리고 광고 문구나 중심 문구를 적도록 지도한다.

⑦ 헌정사 꾸미기

- 8면 직조 병풍책의 1면에 이 책을 주고 싶은 사람의 이름을 적는다.
- 병풍책의 색깔이 짙은 색인 경우 속지 카드를 붙이고 표현한다.

⑧ 광고면 꾸미기

- 책 만들기 경험이 풍부한 어린이들과 활동한 경우 8면 직조 병풍책의 마지막 면인 8면에 이 책을 만들면서 느낀 점이나 책을 홍보하는 광고 문구를 적는다.
- 뒷표지에 광고 문구를 적고 8면은 판권면으로 꾸미도록 할 수 있다.

소개하기 · 감상하기

- 직조 병풍책에 어떤 이야기를 담았는지 소개한다.
- 어떤 규칙에 따라 동시를 지었거나 낱말을 적었는지 소개한다.
- 생각한 낱말이나 이야기가 독특하거나 재미있는 작품을 알아본다.
- 동시의 운율이 아름답거나 규칙적인 작품을 알아본다.
- 직조 병풍책을 만들면서 어렵거나 힘들었던 점이 있었는지 이야기 나눈다.
- 직조 병풍책을 이용하여 할 수 있는 새로운 활동에 대하여 알아본다.
- 교실의 한 공간을 마련하여 완성된 직조 짜기로 들려주는 지그재그 이야기책을 서로 감상할 수 있도록 전시한다.

Gallery

전태현(만 5세). 하늘 땅 물에 사는 동물들. 450㎜×150㎜.

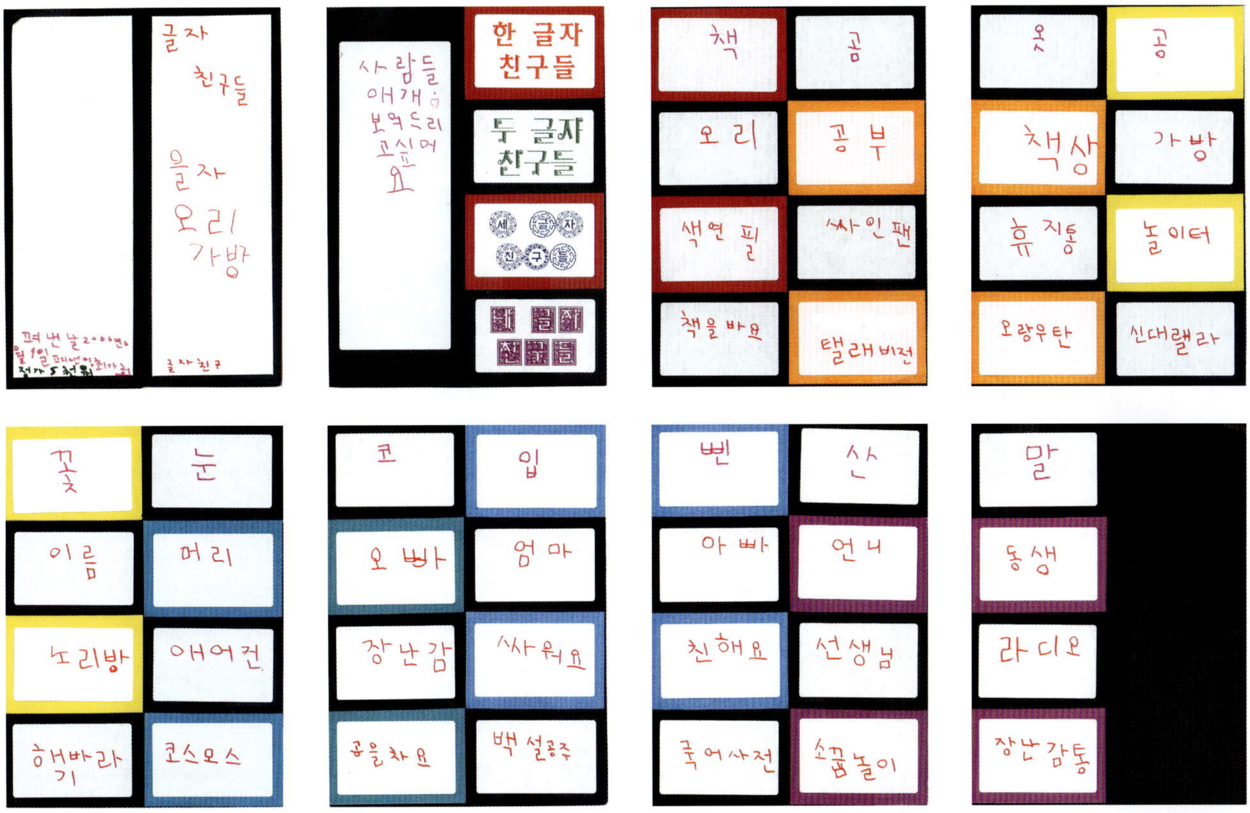

최가희(만 5세). 글자 친구. 600㎜×195㎜.

Gallery

김보래(만 5세). 보래의 이야기. 720㎜×195㎜.

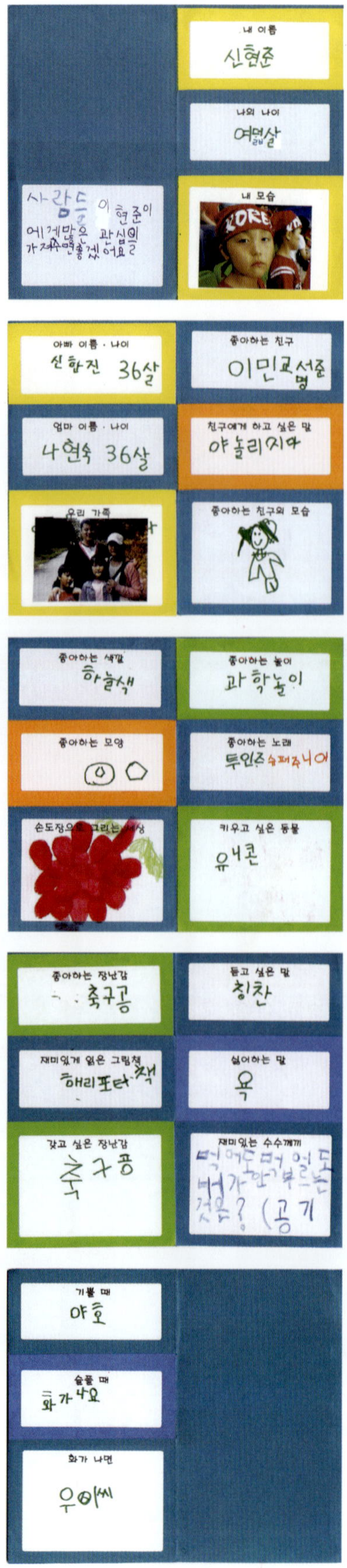

신현준(만 6세). 현준이의 생각책. 720㎜×195㎜.

Gallery

지그재그 재그지그 말놀이. 2005. 960㎜×180㎜.

무지개 직조 병풍. 2004. 560㎜×180㎜.

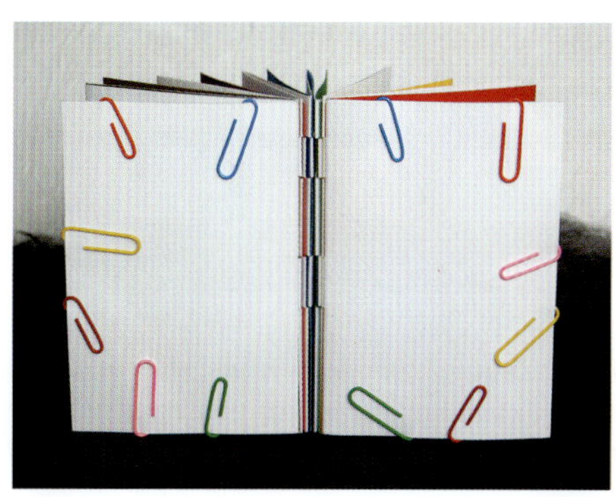

티켓 모음집. 2004. 560㎜×180㎜.

Gallery

Wild Animal Book. 2005. 880㎜×180㎜.

지그재그 재그지그 말놀이. 2005. 960㎜×180㎜.

부 록

참고문헌

최유경(2005). 책 만들기를 통한 창의적 언어교육 Ⅰ. 서울: WOWPLAY.

최유경(2006). 책 만들기를 통한 창의적 언어교육 Ⅱ. 서울: WOWPLAY.

A'Court, A., Elliot, M. & Jackson, P. (2000). The Art and Craft of Paper. London: Southwater.

Attenborough, S. (2001). The Card Book. London: Dorling Kindersley Book.

Avella, N. (2003). Paper Engineering. Mies: Rotovision.

Avella, N. (2006). Paper Engineering: 3D Design Techniques for a 2D Material. Mies: Rotovision.

Baskett, M. (2002). Creative Paper Folding. New York: Sterling.

Beech, R. (2002). Practical Origami: A Step-by-Step Guide to The Ancient Art of Paper Folding. London: Hermes House.

Birmingham, D. (1998). Cut-and-Make Pop-up Cards. New York: Dover Publications.

Bolton, V. (2002). The Big Book of Greeting Cards: Over 40 Step-by-Step Projects. Ohio: North Light Books.

Browning, M. (2001). New Paper Crafts. New York: Sterling Publishing.

Browning, M. (2002). Hand Decorating Paper. New York: Sterling Publishing.

Carter, D. A. (2006). One Red Dot(Limited Edition): A Pop-up Book for Children of All Ages. New York: Little Simon.

Carter, D. A. & Diaz, J. (1999). The Elements of Pop-up. New York: Simon & Schuster.

Comfort, C. H. (1991). The Newbery and Caldecott Books in The Classroom. Incentive Publishing.

Chatani, M. (1986). Pop-up Greeting Cards. Tokyo: Ondorisha Publishers.

Chatani, M. (1988). Paper Magic: Pop-up Paper Craft. Tokyo: Ondorisha Publishers.

Chatani, M. & Nakazawa, K. (1994). Pop-up Geometric Origami. Tokyo: Ondorisha Publishers.

Crawford, M. (1991). Handmade Greeting Cards. New York: Sterling Publishing.

Diaz. J. & Carter, D. A. (2004). Let's Make It Pop-up. New York: Little Simon.

Diehn, G. (1998). Making Books That Fly, Fold, Wrap, Hide, Pop up, Twist and Turn. New York: Lark Books.

Diehn, G. (2005). The Decorated Journal: Creating Beautifully Expressive Journal Pages. New York: Lark Books.

Eaton, F. (2002). The Complete Book of Paper crafts: 26 Step-by-Step Projects Made from Paper. Ohio: David & Charles Book.

Foose, S. L. (2001). The Card Shop: A Dazzling Collection of Handmade Paper Greetings. Illinois: Contemporary Books.

Foose, S. L. (2003). Paper for All Seasons: Projects and Presents to Make Through Year. New York: Watson-Guptill Publications.

Fox, G. (2000). The Essential Guide to Making Handmade Books. Ohio: North Light Books.

Genovese, S. (2000). Creative Greeting Cards. New York: Sterling Publishing.

Giuliani, B. (2002). Wild and Domestic Animals CD-ROM and Book. New York: Dover Publications.

Golden, A. (1998). Creating Handmade Books. New York: Sterling Publishing.

Golden, A. (2001). Unique Handmade Books. New York: Sterling Publishing.

Golden, A. (2006). Expressive Handmade Books. New York: Sterling Publishing.

Greenberg, G. (1999). The Pop-up Book of Phobias. Harper Entertainment.

Hill, N. M. (2004). It's All About Cards & Tags. Little Rock: Nancy & Company.

Hiner, M. (1993). Up-Pops: Paper Engineering with Elastic Bands. Tarquin.

Irvine, J. & Reid, B. (2005). East-to-Make Pop ups. New York: Dover Publications.

Irwin, D. (2000). Handcrafted Cards: From Elegant to Whimsical 60 Distinctive Designs to Make. New York: Lark Books.

Jacobs, M. (2005). Cards That Pop up, Flip & Slide. Ohio: North Light Books.

Jackson, P. (1991). The Encyclopedia of Origami & Papercraft. Headline Book.

Jackson, P. (1993). The Pop-up Book. New York: Owl Books

Jaworski-Stranc, S. (2003). Nature Cards. East Sussex: Apple Press.

Johnson, P. (1992). Pop-up Paper Engineering. Falmer Press.

LaPlantz, S. (2001). The Art & Craft of Handmade Books. New York: Lark Books.

Lorenz, J. (2001). Paper Crafts. London: Lorenz Book.

Mason, J. (2005). Pockets, Pullouts, and Hiding Places: Interactive Elements for Altered Books, Memory Art, and Collage. Massachusetts: Quarry Books.
Moen, C. B. (1994). Better Than Book Reports. New York: Scholastic.
Nakazawa, K. (1995). Pop-up Best Greeting Cards. Japan Publications.
Nicholson, S. (2005). Surprisingly Simple Novelty Cards. Newton Abbot: David & Charles.
Novelli, J. (1998). Using Calldecotts Across The Curriculum: Reading and Writing Mini-Lessons, Math and Science Spin-offs, Unique Art Activities and More. New York: Scholastic.
Radev나, A. (2004). The Architecture Pop up Book. Universe.
Reimer-Epp, H. & Reimer, M. (2002). The Encyclopedia of Paper Making and Bookbinding: The Definitive Guide to Making, Embellishing and Repairing Paper and Books.
Richardson, C. (2001). Paper Details. London: Ryland Peters & Small.
Ripley-Duggan, E. (1988). Book Arts Collections: A Representative Selection. Haworth Press.
Ryst, M. (1999). Handmade Books and Albums. Globe Pequot Press.
Sabuda, R. C. (2006). Christmas Pop-up. Tokyo: Orchard Books.
Seymour, A. (2003). The Moon Book: A Lunar Pop-up Celebration. Rizzoli Universe Promotional Books.
Sherman, G. W. & Ammon, B. D. (2000). Handbook for The Newbery Medal and Honor Books, 1990-1999. Alle -yside Press.
Stevens, C. (1996). Paper Craft School. New York: Reader' s Digest.
Studley, V. (1977). The Art & Craft of Handmade Paper. New York: Dover Publishings.
Sutton, T. & Whelan, B. M. (2004). The Complete Color Harmony. Massachusetts: Rockport Publishings.
Thomas, P. & Thomas, D. (2004). More Making Books by Hand: Exploring Miniature Book, Alternative Structures, and Found Objects. Quarry Books.
Tryon, L. (1997). How to Make Greeting Cards. Evan-Moor Educational Publisher.
Valenta, B. (1997). Pop-O-Mania: How to Create Your Own Pop-ups. Colombia, S. A.: Dial Books.

그림책

가노 준코(1999). 있잖아요, 산타마을에서는요…. 길벗어린이.
고경숙(2005). 마법에 걸린 병. 재미마주.
공주형 글 · 정은희 그림(2006). 색깔 없는 세상은 너무 심심해. 토토북.
고미 타로(1990). 그림으로 생각 키우기1. 창해.
고미 타로(1992). 그림으로 생각 키우기2. 창해.
고미 타로(2003). 모두가 가르쳐 주었어요. 달리.
고미 타로(2003). 송아지의 봄. 비룡소.
고미 타로(2003). 사계절. 달리.
고미 타로(2003). 헬리콥터의 여행. 베틀북.
고미 타로(2006). 고미 타로의 사계절 그림책 세트. 미래M&B.
권윤덕(1995). 만희네 집. 길벗어린이.
권윤덕(1997). 오소리네 집 꽃 밭. 길벗어린이.
그레구와르 솔로타레프 · 알랭 르 쏘 엮음(2002). 꼬마 미술관. 물구나무.
기도 반 게네흐텐(2004). 우리 엄마 어디 있어요? 한울림어린이.
기타 아키토 글 · 기하라 치하루(2006). 우리들의 인권 선언. 미래M&B.
김한수(2006). 즐거운 비. 한솔교육.
김해원 글 · 심은숙 그림(2006). 청개구리야, 왜 울어? 삼성출판사.
끌로드 드라포스 갈리마르 출판사 글 · 엘리아도르 그림(1991). 나비. 꼬마샘터.
노먼 메신저(2005). 상상하는 책. 웅진주니어.
닐 레이튼(2006). 별 별 별난 우주 이야기. 문학동네어린이.
데이비드 루카스(2005). 헬리벗 잭슨. 아이즐.
데이비드 와이즈너(2002). 아기 돼지 세 마리. 마루벌.
데이비드 위스너(2002) 구름 공항. 중앙출판사.

데이빗 섀논(1999). 안돼, 데이빗! 서울: 지경사.
도널드 크루즈(1997). 화물열차. 시공주니어.
도리스 되리(2000). 엄마 공주 옷 입을래요. 베틀북.
라 퐁테느 글 · 브라이언 와일드 스미스 그림(2003). 바람과 해님. 보림.
레오 리오니(1997). 으뜸 헤엄이. 마루벌.
레오 리오니(1999). 생쥐와 태엽쥐. 마루벌.
레오 리오니(2003). 내 꺼야. 마루벌.
레이먼드 브리그즈(1997). 눈사람 아저씨. 마루벌.
레인 스미스(2005). 행복한 하하호호 가족. 베틀북.
로렌 리디(2004). 가족 나무 만들기. 미래M&B.
로렌 차일드(2004). 넌 어느 별에 살고 있니? 국민서관.
로렌 차일드(2001). 난 토마토 절대 안 먹어. 국민서관.
로렌 차일드(2002). 난 하나도 안 졸려, 잠자기 싫어. 국민서관.
로렌 차일드(2004). 나도 내 방이 있으면 좋겠어. 국민서관.
로렌 차일드(2006). 있잖아, 그건 내 책이야. 국민서관.
로리 켈러(2005). 입을 크게 벌려라. 미래M&B.
로버스사부다(2005). 오즈의 마법사. 넥서스.
로버트 문치(1998). 종이 봉지 공주. 비룡소.
루이스 엘럿(2001). 날개를 기다리며. 베틀북.
린리쥔(2006). 나의 봄 여름 가을 겨울. 베틀북.
마거릿 와이즈 브라운 글 · 조은희 그림(2003). 벌레가 좋아. 보림.
마르팀 베크(2003). 애벌레 포포가 나비가 되어요. 아이세움.
마를렌 라이델(2002). 와! 신나는 세계 여행. 중앙출판사.
마리 브로소니(2006). 자연과 만나요. 웅진주니어.
맥스 벨트하우스(1995). 사랑에 빠진 개구리. 마루벌.
메트로폴리탄 미술관 구성 · 기획(2004). 미술관 ABC. 베틀북.
메트로폴리탄 미술관 구성 · 기획(2005). 미술관 123. 베틀북.
모니카 랑에(2004). 저기 뭔가 날아가! 시공주니어.
모니카 랑에(2004). 내가 보이니? 시공주니어.
모디캐이 저스타인(2006). 찰리는 무엇을 들었을까? 보물창고.
미야니시 타츠야(2002). 개구리의 낮잠. 시공주니어.
미야니시 타츠야(2004). 고 녀석 맛있겠다. 달리.
바바라 리만(2005). 나의 빨강 책. 아이즐.
박문희 엮음(2000). 튀겨질 뻔했어요. 고슴도치.
백희나(2004). 구름빵. 한솔교육.
버지니아 리 버튼(1993). 작은 집 이야기. 시공주니어.
베라 B. 윌리엄스(1999). 엄마의 의자. 시공주니어.
베라 B. 윌리엄스(2005). 또 또 또 해주세요: 세 가지 사랑이야기. 열린어린이.
배빗 콜(2004). 말썽꾸러기를 위한 바른생활 그림책. 비룡소.
배빗 콜(2004). 쏘피가 화나면, 정말 정말 화나면…. 비룡소.
베빗 콜(2005). 사랑이란? 효리원.
베빗 콜(2005). 내 멋대로 공주. 베틀북.
벵자맨 쇼(2004). 빗방울 공주. 비룡소.
볼프 에를브루흐(2003). 커다란 질문. 베틀북.
브라이언 멜로니(1999). 살아있는 모든 것은. 마루벌.
브라이언 와일드 스미스(1997). 회전목마. 시공주니어.
브라이언 와일드 스미스(1997). 서커스. 시공주니어.
사라 윅스(2004). 만약 내가 사자라면. 홍진P&M.
사라 파넬리(2004). 날고 싶어. 보림.
사라 파넬리(2004). 신화 속 괴물. 보림.

사이토 타카코(2006). 콧구멍을 후비면. 애플비.
송언 글 · 한지희 그림(1999). 아빠, 꽃밭 만들러 가요. 사계절.
수 언스테드(2006). 아름다운 나비 이야기. 삐아제어린이.
시바타 아이코(2006). 친구랑 싸웠어. 시공주니어.
신동주(2003). 지하철은 달려온다. 초방책방.
신시아 라일런트(2004). 날마다 날마다 놀라운 일들이 생겨요. 문학과 지성사.
실비 드 마튀이시윅스(2004). 엄마를 화나게 하는 10가지 방법. 작가정신.
심미아(1998). 굴개굴개 청개구리. 영교.
심미아(2003). 장화 쓴 공주님. 느림보.
심스 태백(2004). 책이 지은 집에서 도대체 무슨 일이 일어났을까? 베틀북.
쑤싼 터그디스(2006). 구멍 난 양말. 큰나.
아누쉬카 라비쉥카르(2005). 악어를 잡아라. 파란하늘.
아니타 제람(2002). 난 그림책이 정말 좋아요. 베틀북.
안 에르보(2000). 달님은 밤에 무얼 할까요? 베틀북.
앤서니 브라운(2001). 돼지책. 웅진닷컴.
앤서니 브라운(2002). 미술관에 간 윌리. 웅진닷컴.
엔서니 브라운(2002). 동물원. 논장.
엔서니 브라운(2005). (엔서니 브랑운의) 킹콩. 넥서스주니어.
야규 마치코(1999). 집 나가자 꿀꿀꿀. 웅진.
에릭 로만(2001). 이상한 자연사 박물관. 미래M&A.
에릭 칼(2005). 아주 바쁜 거미. 몬테소리CM.
에릭 칼(1998). 배고픈 애벌레. 한국몬테소리.
에릭 칼(1998). 아빠, 달님을 따 주세요. 한국몬테소리.
에릭 칼(2005). 퉁명스런 무당벌레. CM베이비.
에릭 칼(2005) 어디 가니? 친구 만나러. 몬테소리CM.
에릭 칼(2006). 수수께끼 생일 편지. 더큰컴퍼니.
에바 헬러(2004). 감자야 그림 그리자. 달리.
에이미 베켄(2006). 놀라운 개구리. 대교출판.
에즈라 잭 키츠(2005). 피터의 안경. 비룡소.
앤서니 브라운(2006). 내가 좋아하는 것. 책그릇.
앤서니 브라운(2006). 겁쟁이 빌리. 비룡소.
엘라 마리(1996). 나무. 시공주니어.
엘레 오노레 슈미트(1997). 물의 여행. 비룡소.
엘리자베트 보르헤르스(2004). 파울의 미술시간. 풀빛.
엠마 데이먼(2005). 집은 다 다르고 특별해. 미세기.
엠마 데이먼(2005). 사람은 다 다르고 특별해. 미세기.
요르트 뮐러(2005). 책 속의 책. 비룡소.
유타 바우어(2005). 고함쟁이 엄마. 비룡소.
이동진(2001). 노랑나비 내 친구. 산하.
이름가르트 루흐트(2001). 애벌레의 모험. 풀빛.
이수지(2006). 움직이는 ㄱㄴㄷ. 천둥거인.
이언 포크너(2001). 그래도 엄마는 너를 사랑한단다. 중앙출판사.
이엘라 마리 · 엔조 마리(1996). 사과와 나비. 보림.
이와카와 나오키 글 · 기하라 치하루(2006). 나는 소중해. 미래M&B.
이은경 글 · 박윤지 그림(2006). 동물ㄱㄴㄷ. 배영교육.
임석재 글 · 안강 그림(2004). 하나하면 하나 있는 것은? 웅진닷컴.
정순희(2005). 누구야. 창비.
제니스 메이 우드리 글 · 마르크 시몽 그림(1997). 나무는 좋다. 시공주니어.
제럴드 맥더멋(2005). 거미 아난시. 열린어린이.
제롬 뤼이이에(1999). 색깔나라 여행. 크레용하우스.

조우 롤 글 · 셔리 핼펀 그림(2001). 우리들의 사과나무. 크레용하우스.
존 버닝햄(2005). 아기 힘이 세졌어요. 한솔교육.
존 윈치(2000). 책읽기 좋아하는 할머니. 파랑새어린이.
주득선 · 차오름(2006). 명화 속에 숨겨진 사고력을 찾아라. 김영사주니어.
쥘 르나르(2003). 자연의 이야기들. 베틀북.
최숙희(2006). 알 알이 123. 아이즐.
최승호 시 · 윤정주 그림(2005). 최승호 시인의 말놀이 동시집. 비룡소.
최지영(2005). 가우디 꿈으로 지은 집. 다빈치기프트.
카를 뤼만(2005). 난 하고 싶은 게 많아요. 책그릇.
크리스 반 알스버그(2003) 주만지, 끝나지 않은 이야기 자수라. 베틀북.
크베타 파코브스카(2001). 모양놀이. 베틀북.
크베타 파코브스카(2001). 색깔놀이. 베틀북.
키무라 켄(2005). 999마리 개구리 형제의 이사. 더큰컴퍼니.
키스 포크너 글 · 스테판 홈즈 그림(2001). 너는 누구니? 미세기.
키스 포크너(2001). 입이 큰 개구리. 미세기.
키스 포크너(2001). 이 괴물딱지야. 미세기.
토드 파(2004). 책을 읽으면 기분이 좋아져요. 비룡소.
토드 파(2005). 모든 가족은 특별해요. 문학동네어린이.
토드 파(2005). 기분이 좋아지는 그림책. 삐아제어린이.
토드 파(2005). 내 친구는 어디에. 문학동네어린이.
토드 파(2005). 괜찮아요. 삐아제어린이.
토드 파(2006). 평화는요. 예림당.
토미 드 파올라(2003). 엉뚱하고 재미있는 구름 이야기. 아이세움.
토미 드 파올라(2005). 주인공이 되고 싶어. 보물창고.
튜더 험프리스 그림 · 히아윈 오람 글(C. S. 루이스 원작)(2004). 사자와 마녀와 옷장. 시공주니어.
팅 모리스(2006). 나비. 베틀북.
파스칼 에스텔롱(2006). 창의적인 그림 그리기. 베틀북.
패트릭 맥도넬(2006). 아트. 지경사.
팻 허친스(1997). 티치. 서울: 시공주니어.
편집부(1994). 세밀화로 그린 보리 아기 그림책. 보리.
편집부(2003). 명화로 키워주는 우리 아이 상상력 명화카드. 세상모든책.
편집부(2004). 뭐야 뭐야 사람. 사계절.
편집부(2006). 빈센트 반 고흐(포트폴리오). 마로니에북스.
피에르 코뉘엘(2002). 파란 개구리 빨간 개구리. 중앙출판사.
프랜시스 배리(2004). 아기 오리 뚱이의 일곱 색깔 무지개. 문학동네어린이.
프랭크 애시(1996). 물 이야기. 보림.
필립 세들레츠키(1999). 아기 세모의 세 번째 생일. 주니어파랑새
하디스 라자르골러미(2005). 작은 이야기들. 큰나.
하야시 야키코(1988). 달님 안녕. 한림출판사.
하이드룬 페트리데스(2000). 우리들만의 작은 집. 크레용하우스.
한태희(2002). 손바닥 동물원. 예림당.
한태희(2002). 손바닥 놀이공원. 예림당.
한태희(2004). 손바닥 물고기. 비룡소.
한태희(2004). 구름놀이. 아이세움.
허은미 구성 · 곽선영 그림(2006). 말놀이 쫑쫑. 비룡소.
헤리엣 지퍼트(2005). 아빠 사용 설명서. 삼성출판사.
헬가 갈러(2005). 까만 네리노. 북뱅크.
헬리 옥슨버리 그림 · 마이클 로젠 글(2006). 곰 사냥을 떠나자(팝업북). 시공주니어.
B. 바움부쉬(2002). 하늘. 비룡소.
H. C. 안데르센 글 · 로렌 차일드 그림(2006). 공주님과 완두콩. 비룡소.

CD-ROM 자료 목록

No.	쪽	제 목
1	1	삼각대 카드 생각 모으기 (가로)
	2	삼각대 카드 생각 모으기 (세로)
	3	무대 카드 생각 모으기
2	1	내가 주인공이야 생각 모으기
	2	기분이 좋아지는 그림책 생각 모으기
	3	재주 많은 우리 가족 생각 모으기
3	1	내가 지은 집에서 생각 모으기
4	1	말썽꾸러기의 바른생활 이야기 생각 모으기
	2	두 친구 이야기 생각 모으기
	3	세 친구 이야기 생각 모으기
	4	책 속의 책 생각 모으기
	5	움직이는 주인공 그림책 생각 모으기
5	1	무대 Pop-up 생각 모으기
	2	책을 읽으면 생각 모으기
	3	주인공 무대 Pop-up 생각 모으기
	4	흔들흔들 대롱대롱 그림책 생각 모으기
	5	내가 꾸민 방 생각 모으기
6	1	별 Pop-up 생각 모으기
	2	빙글빙글 그림책 생각 모으기 (가로)
	3	빙글빙글 그림책 생각 모으기 (세로)
	4	터널 그림책 생각 모으기
7	1	얼굴 Pop-up 생각 모으기 (가로)

No.	쪽	제 목
7	2	얼굴 Pop-up 생각 모으기 (세로)
	3	개구리 Pop-up 생각 모으기 (가로)
	4	개구리 Pop-up 생각 모으기 (세로)
	5	나비 백과사전 생각 모으기
8	1	나무의 시 생각 모으기
	2	손바닥 물고기 생각 모으기
	3	손바닥 그림 생각 모으기
	4	직조 병풍책 생각 모으기
	5	동시 짓기 생각 모으기
	6	낱말 놀이 라벨 3105
	7	나의 이야기 라벨 3108
	8	나의 이야기 라벨 3114
9	1	판권면 라벨 3108
	2	판권면 라벨 3114
	3	판권면 라벨 3116
	4	앞표지 창 모양 본
	5	무대 카드 모양 본
	6	사랑표 모양 본
	7	나비 날개 모양 본
	8	비대칭 pop-up 상자 모양 본
	9	무대 · 액자 모양 본
	10	종이구입신청서

책 만들기를 위한 종이 구입 안내

「최유경유아놀이교육연구소」에서는 작품의 유형과 크기에 따라 다양한 지종을 전문 업체를 통해 주문 재단하여 사용하고 있습니다. Gallery를 통해 소개된 저자의 작품은 칼라 머메이드(Color Mermaid)와 디자이너스 칼라(Designer' s Color)를 사용하였고 어린이들의 작품은 뉴칼라(New Color)와 켄트지(200g)를 사용하여 제작되었습니다. 개별적으로 종이를 구입하기 어렵거나 재단에 어려움을 겪는 기관과 개인을 대상으로 지류 구입 주문과 발송을 대행해 드립니다. 색상표와 규격표를 참고로 종이주문서를 작성하여 신청(연구소 홈페이지 또는 FAX)하시면 다양한 규격의 종이를 간편하게 구입하여 사용할 수 있습니다. 기존의 대량 주문에 따른 불편함을 줄여드리기 위하여 소량 주문이 가능하도록 종이 주문 내역을 변경하였으므로 새롭게 변경된 규격표를 참고하시기 바랍니다.

- 지류명 : 뉴칼라(newcolor)
- 색　상 : 50색
- 평　량 : 128g/㎡

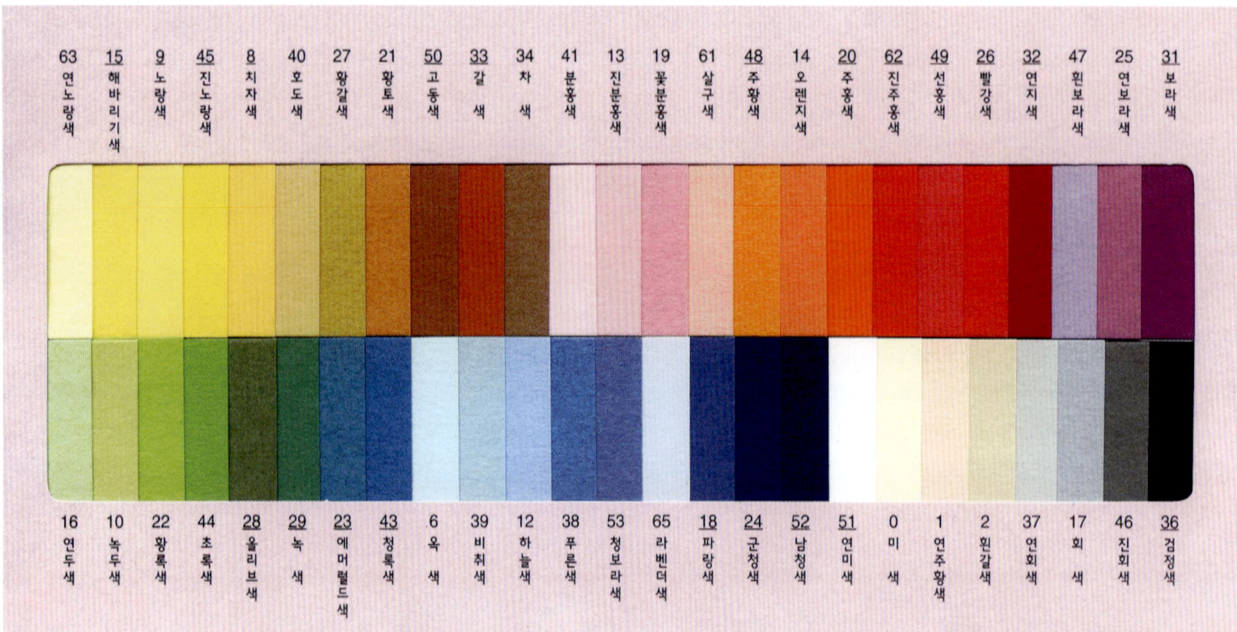

출처: 두성종이 뉴칼라 견본집

※ **주문방법** : 최유경유아놀이교육연구소 홈페이지(www.wowplay.org)에 들어오셔서 종이구입신청 아이콘을 클릭하여 기재사항을 작성하고 확인 버튼을 누르시면 주문이 완료됩니다.
인터넷을 통한 주문 외에 CD-ROM의 종이구입신청서를 출력하여 기재사항을 작성하고 FAX (02-2205-4999)를 통해 발송하시면 주문이 완료됩니다.

※ **접수확인** : 종이구입신청서 접수 후 접수 확인 및 지류 대금에 대한 안내 메일을 발송해 드립니다.
접수 안내 메일 확인 후 지류 대금을 입금해 주시면 주문이 이루어집니다.

※ **입금계좌** : 국민은행 WOWPLAY 424001-01-096465

※ **특별주문** : 뉴칼라와 켄트지 외의 지종이나 제시된 규격 외의 종이가 필요하신 경우 연구소 홈페이지 이야기마당을 통해 구입을 원하는 지종과 규격을 별도로 주문하시기 바랍니다.

※ 주문한 종이는 어떠한 경우에도 취소 및 환불이 되지 않으므로 주문 시 규격, 색상, 매수, 대금 등을 반드시 확인하시기 바라며, 배송비는 주문 금액에 관계없이 착불입니다.

종이 규격 및 단가표

순	규격	지종	매수(장)	가격(원)
1	74㎜×150㎜		280	4,000
2	74㎜×195㎜		280	4,000
3	115㎜×175㎜		160	4,000
4	114㎜×195㎜		160	4,000
5	135㎜×60㎜		480	4,000
6	135㎜×65㎜		480	4,000
7	120㎜×120㎜		240	4,000
8	135㎜×195㎜		160	4,000
9	150㎜×150㎜		120	4,000
10	180㎜×390㎜		60	4,000
11	200㎜×200㎜		120	8,000
12	250㎜×175㎜		80	4,000
13	250㎜×250㎜	뉴칼라 128g/㎡ 50색	120	8,000
14	270㎜×195㎜		80	4,000
15	230㎜×350㎜		40	4,000
16	270㎜×390㎜		40	4,000
17	300㎜×300㎜		20	4,000
18	300㎜×390㎜		20	4,000
19	390㎜×390㎜		20	4,000
20	540㎜×60㎜		120	4,000
21	540㎜×65㎜		120	4,000
22	540㎜×97㎜		80	4,000
23	540㎜×195㎜		40	4,000
24	540㎜×390㎜		20	4,000
25	540㎜×780㎜		20	8,000

순	규격	지종	매수(장)	가격(원)
26	600㎜×150㎜		50	8,000
27	600㎜×195㎜		40	8,000
28	960㎜×195㎜		40	8,000
29	1080㎜×195㎜		40	8,000
30	1080㎜×390㎜	뉴칼라 128g/㎡ 50색	20	8,000
31	B5		160	8,000
32	A4		80	8,000
33	B4		80	8,000
34	A3		40	8,000
35	120㎜×120㎜		240	3,000
361	50㎜×150㎜		120	3,000
37	135㎜×195㎜		160	3,000
38	200㎜×200㎜		120	6,000
39	250㎜×250㎜		120	6,000
40	230㎜×350㎜		40	3,000
41	270㎜×195㎜		80	3,000
42	270㎜×390㎜	켄트지 200g/㎡ 1종 연미색	40	3,000
43	300㎜×300㎜		20	3,000
44	390㎜×390㎜		20	3,000
45	540㎜×195㎜		40	3,000
46	540㎜×390㎜		20	3,000
47	B5		160	6,000
48	A4		80	6,000
49	B4		80	6,000
50	A3		40	6,000

※ 2006년 10월 기준으로 가격은 업체 사정에 따라 변동될 수 있습니다.

통합적 놀이 활동 시리즈 · 책 만들기 시리즈

1. 통합적 놀이 활동 자료집 1: 즐거운 유치원 · 즐거운 어린이집

구 성 : 교사용 활동 지침서 1권
유아용 활동지 1권
CD-ROM 1매
최유경 지음 / 값 1set 36,000원

2. 통합적 놀이 활동 자료집 2: 나와 친구

구 성 : 교사용 활동 지침서 1권
유아용 활동지 1권
CD-ROM 1매
최유경 지음 / 값 1set 38,000원

3. 통합적 놀이 활동 자료집 3: 사전책

구 성 : CD-ROM 1매
사전책 12종 제작을 위한 놀이 교구 교재
최유경 지음 / 값 12,000원

4. 책 만들기를 통한 창의적 언어교육 I
: CARDS, ACCORDION & FLAG BOOKS

구 성 : 양장본 1권
CD-ROM 1매
최유경 지음 / 값 28,000원

5. 책 만들기를 통한 창의적 언어교육 II
: FOR FOLD, CUT, OX-FLOW, FLIP & FLAP BOOKS

구 성 : 양장본 1권
CD-ROM 1매
최유경 지음 / 값 32,000원

6. 통합적 놀이 활동 자료집 4: 모양과 색깔
(출간 예정)

7. 책 만들기를 통한 창의적 언어교육 IV
: FOR POCKET, ENVELOPE & BINDING BOOKS
(출간 예정)